2019 개정 누리과정에 기초한

유아사회교육 2판

최현정 · 이금구 · 우혜진 공저

학지사

2판 머리말

4차 산업혁명 시대의 도래로 인공지능, 사물인터넷 등 과학기술의 발전이 눈부시게 이루어지면서 사회는 더욱 급속히 발전하고 있다. 과학기술이 인간 삶의 영역에 점점 더 깊이 접근해 들어오면서 인간의 삶을 더욱 풍요롭게 해 주었지만 사회구성원은 사회 관계 형성이나 정서 표현 등에서 어려움을 느끼는 경우도 많아지고 있다. 이에 다변화하는 현대 사회에서 조화롭고 유능한 사회구성원으로 살아가기 위한 교육, 특히 영유아기 사회교육의 중요성이 더욱 강조되고 있다.

영유아기 사회교육은 바람직한 사회구성원으로 살아가는 데 필요한 지식과 기술, 태도, 가치를 이해하고 익혀 조화로운 민주시민으로 성장할 수 있도록 안내하는 교육이다. 어려서부터 형성된 친사회적 태도, 민주시민의 자질은 유아가 성장해서 성인이 될 때까지 삶에 지속적으로 영향을 미치게 되므로 영유아기의 사회적 경험과 사회교육은 유아가 올바른 인성을 갖춘 민주시민으로 성장하는 데 중요한 기반이 된다. 사회교육의 중요성이 강조될수록 유아 사회교육의 내용이나 방법에 대한 다양한 논의가 이루어지고 있다. 특히 유아와 놀이 중심의 '2019 개정 누리과정'이 공표되면서 유아의 능동적인 참여와 경험의 중요성이 강조됨에 따라 놀이 중심의 유아 주도적인 유아 사회교육이 요구되고 있다.

이에 따라 2019 개정 누리과정을 반영하여 이 책의 내용을 새로이 개정하였다. 2019 개정 누리과정을 토대로 내용을 수정 및 보완하여 유아가 사회구성원으로 살아가는 데 필요한 사회적 가치와 태도, 지식을 중심으로 총 4부 10장으로 구성하였다. 제1부에서는 유아 사회교육의 기초를 중심으로 제1장 '유아 사회교육의 이해', 제2장 '유아 사회성 발달의 이해'를 제시하였다. 유아 사회교육을 이해하기 위한 개념 및 목표 등을 논하고 유아 사회성 발달 이론을 다루었다. 제2부에서는 유아 사회교육의 내용을 중심으로 제3장 '유아 사회정서 발달', 제4장 '유아 사회과학적 지식'을 제시하였다. 애착, 자아개념, 성 역할, 정서, 친사회적 행동, 도덕성을 중심으로 유아 사회성 발달의 영역을 살펴보고 사회과학적 지식으로서 지리, 역사, 환경, 경제, 다문화, 통일과 관련된 내용을 소개하였다. 제3부에서는 유아 사회교육의 운영을 중심으로 제5장 '유아 사회교육과정 이해', 제6장 '유아 사회교육의 교수 · 학습 방법', 제7장 '유아 사회교육 평가'를 제시하였다. 특히 제5장의 유아 사회교육과정은 2019 개정 누리과정의 내용을 반영하였으며 누리과정 사회관계 영역의 신구 내용을 비교해 볼 수 있도록 하였다. 제6장에서는 2019 개정 누리과정에 맞춰 유아 사회교육의 교수 · 학습의 원리, 운영, 교사의 역할 등의 내용을 제시하였다. 제4부 유아 사회교육의 실제에서는 제8장 '놀이 중심의 유아 사회교육 실제', 제9장 '유아 사회정서교육의 실제', 제10장 '유아 사회과학적 지식교육의 실제'에 초점을 둔 유아 사회교육의 다양한 실제 활동을 다루었다.

현장 교사와 예비 유아교사들에게 이 책이 유아 사회교육의 이론과 실제를 이해하고 사회교육의 중요성을 인식하는 데 유용한 자료가 되기를 바란다. 더불어 유아와 놀이 중심의 사회교육 방안을 끊임없이 모색하며 유아들과 다양하게 경험하고 함께 성장하기를 바란다.

저자들이 오랜 시간 보다 나은 내용을 다루기 위해 노력하고 심혈을 기울여 개정하였지만 여전히 부족한 부분이 많다. 앞으로 미진한 부분은 지속해서 보완해 나갈 것을 약속하며, 혹여 놓친 부분이 있다면 지면을 통해 죄송스러운 마음을 전한다. 오랜 기간 동안 저자들의 학술활동을 지지해 주신 여러 은사님과 개정 작업을 적극적으로 도와주신 학지사의 김진환 사장님과 김은석 이사님, 그리고 편집부 여러분께도 감사드린다.

2020년 7월

저자 일동

1판 머리말

유아기는 다른 사람과 더불어 살아가는 인간관계 발달의 기초를 이루는 중요한 시기이다. 어려서부터 자신과 더불어 살아가는 사람들과 관계를 맺으며, 사회에서 어울려 살아가기 위한 태도와 지식을 배워 나간다. 점점 복잡해지고 다변화하는 현대사회에서는 조화롭고 유능한 사회구성원으로 살아가기 위해 교육의 중요성이 더욱 강조되고 있다. 특히 유아 사회교육은 사회구성원으로 살아가는 데 필요한 지식과 기술, 태도를 이해하고 조화로운 민주시민으로 성장하기 위한 교육이다. 어려서부터 형성된 민주시민의 자질은 유아가 성장해서 성인이 될 때까지 삶에 지속적으로 영향을 미치게 된다. 따라서 영유아기의 사회적 경험과 사회교육은 유아가 올바른 민주시민으로 성장하는 데 중요한 기반이 된다.

이 책은 유아가 사회구성원으로 살아가는 데 필요한 사회적 가치와 태도, 지식을 중심으로 총 4부 9장으로 구성하였다. 제1부에서는 '유아 사회교육의 기초'를 중심으로, 제1장 '유아 사회교육의 이해', 제2장 '유아 사회성 발달의 이해'를 제시하였다. 여기서는 유아 사회교육을 이해하기 위한 개념 및 목표 등을 논하고 유아 사회성 발달 이론을 다룬다. 제2부에서는 '유아 사회교육의 내용'을 중심으로, 제3장 '유아 사회정서 발달', 제4장 '유아 사회과학적 지식'을 제시하였다. 애착, 자아개념, 정서, 성 역할, 친사회적 행동, 도덕성을 중심으로 유아 사회성 발달의 영역을 살펴보고 사회과학적 지식으로서 지리, 역사, 환경, 경제, 다문화, 통일과 관련된 내용을 소개한다. 제3부에서는 '유아 사회교육의 운영'을 중심으로, 제5장 '유아 사회교육과정', 제6장 '유아 사회교육의 교수 · 학습 방법', 제7장 '유아 사회교육 평가'를 제시하였다. 유아 사회교육의 구체적인 계획과 운영을 위한 이론적 기초를 살펴보고, 유아의 사회관계 증진을 위한 교육의 통합적 운영 방안, 그리고 이를 평가하기 위한 평가 방법을 다룬다. 제4부에서는 '유아 사회교육의 실제'를 중심으로, 제8장 '생활주제 중심의 유아 사회교육', 제9장 '유아 사회교육의 실제'를 통해 생활주제 및 사회과학적 지식에 초점을 둔 유아 사회교육의 다양한 실제 활동을 다룬다.

이 책이 현장 교사와 예비 유아교사들에게 영유아기의 사회성 발달을 이해하고, 실제 활동을 해 보면서, 또 스스로의 사회성 발달 과정을 떠올려 보면서 유아교사에게 필요한 사회적 태도 및 기술, 지식을 반성적으로 사고해 보게 하는 계기가 되었으면 한다. 더불어 유아 사회교육의 이론과 실제를 이해하고 사회교육의 중요성을 인식하는 데 유용한 자료가 되기를 바란다. 저자들이 오랜 시간 보다 나은 내용을 다루기 위해 노력하고 심혈을 기울였지만 여전히 부족한 부분이 많다. 많은 조언을 바탕으로 앞으로 미진한 부분은 지속해서 보완해 나갈 것을 약속하며, 혹여 놓친 부분이 있다면 지면을 통해 죄송스러운 마음을 전한다. 특별히 이 책을 출간하는 데 많은 도움을 주신 이태영 교수님께 감사한 마음을 전하고, 오랜 기간 이해와 아낌없는 지원을 보내 주신 학지사의 김진환 사장님과 김은석 부장님, 그리고 편집부 여러분께도 감사드린다.

2018년 8월

저자 일동

차례

제2부 유아 사회교육의 내용

제3부 유아 사회교육의 운영

제4부 유아 사회교육의 실제

제1부

유아 사회교육의 기초

제1장

유아 사회교육의 이해

인간은 태어나는 순간부터 다양한 사회집단에 속하게 되며, 사회구성원으로 성장하면서 주변 환경과 관계를 형성하게 된다. 또한 사회집단 안에서 관계를 맺고, 사회구성원으로서 필요한 사회규범이나 양식을 학습한다. 이것은 인간이 성장하면서 자연스럽게 이해되고 다양한 경험을 통해 습득되기도 하지만, 교육을 통해 사회구성원으로 성장하는 데 필요한 지식과 기술 및 태도를 배우게 된다. 이러한 교육 내용을 포함하는 것이 사회교육이며, 유아를 대상으로 사회관계 안에서 필요로 하는 지식, 기술, 태도를 다루는 교육이 유아 사회교육이다. 유아 사회교육이 잘 이루어지기 위해서는 유아기 사회교육의 의미와 중요성을 인식하고 사회교육의 방향을 모색할 필요가 있다.

이 장에서는 유아 사회교육의 개념과 목적을 알아보고, 유아 사회교육이 중요한 이유를 살펴보고자 한다.

1. 유아 사회교육의 개념

사회는 함께 공동체를 이루며 살아가는 사람들의 집단을 말한다. 인간은 태어나면서부터 사회에 속하게 되고, 사회구성원으로 적응하며 살아가게 된다. 인간을 '사회적 동물'이라고 하는 것은 집단을 만들고 집단 안에서 협력하며 함께 살아가는 특성 때문이다. 사회는 인간이 살아가는 데 있어 필요한 환경이지만 사회 안에서 사회구성원이 협력하며 잘 살아가기 위해서는 약속이 필요하다. 사회 안의 약속들은 오랜 시간에 걸쳐 만들어지고 변화되어 왔으며, 그 사회의 요구와 가치를 반영한다. 이렇게 사회에서 만들어진 약속이나 규칙은 인간이 태어나면서부터 환경 안에서 자연스럽게 습득되기도 하고 다양한 교육을 통해 학습된다. 교육은 사회구성원이 사회현상을 이해하고 다양한 사회 분야에 관심을 갖도록 돕는다.

인간은 어려서부터 사회구성원으로 살아가기 위하여 많은 교육을 받고 배운다. 학창 시절에 사회 과목에서 배운 내용을 떠올려 보면, 역사, 지리, 정치, 경제 등 인간이 사회구성원으로 살아가는 데 필요한 다양한 사회적 지식과 가치를 포함하고 있음을 알 수 있다. 사회생활을 하는 데 필요한 전반적인 내용은 일상생활의 경험과 다양한 교육을 통해 이루어지게 된다. 사회가 점점 복잡해지고 다양해짐에 따라 사회에서 요구하는 많은 약속이나 규칙을 이해하고, 어려서부터 사회에서 살아가는 데 필요한 지식, 기술, 태도를 배우기 위한 사회교육의 중요성이 더욱 강조되고 있다.

사회교육은 자기 자신을 중심으로 가족과 지역사회, 세계 여러 국가의 인적·물적인 환경에 관심을 가지고 사회구성원으로서 필요한 지식과 태도를 형성하도록 하는 교과 영역이다. 시펠트(Seefeldt, 2005)도 사회교육을 유아가 가정과 학교, 사회에 참여하고, 미래 사회의 시민으로서 기능하는 데 필요한 지식, 기술, 태도, 가치를 얻을 수 있도록 돕는 교육이라고 하였다.

미국의 사회교육협회인 NCSS(National Council for the Social Studies)에서 사회과란 시민의 능력 증진을 목표로 하는 사회과학과 인문과학의 통합된 학문이라고 정의하였다. 사회과는 인류학, 고고학, 경제학, 지리학, 역사, 철학, 정치과학, 심리학, 종교학, 사회학과 같은 교과를 포함하는 통합적이고 체계적인 학문일뿐 아니라 인문학, 수학, 과학 등의 내용을 통합적으로 다룬다(NCSS, 1994).

교육인적자원부(2007)에서는 사회교육을 다음과 같은 개념으로 제시하였다.

- 21세기 세계에 능동적으로 참여하는 데 필요한 지식, 기능, 시민적 덕목을 갖추도록 하기 위해 사회과학 내용을 포함하는 교과교육
- 시민으로서의 능력을 촉진시키기 위한 사회과학과 인문과학의 통합된 학문
- 사람과 사람이 하는 것을 다루는 학문
- 사람 간의 관계와 상호작용뿐만 아니라 인간의 다면적인 활동을 포함하여 유능한 시민으로서 개인을 개발하기 위한 교육

박찬옥, 서동미, 엄은나(2010)는 유아 사회교육을 유아가 자신과 주변 세계와의 관계를 탐구하고 판단하는 경험을 통하여 사회적 지식, 기술, 태도를 익히고 활용함으로써 유능한 민주시민으로 성장하도록 돕는 교육 영역이라고 하였다.

최혜순(2012)은 유아 사회교육을 유아의 자아개념 발달과 사회관계의 기본 개념으로서 협동, 나눔, 의사소통, 다른 사람에 대한 이해와 존중 등을 강조하고, 사회과학의 기본 개념을 유아가 그들의 일상생활에서 흥미나 발달 수준에 적합하게 경험함으로써 자신이 살고 있는 사회를 이해하고 적응하는 데 유용한 지식을 형성하도록 하는 것이라고 하였다.

브론펜브레너(Bronfenbrenner, 1979)는 사회 현상과 환경에 대한 기본적 이해, 지식, 사회과학적 기술과 태도를 함께 길러야 한다고 보았으며, 유아가 가정, 친구, 교육기관, 이웃, 지역사회 등 생태적 환경에 유능하게 적응하기 위해서는 사회 현상과 환경에 관심을 가져야 한다고 하였다. 이렇듯 교육을 통해 다양한 사회적 경험이 꾸준히 이루어질 수 있도록 하는 것이 필요하며, 사회적 기술 및 태도를 습득할 수 있는 유아 사회교육이 이루어져야 한다.

앞의 내용을 정리해 보면, 유아 사회교육은 자기 자신과 주변 환경을 이해하고 사회생활에 필요한 지식, 기술, 태도를 형성할 수 있도록 지원하는 교육 활동이다. 이를 통해 사회구성원이 유능하게 사회생활을 영위하는 데 필요한 자질을 함양할 수 있도록 하는 교육을 의미한다.

2. 유아 사회교육의 목적 및 목표

유아 사회교육을 통해 유아들은 사회구성원으로 살아가는 데 필요한 자질을 형성하며, 자신과 주변 환경과의 관계를 통하여 사회를 이루는 전반적인 내용을 이해하고 사람 간의 관계를 알아간다. 사회교육에서는 지리, 역사, 환경 등과 같은 사회 전반의 내용을 다루고, 사회에서 중요하게 간주되는 친사회적 행동, 도덕성 등과 같은 사회적 가치가 강조된다. 사회교육이 이루어지는 주된 목적이나 내용은 시대나 환경, 문화 등에 따라 조금씩 달라질 수 있다.

영유아기는 자신을 존중하면서 다른 사람과 더불어 생활하는 능력과 태도를 기르고, 사회구성원으로서 올바르게 성장할 수 있도록 하기 위한 기초를 마련해야 하는 중요한 시기이다. 이러한 영유아기에 적합한 사회교육이 잘 이루어지기 위해서는 사회에서 요구하는 유아 사회교육의 구체적인 목표나 내용을 이해해야 한다.

NCSS(1994)에서는 사회과의 목적을 민주시민의 양성으로 보고, 그 목표를 민주시민으로서의 능력과 자질을 기르는 것이라고 하였다. 이후 사회교육의 목적을 유아가 상호 의존적인 세계에서 문화적으로 다양한 민주 사회의 시민으로서 합리적인 의사결정을 할 수 있는 능력이 발달하도록 돕는 것이라고 제시하였다.

교육인적자원부(2007)에서는 NCSS와 DAP(Developmentally Appropriate Practice) 관점에 기초하여 유아 사회교육의 목표를 개인적 발달, 사회적 시민 능력 발달, 사회적 지식 습득, 다양성 이해 및 존중, 세계적 시민의식 발달로 제시하였다. 첫째, 개인적 발달은 개별적인 유아의 긍정적 발달을 촉진하는 것을 의미한다. 둘째, 사회적 시민 능력의 발달은 유아가 사회생활에 필요한 지식, 기술, 태도를 발달시키는 것이다. 셋째, 사회적 지식 습득은 사회 현상에 대한 아이디어를 습득할 수 있는 기회를 제공하고 발달시켜 나갈 기회를 제공하는 것이다. 넷째, 다양성 이해 및 존중은 유아가 인간의 다양성에 대한 인정과 존중을 바탕으로 타인과 다문화에 대한 이해를 증진하는 것이다. 다섯째, 세계적 시민의식 발달은 자신의 행동과 그 행동이 타인에게 미치는 영향에 대해 책임의식을 갖도록 하는 시민의식의 발달을 의미한다(Melendez, Beck, & Fletcher, 2000). 이와 같은 유아 사회교육의 목표를 정리하면 〈표 1-1〉과 같다.

표 1-1 유아 사회교육의 목표

구분	내용
개인적 발달	유아가 독특한 한 개인으로서 긍정적인 발달 촉진
사회적 시민 능력 발달	유아가 사회생활을 성공적으로 해 나가기 위해 필요한 지식, 기술, 태도 발달
사회적 지식 습득	유아가 사회 현상에 대한 아이디어를 습득하고 발달시켜 나갈 기회 제공
다양성 이해 및 존중	유아가 사회적, 문화적으로 다양한 사회에서 어울려 살 수 있는 태도를 기르고, 서로 다른 생각, 신체적 차이, 다른 행동 등에 대한 이해 증진
세계적 시민의식 발달	유아가 세계 시민으로서의 감각을 발달시켜 나갈 수 있도록 도움으로써 자신의 행동과 그 행동이 타인에게 미치는 영향에 대한 책임감 습득

출처: 교육인적자원부(2007).

사회교육과정은 바람직한 민주시민의 자질을 기르기 위하여 요구되는 사회적 기술, 태도 및 가치, 지식으로 구성된다. 이 범주의 목적은 복잡한 사회에서 유능한 시민으로서 기본적으로 갖추어야 할 민주적 사고와 태도를 형성하는 것이다.

미켈리스(Michaelis, 1980)는 유아 사회교육의 궁극적인 목적을 책임감 있는 시민의 양성으로 보았다. 이에 도달하기 위해 지식, 사고과정, 기술, 태도 및 가치를 세부 목표로 두고 다음과 같은 내용을 제시하였다.

첫째, 지식은 사회에서 살아가는 데 필요한 기본적인 개념이다. 민주적인 역량을 갖춘 사회구성원으로 성장하기 위해서는 자신이 살고 있는 세계에 대한 기초적인 이해와 지식이 필요하다. 역사, 지리, 경제, 지구촌의 상호관계 등과 같은 여러 사회과학 분야에서 추출한 기본 개념들에 대한 지식은 유아가 민주시민으로서 합리적이며 책임감 있는 행동을 이해하는 토대가 된다. 사회에서 요구되는 지식으로는 정보, 개념, 이해 등을 강조하며, 지역사회나 국가의 역사, 지리, 정치 등을 포함한다. 또한 환경, 에너지, 양성평등, 가치교육 등과 같은 지식뿐만 아니라 교통, 생산, 소비, 분배 등과 같은 다양한 사회적 지식 분야를 포함한다.

둘째, 사고과정은 사회에서 살아가는 데 필요한 지적 능력의 과정이다. 유아가 사회의 책임감 있는 민주시민이 되기 위해서는 생각하고 탐구하는 기술을 가져야 한다. 민주시민은 비판적 사고를 할 수 있는 존재로, 지적인 탐색과 사고 기술은 민주시민과 밀접한 관련이 있기 때문이다. 유아 사회교육은 유아의 사고과정 증진을 위한 비판적 사고, 창의적 사고, 논리적 사고, 문제 해결 능력, 사고과정을 적용하는 능력의 발달을 포함한다.

셋째, 기술은 사회구성원으로서 요구되는 방법이나 능력이다. 민주시민 양성을 위해서는 다양한 사회적 기술이 필요하다. 특히 자신의 의사를 표현할 수 있는 언어적 기술, 정보를 수집하고 평가할 수 있는 연구 기술, 사회적 갈등을 해결할 수 있는 기술 능력이 포함된다.

넷째, 태도 및 가치의 형성이다. 유아는 일상생활을 통하여 민주적 생활 방식에 일치하는 가치와 태도를 형성한다. 교실에서 각 개인을 존중하는 태도와 가치, 규칙을 정하고 지키는 것, 자유와 선택, 참여는 사회교육을 통하여 길러진다. 따라서 유아 사회교육은 긍정적인 태도와 올바른 가치관 형성의 과정 및 민주사회 행동 양식의 이해 능력에 초점을 둔다.

표 1-2 지식, 사고과정, 기술, 태도 및 가치의 목표

구분	내용
지식	• 지역 사회, 국가의 역사 · 지리 · 정치 등을 포함 • 문화, 종교, 생활양식에 나타난 공통점과 차이점 • 환경, 에너지, 양성평등, 시사, 가치교육 • 교통, 통신, 생산, 분배, 소비, 보존, 정부, 교육, 종교
사고과정	• 비판적 사고 • 창의적 사고 • 논리적 사고 • 문제 해결 능력 • 사고과정을 적용하는 능력
기술	• 자신의 의사를 표현할 수 있는 언어적 기술 • 정보를 수집하고 평가할 수 있는 연구 기술 • 사회적 갈등을 해결할 수 있는 기술
태도 및 가치	• 긍정적인 태도 • 올바른 가치관 형성 과정 • 민주사회 행동 양식 이해

출처: Michaelis (1980).

이와 같은 내용을 종합해 보면, 유아 사회교육의 목적은 유아들이 사회에서 더불어 살아가기 위해 필요한 지식, 기술, 태도를 이해하고 민주시민으로 성장할 수 있도록 돕는 것이다. 이를 기초로 세부 목표를 제시하면 다음과 같다. 첫째, 민주시민으로서 필요한 사회적 지식을 습득한다. 둘째, 사회에서 더불어 살아가는 데 필요한 사회적 기술을 함양한다. 셋째, 다양성을 이해하고 자신과 타인을 존중하는 태도를 기른다. 넷째, 민주적 시민의식을 기초로 올바른 가치를 형성한다.

교육은 사회의 특성과 요구에 부응해서 이루어지므로 사회의 변화가 급격할수록 사회교육의 역할이 증대된다. 유아기는 민주시민의 기본 개념이 발달할 수 있는 좋은 시기이다. 유아를 위한 사회교육이 효과적으로 이루어질 때 유아는 긍정적인 사회관계를 맺고, 사회 안에서 유능한 사회구성원으로 성장할 수 있는 기초를 형성할 수 있다. 그러므로 변화하는 사회가 요구하는 바에 부응하기 위하여 유아들에게 다양한 사회관계를 고려한 일상생활 중심의 지속적인 사회교육이 이루어질 수 있도록 해야 한다.

3. 유아 사회교육의 중요성

영유아기는 모든 발달의 기초가 이루어지는 시기로, 유아의 사회성 발달과 사회화가 중요한 시기이다. 이 시기에 이루어지는 사회교육은 유아가 긍정적인 자아상을 확립하고 사회적인 관계를 발전시킬 수 있도록 돕는 등 개인의 행복한 삶과 사회의 유지 및 발전을 위한 중요한 역할을 한다. 특히 모든 발달의 기초를 형성하게 되는 영유아기의 사회성 발달을 통해 유아는 주변 사람들과 긍정적인 관계를 맺는 데 필요한 다양한 가치와 전략을 경험하면서 사람과의 관계와 소통의 중요성을 인식한다. 또한 유아는 가정, 유아교육기관에서 생활하면서 소속감과 공동체 의식을 느끼게 되며, 사회구성원으로서 자신이 할 수 있는 일을 알고 실천하면서 성장한다. 유아는 자신이 누구이며, 어떤 사람인지에 대해 생각하고, 여러 사람이 어떻게 관계를 맺고 어떻게 갈등을 해결해 나가는지를 통찰하는 경험이 필요하다. 이러한 자신과 타인과의 관계 형성 경험은 상호 영향력을 인식하는 데 도움을 준다. 그러므로 유아기에 사회관계와 관련하여 적절한 경험을 하는 것은 매우 중요하다.

홍순정과 김희태(2010)는 유아 사회교육이 중요한 이유를 다음과 같이 설명하였다.

첫째, 유아는 성인과 달리 혼자서는 살 수 없는 미성숙한 존재이다. 따라서 사회적 존재가 되기 위해서 유아는 누군가의 도움을 받아야 하며 사회적 지식과 기술 등을 습득해야 한다.

둘째, 유아는 사회의 구성원인 동시에 사회의 존속과 발전에 중요한 역할을 한다. 인간은 사회와 떨어져 살 수 없으며, 사회의 다른 구성원과 함께 생활해야 한다.

셋째, 한 개인으로서의 유아는 사회의 주체이다. 사회의 유지, 존속, 발전을 담당하는 주체로서 유아는 특정한 역할과 기능을 해야 하는데, 이를 유아 사회교육을 통해 제공받을 수 있다.

2019 개정 누리과정의 사회관계 영역에서는 자신을 존중하고 더불어 생활하는 태도 형성을 목표로 제시하고 있다. 이를 위해 자신을 이해하고 존중하며, 다른 사람과 사이좋게 지내고, 사회와 문화에 관심을 갖는 것을 강조한다. 즉, 유아 사회교육을 통해 유아는 자신을 존중하고 다른 사람과 생활하는 능력 및 태도를 기를 수 있다.

자아존중감은 자신이 사랑받을 만한 가치가 있는 존재이며, 무엇인가를 잘할 수 있는 유능한 사람이라고 생각하는 것으로 다른 사람들과의 원만한 사회생활을 위한 바탕이 된다. 따라서 유아가 사회 변화에 적응하고, 사회구성원으로서 올바르게 성장할 수 있도록 돕고, 긍정적인 자아개념과 바람직한 정체감이 형성될 수 있도록 지원해야 한다. 또한 일상생활에서 다양한 사회문화적 차이를 인정하고 받아들이는 경험을 통해 다른 사람과 더불어 살아가는 기술과 태도를 익혀 건전한 사회성 발달이 이루어질 수 있도록 해야 한다.

이와 같은 내용을 바탕으로 유아 사회교육의 중요성을 정리해 보면 다음과 같다.

첫째, 유아 사회교육을 통하여 자기 자신과 타인에 대한 긍정적인 태도를 기를 수 있다. 타인과 자신과의 관계를 통하여 긍정적인 자아존중감을 확립하고 사회관계 안에서 유능성을 신장할 수 있다. 자기 자신에 대한 자아존중감을 바탕으로 가족, 또래, 다양한 사람들에 대한 긍정적인 태도를 형성할 수 있다.

둘째, 유아 사회교육을 통하여 협력적 태도를 증진할 수 있다. 사회는 많은 사람이 함께 관계를 맺고 살아간다. 유아 사회교육은 공동체 안에서 협력의 중요성을 인식하고, 더불어 살아가는 사회 안에서 자기 자신을 인식할 수 있도록 돕는다.

셋째, 유아 사회교육을 통하여 사회에 관심을 갖고 문제 해결 능력을 기를 수 있다.

사회구성원은 사회 환경의 변화에 관심을 가지고 보다 나은 사회 환경을 유지하고 발전시키기 위해 노력해야 한다. 그러므로 어려서부터 교육을 통하여 다양한 사회 현상에 관심을 가지고, 다양한 관점을 이해하며, 비판적인 사고를 통한 문제 해결 능력을 기를 수 있도록 해야 한다.

넷째, 유아 사회교육을 통하여 민주시민의 자질과 역량을 기를 수 있다. 유아기는 개인의 사회적 지식, 기술, 태도를 형성하는 매우 중요한 시기이다. 따라서 어려서부터 사회의 다양한 현상에 관심을 갖고 민주시민으로서 필요한 역량을 증진시킬 수 있는 교육이 이루어져야 한다.

이러한 유아 사회교육을 통해 유아들이 자신과 주변 사람들을 이해하고, 사회 안에서 살아가는 주체적이고 유능한 사회구성원으로 성장할 수 있도록 지원해야 한다.

생각해 봅시다

- 최근 사람 간의 갈등이나 사회 문제가 많이 야기되고 있습니다. 사회관계 안에서 발생하는 문제들은 무엇이고, 왜 발생하는지 생각해 봅시다. 또 사회 문제와 관련된 기사를 활용하여 토의해 보고 유아 사회교육이 중요한 이유를 이야기 나누어 봅시다.

제2장

유아 사회성 발달의 이해

유아는 태어나면서부터 가정이라는 사회집단에 속하기 시작하여 성장함에 따라 가족 외의 여러 사람과 만나고 관계를 맺으면서 다양한 사회집단에 속하게 된다. 이러한 만남은 사회적 관계를 형성하고, 사회적 행동을 습득하며, 사회생활에 필요한 기술과 태도 등을 익히게 해 줌으로써 궁극적으로는 사회집단 속의 여러 사람과 바람직한 관계를 유지하고, 자신이 속한 사회에서 생존할 능력을 얻는 데 도움을 준다. 이러한 유아의 사회성은 자신이 속한 집단이나 문화의 특성 등에 따라 달라지는 개인적인 차이가 있음에도 불구하고 일정한 유형으로 발달한다.

이 장에서는 유아 사회성 발달의 이론과 요인을 살펴보고자 한다.

1. 유아 사회성 발달 이론

사회성이란 한 개인이 자신이 속한 사회에 대한 적응성을 발달시켜 가는 것을 의미한다. 즉, 자신이 속한 사회에서 받아들이는 언어, 사고, 감정, 행동 등을 포함한 생활양식을 학습하거나 사회집단의 구성원이 기대하는 바에 따라 자신을 변화 및 적응시키면서 또 하나의 사회구성원으로 성장하고 발달해 가는 것이다. 사회성 발달과 관련된 행동 특성으로는 친사회적 행동, 도덕성 발달, 사회인지, 사회적 조망수용 능력, 인성, 동기, 가치관, 태도, 신념 등을 들 수 있다(한국교육심리학회, 2000).

사회생활과 대인관계에 대한 욕구와 성향이 있는 인간은 성장하면서 사회성이 더 발달하게 되고, 복잡하고 다양한 사회집단에서 사회화(socialization)가 이루어지게 된다. 사회화란 한 개인이 다른 사람과의 만남을 통해 사회적으로 적절한 행동 및 태도를 일정한 형식에 따라 발전시켜 가는 과정이다(Zigler & Child, 1973). 즉, 유아가 성장하면서 접하게 되는 사회 및 구성원을 통해 그 집단에서 중요하다고 여기는 가치, 신념, 태도 등을 익혀 나가는 것이다.

사회화 과정은 인간의 삶에서 계속해서 진행되며, 유아의 사회화 과정은 유아가 살고 있는 문화나 집단의 특성 등에 따라 차이가 있다. 우리나라에서 자라는 유아들은 한국 문화와 사회에 적합한 행동 및 사고방식, 가치관 등을 갖게 되며, 아프리카에서 자란 유아는 아프리카 문화와 사회에 맞는 사회화를 습득하게 된다. 그러나 환경과 조건이 어떠하든 사회화 과정의 기본 요소는 크게 다르지 않다.

사회화 과정을 설명하는 많은 이론이 있지만 여기서는 성숙주의 이론, 정신분석 이론, 인지 발달 이론, 사회학습 이론, 생태학 이론을 중심으로 사회화 과정에 대해 살펴보고자 한다.

1) 성숙주의 이론

성숙주의 이론에서는 유아의 발달이 주로 생물학적·유전적 요인에 의해 좌우된다고 본다. 성장과정에서의 환경 조건에 대해서도 언급하기는 하나, 정상적인 발달을 위해서 환경은 필요하지만 환경 요인이 발달을 유지 및 변화, 수정할 수 있다고 하더라도 그 기본적인 진행과정을 생성하거나 변화시키지는 못한다고 주장함으로써 환경적 영향력이 거의 없다고 본다.

대표적인 성숙주의 이론가인 게젤(Arnold Lucius Gesell)은 인간이 예정된 발달 절차에 의해, 타고난 선천적 순서에 의해 발달한다고 주장하였다. 즉, 유아들은 일정한 단계와 성장의 순서를 반복하지만 같은 연령이라고 해도 모든 유아가 동시에 같

게젤(1880~1961년)

은 단계에 있지는 않다고 하였다. 왜냐하면 유아마다 고유의 발달 스케줄이 있기 때문이다. 그러므로 성숙주의 이론에서는 인간의 발달에 대한 표준행동목록을 제시하여 사회성 발달의 단계를 설명하고, 이를 통해 유아의 사회성 발달 정도를 평가한다. 따라서 연령별 사회성 발달표를 보며 양육자에게 사회성 발달에 대한 내용을 안내하고, 예정된 발달 단계에 따라 적절한 방안을 제시하여 유아의 사회성 발달을 도울 수 있다고 본다.

게젤은 수백 명의 아동을 대상으로 조사한 결과에 근거하여 '게젤 발달 스케줄(Gesell Developmental Schedule) 검사'를 고안하였다(1928). 그는 특정 연령에서 어떤 행동이 가장 보편적인지를 확인하기 위해 각기 다른 연령의 영아들의 행동을 비교하였는데, 만약 어떤 영아의 행동이 또래의 규준과 상당히 차이가 나면 이 영아의 발달은 매우 빠르거나 매우 느린 것으로 평가하였다. 게젤 발달 스케줄 검사의 영역은 〈표 2-1〉과 같다.

표 2-1 게젤 발달 스케줄 검사 영역

영역	내용
운동 행동 (motor behavior)	• 특정 운동 기술 정도 • 자세에 대한 반응, 목과 머리의 균형, 구르기 등
언어 행동 (language behavior)	• 모든 형태의 의사소통 정도 • 언어적 의사소통, 비언어적 의사소통
적응 행동 (adaptive behavior)	• 다양한 형태의 탐색 활동 정도 • 다양한 상황이나 대상물에 대한 반응
개인적-사회적 행동 (personal-social behavior)	• 사회적 문화에 대한 반응 정도 • 지역, 음식, 놀이, 사람들의 반응 등

게젤은 유아의 사회적 행동이나 사회성 발달 역시 일정한 연령이 되면 예정된 계획에 따라 발달되는 것으로 간주하였는데, 이때 균형과 불균형 상태를 경험하면서 성장 및 발달한다고 하였다. 예를 들어, 유아가 자신이 속한 사회와 구성원 속에서 자신과 그 사회에 대해 평안함을 느끼다가도 또 다른 사회와 구성원을 만나면 새로

운 가치, 신념 등을 접하면서 자신과 그 사회에 대해 불편함을 느끼게 된다. 그러나 새로운 사회와 구성원에 적응하고 익숙해지면 다시 평안함을 느끼게 된다. 게젤은 이러한 발달은 유아의 내적인 힘에 의해, 즉 성숙(maturation)에 의해 가능하다고 주장하였다.

2) 정신분석 이론

(1) 프로이트의 심리성적 발달 이론

정신분석학의 창시자인 프로이트(Sigmund Freud)는 인간의 행동을 무의식적이고 충동적인 힘의 근원으로 설명하며 인간의 성적 본능에 초점을 두었다. 그는 인간의 정신구조가 원초아(id), 자아(ego), 초자아(superego)로 구성되어 있으며, 인간 행동의 대부분은 이 세 가지 상호작용에 의해 결정된다고 하였다.

프로이트(1856~1939년)

① 원초아

- 무의식 부분으로, 쾌락 원리(pleasure principle)의 지배를 받는 것
- 본능적인 것이 충족되지 않으면 욕구불만과 불쾌를 경험하게 되는 것

  예 갓 태어난 아기는 매우 본능적으로 먹고 자고 배설을 하는데, 이러한 기본적인 욕구가 충족되지 않으면 욕구불만을 느껴 본능적으로 운다.

② 자아

- 의식 부분으로, 현실 원리(reality principle)의 지배를 받는 것
- 욕구를 만족시켜 줄 수 있는 대상을 발견할 때까지 흥분과 긴장을 지연 또는 억제하는 것
- 유아가 성장하면서 현실을 인식하고, 상호작용하고, 환경에 적응하고, 조화를 이루는 경험들을 축적하면서 습득하는 것

  예 기본적인 욕구가 충족되지 않는 것에 욕구불만을 느껴 본능적으로 울던 아

기가 자신이 우니까 엄마가 와서 자신의 욕구를 충족시켜 준다는 것을 인식하게 되면 욕구를 충족하기 위해 의도적으로 운다.

③ 초자아

- 상위 자아로, 정신세계를 윤리적이고 고차원적으로 지배하는 것
- 사회구성원과의 관계 속에서 사회규범과 기준이 내면화된 것
- 초자아가 형성되면 자기조절(self-control) 능력을 갖게 됨.

예 유아는 가게에서 자기가 원하는 물건은 반드시 돈을 지불하고 사야 한다는 것, 돈이 없을 때에는 아무리 갖고 싶어도 그 물건을 그냥 가져오면 안 된다는 것을 안다.

프로이트의 정신분석 이론이 유아의 사회성 발달에 대해 직접적인 주장을 하지는 않았으나 인간의 정서적 애착 관계와 성격 형성을 규명했다는 점에서 정신분석 이론의 발달단계 내에서 사회화 과정을 설명하고 있다고 본다. 즉, 정신분석 이론에서는 성적 만족을 얻는 신체 부분에 따라 심리성적 발달단계를 구강기, 항문기, 남근기, 잠복기, 생식기로 구분하였으며, 각 단계에서는 양육자의 역할과 영향이 중요하고, 각 시기를 거치면서 인간의 성격이 결정된다고 본다. 이때 욕구가 지나치거나 거의 만족이 안 된다면 그 단계의 욕구에 대해 집착을 하게 된다. 따라서 알코올중독, 우울, 강박관념, 지나친 공격성과 같은 사회성 발달의 문제는 각 단계의 어느 한 부분에서 고착된 결과라고 본다. 프로이트의 심리성적 발달단계에 따른 유아의 사회성 발달 특징은 〈표 2-2〉와 같다.

표 2-2 프로이트의 심리성적 발달단계에 따른 유아의 사회성 발달 특징

제1단계: 구강기(oral stage, 0~1세)	• 입이 쾌감의 중요한 원천임. • 입을 다무는 것은 거부와 부정을, 놓치지 않으려고 하는 것은 끈기와 결단력을, 뱉어 내는 것은 배척과 경멸을, 받아들이는 것은 획득욕을 드러내는 최초의 틀이 됨. • 유아가 최초의 틀을 경험할 때 느끼는 불안이나 욕구불만의 정도에 따라 고착 여부가 결정됨.
제2단계: 항문기(anal stage, 1~3세)	• 배설 행위는 감정 폭발, 분노 발산 등의 최초의 틀이 됨. • 엄격한 배변훈련은 유아를 소심하고 결벽증 있고 인색한 사람으로, 지나치게 허용적인 배변훈련은 유아를 우유부단하고 주체성이 부족한 사람으로 성장하게 만들 가능성이 높음. • 배설을 참는 데에서 쾌감을 느끼는 유아는 집착이 심하고 편집광적인 사람으로, 그 반대의 경우에는 소유하고 있는 것을 없애야만 안도감을 느껴 낭비가 심한 사람으로 성장하게 하기도 함.
제3단계: 남근기(phallic stage, 3~5세)	• 남아의 경우, 어머니를 대상으로 한 아버지와의 경쟁이 오이디푸스 콤플렉스(oedipus complex)로 나타나면서 아버지와 같은 사람이 되고자 노력하는 동일시 현상이 나타남. • 여아의 경우, 아버지를 대상으로 한 어머니와의 경쟁이 엘렉트라 콤플렉스(electra complex)로 나타나면서 어머니와 같은 사람이 되고자 노력하는 동일시 현상이 나타남. • 성 정체성, 성 역할 등에 대한 개념을 형성함.
제4단계: 잠복기(latency stage, 6~11세)	• 동성 부모에 대한 동일시를 통하여 부모가 긍정하는 가치관이나 태도를 내면화함. • 사회적으로 기대되고 용납되는 행동을 습득하는 것에 에너지를 방출함.
제5단계: 생식기(genital stage, 사춘기 이후)	• 이성에 대한 관심이 높아지고, 이성과의 관계를 통해서 만족을 구하고자 함.

(2) 에릭슨의 심리사회적 발달 이론

프로이트의 심리성적 발달 이론을 더욱 확대하여 성인기 이후의 단계를 새로이 추가함으로써 발달의 전 생애를 포괄하고자 한 것이 에릭슨이다(김영옥, 2014).

에릭슨(Erik Homburger Erikson)은 심리사회적 발달단계가 존재하고, 각 단계는 개인과 환경 사이의 상호작용에 의해 나타나는 성숙의 힘의 지배를 받는다고 하면서 인간의 발달을 8단계로 제시하였는데, 각 단계는 결정적인 시기가 있다고 하였

에릭슨(1902~1994년)

다. 그가 제시한 8단계는 단계마다 개인과 그 개인을 둘러싼 사회 환경 간의 상호작용에 의해 성취해야 하는 과업이 있을 뿐 아니라, 자아정체감과 심리적 건강을 획득하기 위해 극복해야 하는 위기가 있다고 하였다. 또한 단계마다 자아는 중요한 역할을 하는데, 특히 유아기에 성인과의 경험 및 상호작용은 자아개념을 형성하는 데 매우 중요한 역할을 한다고 보았다. 예를 들어, 부모, 양육자, 교사, 또래 친구 등과 같은 타인이 자신을 어떻게 보는지는 자아개념의 발달과 개인의 정체성 형성에 영향을 미친다는 것이다. 〈표 2-3〉에는 에릭슨의 심리사회적 단계에 따른 유아의 사회성 발달 특징이 나타나 있다.

표 2-3 에릭슨의 심리사회적 단계에 따른 유아의 사회성 발달 특징

제1단계: 신뢰감 대 불신감 (0~1세 영아기)	• 영아는 자신을 보살피고 욕구를 충족시켜 주는 성인에게 의존함. • 양육자의 일관성 있는 관계 형성은 영아가 신뢰감이나 불신감을 형성하게 하고, 이후 타인과의 관계 형성에도 영향을 미침.
제2단계: 자율감 대 수치심 (1~3세 보행기)	• 자신을 다른 사람과 독립된 존재로서 인식하기 시작함. • 유아의 행동을 지지하고 안내해 주면 긍정적인 자아의식을, 유아에게 자율적인 태도를 보여 주면 자율성을 획득함. • 유아의 행동이 지지받지 못하거나 지나치게 엄격한 대우를 받으면 유아는 사회에서 기대되는 행동을 적절히 수행하지 못해 수치심을 느낌.
제3단계: 주도성 대 죄책감 (3~6세 유아기)	• 양육자의 격려와 지지는 유아에게 주도성을 길러 줌. • 주도성을 가진 유아는 자기조절력을 갖게 되고, 이로 인해 자신의 부당한 행동에 대하여 양심의 가책을 느낌. • 유아의 행동을 심하게 꾸짖는 일이 반복되면 자신의 행동에 대해 죄책감을 느끼게 되고, 이것은 유아가 자신이 세운 목표를 달성하지 못했을 때 스스로 죄의식을 갖게 하기도 함.
제4단계: 근면성 대 열등감 (6~12세 학령기)	• 유아가 일을 해내고, 다른 사람과 협력하는 시기임. • 성인이 유아의 능력을 인정해 주면 자기 자신에 대한 유능감을 느껴 근면성이 길러지지만, 부정적인 말과 비난은 열등감을 느끼게 함.
제5단계: 정체감 대 정체성 혼미 (12~20세 청소년기)	• '나는 누구인가?'라는 근본적인 문제로 고민함. • 자아정체감 확립은 개인의 지속적인 노력에 의해 획득되는데, 이때의 위기를 극복하지 않으면 정체감 혼미를 가져옴.

제6단계: 친밀감 대 고립감 (20~24세 성인기)	• 타인과의 관계에서 친밀감과 사랑을 느끼게 되는데, 이는 청소년기에 어떤 정체감을 형성하였는가에 따라 달라짐. • 친밀감을 형성하지 못하면 자신감이 부족하게 되고, 대인관계에서 위축되어 고립감을 형성함.
제7단계: 생산성 대 침체감 (24~65세 성인기)	• 생물학적 생산성은 자녀를 낳아 기르는 것, 사회적 생산성은 사회문화의 특정한 측면을 보존, 혁신, 창조하는 것임. • 생산성을 가진 성인은 사회의 존속과 유지를 위해 현 세대와 다음 세대를 연결하고자 노력함. • 침체성은 인생에서 의미를 찾지 못하고, 다음 세대와의 연결을 위해 아무 할 일이 없다고 느끼는 것임.
제8단계: 통합감 대 절망감 (65세 이후 노년기)	• 죽음에 직면하여 자신의 삶을 돌아보는 시기임. • 통합감은 자신의 삶에 감사하고, 만족감을 느끼며, 다가올 죽음을 자연적인 것이라고 받아들일 때 갖게 됨. • 자신의 삶을 후회하고, 원망하며, 다가올 죽음을 받아들이지 못하고 두려워하면서 절망감에 빠짐.

3) 인지 발달 이론

피아제(1896~1980년)

인지 발달 이론의 대표적인 학자인 피아제(Jean Piaget)는 유아를 능동적인 학습자로 보고, 유아의 경험을 내재화할 수 있는 인지 발달단계에 따라 유아의 사회성이 발달되어 간다고 보았다.

피아제의 인지 발달은 동화와 조절, 평형화의 과정을 통해 지식을 구성해 나가고, 불균형 상태의 인지 구조는 동화와 조절을 통해 평형화를 이루며, 이러한 과정을 통해 인지 발달이 이루어지게 된다고 보았다. 이와 관련하여 사회화의 과정도 유아의 인지적 불균형을 동화와 조절 과정을 통해 평형화 상태를 이루게 하는 과정을 끊임없이 반복하며 이루어진다는 것이다. 예를 들어, 자신의 아버지를 무척 자랑스럽게 생각하는 유아가 있다. 그 유아의 가족이 아버지가 운전하는 차를 타고 함께 여행을 가는 도중에 아버지가 과속을 하였다. 이것을 본 교통경찰관이 교통법규를 위반한 차를 세웠고, 운전을 한 아버지가 교통경찰관에게 용서를 비는 모습과 교통경찰관이 교통범칙금을 발부하는 모습을 본 유아는 사회적 · 인지적 갈등을 겪게 된다. 즉, '자랑스러운 아버지'라는 스키마(schemas)와 '경찰관의 제지를 받는 아버지'란 스키마의 불일치 및 불균형 상태로 갈등을 겪는 것이다. '아버지가 여전히 자랑스러운가?'에 대한 갈등을 극복할 때까지 유아는 사회적 규칙과 규범, 사회적 권위와 아버지의 권위 등에 대해 다양하게 탐색 및 경험을 하게 되고, 이를 통해 아버지에 대한 불균형적인 스키마가 균형을 이루게 되어 새로운 사회적 스키마(social schemas)가 습득된다.

유아는 사회 상황 속에서 문제를 해결하고 지식을 습득하는 과정을 통해 사고 구조가 형성되고 인지 발달단계에 따라 사회화되어 간다. 즉, 유아의 사회성은 이전의 경험을 통해 새로운 경험의 내용을 통합하는 방법으로 사회에 대한 정보를 이해하고 새로운 사회적 개념을 학습해 가면서 발달한다. 이러한 이유 때문에 유아의 능동적인 참여와 직접적인 경험이 중요하게 다루어지며, 유아의 사회적 행동은 인지적 성숙의 맥락 안에서 고려되어야 한다.

피아제의 인지 발달단계와 각 단계의 사회성 발달 특성을 연결해 보면 〈표 2-4〉와 같다.

표 2-4 피아제의 인지 발달단계에 따른 유아의 사회성 발달 특징

제1단계: 감각운동기 (sensorimotor stage, 출생~2세)	• 보고, 듣고, 만지는 등의 감각을 통해 주변 사람 및 환경과 상호작용을 하고, 세상에 대한 이해의 폭을 넓혀 감. • 대상영속성(사물이 눈에 보이지 않더라도 계속해서 사물이 존재할 수 있다는 사실)을 형성함.
제2단계: 전조작기 (preoperational stage, 2~6세)	• 다른 사람의 입장이 되어 사고하거나 다른 사람의 감정을 온전히 공유하는 것을 여전히 어려워함. • 상징적 활동이 증가하여 가상놀이를 즐기면서 주변 상황이나 다른 사람의 입장을 의식하는 경험을 함.
제3단계: 구체적 조작기 (concrete operational stage, 7~11세)	• 사고력이 급증하여 사회성 발달에도 영향을 줌. • 탈중심화가 이루어져 타인 조망수용 능력(perspective taking ability)을 갖추므로 또래 또는 타인과 상호작용을 할 때 타인의 입장과 감정, 사고 등을 고려할 수 있음.
제4단계: 형식적 조작기 (formal operational stage, 11세 이후)	• 추상적인 사고, 복잡하고 더 높은 수준의 과정을 습득하는 것이 가능함. • 사회관계도 보다 다양해지고 유능해짐. • 자신의 생각과 상대방의 생각을 함께 고려할 수 있는 의사소통 및 합의 등이 가능한 사회성이 한층 더 발달함.

4) 사회학습 이론

밴듀라(1925년~)

사회학습 이론은 인간의 행동이 환경적 요인의 영향을 받아 학습된다고 보는 이론으로, 대표적인 학자는 캐나다의 심리학자 밴듀라(Albert Bandura)이다.

그는 적절한 자극이나 강화가 인간의 행동을 변화시킬 수 있다고 보았으며, 인간의 사회화는 다른 사람의 행동을 관찰하고 모방하면서 학습된다고 설명하였다. 즉, 새로운 행동의 학습은 사회적 상황에 대한 개인의 인지적 판단을 통해 타인의 행동을 관찰하고 이를 모방함으로써 가능하다는 것이다(구광현, 가영희, 이경철, 2012).

밴듀라(Bandura, 1977)는 유아가 자신의 주변 세계를 능동적으로 이해하려고 노력하고(학습), 이때 다른 사람들의 행동을 주변 세계를 이해하는 중요한 정보로 활용한다고 하면서(사회) 관찰을 통한 모방이나 모델링이 매우 중요하다고 여겼다.

이러한 이유로 사회학습 이론에서는 사회화 과정에서 주 양육자나 주변 사람들이 유아에게 모델을 보이는 것을 중요하게 생각한다. 예를 들어, 친구가 양보하는 행동을 한 것에 대해 교사가 칭찬하는 것을 관찰한 유아는 자신도 교사에게 칭찬을 받고 싶어서 친구에게 양보하는 행동을 모방하여 실천한다. 교사는 그러한 행동을 한 유아를 칭찬하게 될 것이고, 교사에게 칭찬받은 유아는 기분이 좋고 양보하는 행동에 강화를 받아 그 행동을 학습하게 된다.

특히 유아의 모방 행동에 대해 교사가 강화를 할 때, 유아가 칭찬이라는 보상의 이유가 친구에게 양보를 했기 때문이라는 것을 인지하게 되면 강화의 효과는 더욱 커진다. 예를 들어, 유아가 친구에게 양보를 했을 때 교사가 "잘했어."라고 칭찬을 해 주기보다는 "○○이도 하고 싶었을 텐데 꾹 참고 친구에게 먼저 양보를 해 주다니 정말 멋지구나! 양보를 한다는 게 쉬운 일이 아니라는 것을 내가 잘 알기 때문에 더 많이 칭찬해 주고 싶어."라며 칭찬의 이유를 구체적으로 설명해 주면 강화의 효과를 높여 유아가 사회적 행동을 습득하는 데 더욱 큰 도움을 줄 수 있다.

유아가 사회적 행동을 모방하기 위해 관찰을 할 때에는 주의집중 과정, 기억 과정, 운동재생 과정, 동기적 과정의 네 단계를 거친다(Bandura, 1977). 각 과정에 대한 설명은 [그림 2-1]과 같다.

주의집중 과정	기억 과정	운동재생 과정	동기적 과정
• 모방하기 위해 먼저 모델에 주의를 집중함.	• 모방하고 싶은 모델의 행동을 상징으로 기억함. • 5세 이하의 유아는 시각적 영상에 의존하므로 모방 능력에 제한이 있음.	• 모방 행동을 정확하게 재생하기 위해 운동 기술을 습득함. • 운동 기술을 재생하고 시행착오를 거치면서 모방 행동을 숙달시킴.	• 모델을 관찰하여 습득한 행동은 보상이 예측되면 수행함. • 모방 행동의 수행 여부는 모델에 대한 강화, 자기 강화 등에 의해 달라짐.

[그림 2-1] 사회적 행동의 모방을 위한 관찰학습 과정

5) 생태학 이론

생태학 이론은 인간의 사회성 발달과정을 개인과 환경과의 관계 및 상호작용 속에서 이해하고자 하는 접근 방식으로, 인간의 행동을 이해하기 위해서는 개인뿐만 아니라 그 개인이 속한 환경도 함께 고려해야 한다는 것을 강조한다. 생태학 이론의 대표적인 학자인 브론펜브레너(Bronfenbrenner, 1979)는 인간은 인간 그 자체뿐 아니라 그를 둘러싼 다양한 환경 역시 끊임없이 변화하고, 서로 영향을 주고받는다고 하면서 인간의 사회성 발달에서 '맥락 속의 발달(development-in-context)' '발달의 생태학(ecology of development)' 측면을 중요하게 여겼다. 인간의 사회성 발달은 즉각적인 상황이나 환경뿐 아니라 이러한 상황이나 환경을 포함한 더 큰 규모의 형식적 · 비형식적인 사회적 환경 내부와 환경 사이에서 얻을 수 있는 관계의 영향을 받는다고 하면서 한 인간을 둘러싼 환경이 생애 초기에는 부모와 같은 매우 직접적인 환경부터 시작하여 점점 더 광범위한 환경체계로 확대되어 가는 다섯 가지의 생태학적 환경체계를 제시하였다. 이 다섯 체계는 미시체계, 중간체계, 외체계, 거시체계, 시간체계로, 각각은 독립적이지 않고

브론펜브레너(1917~2005년)

서로 긴밀한 영향을 주고받는다. 즉, 미시체계에서의 경험과 변화는 중간체계와 외체계를 거쳐 거시체계와 시간체계에까지 영향을 주며, 거시체계와 시간체계의 경험과 변화 역시 외체계에 영향을 주고, 그것이 중간체계와 미시체계에 영향을 준다. 브론펜브레너의 생태학 이론은 유아를 둘러싼 다양한 상황과 환경이 유아의 행동과 발달에 어떻게 상호역동적으로 작용하는가를 보여 준다([그림 2-2] 참조). 그러므로 한 유아를 보다 정확하고 바르게 이해하고, 사회성 발달을 돕기 위해서는 그 유아에게 영향을 주고 있는 주변의 다양한 환경 요건을 반드시 고려해야 한다.

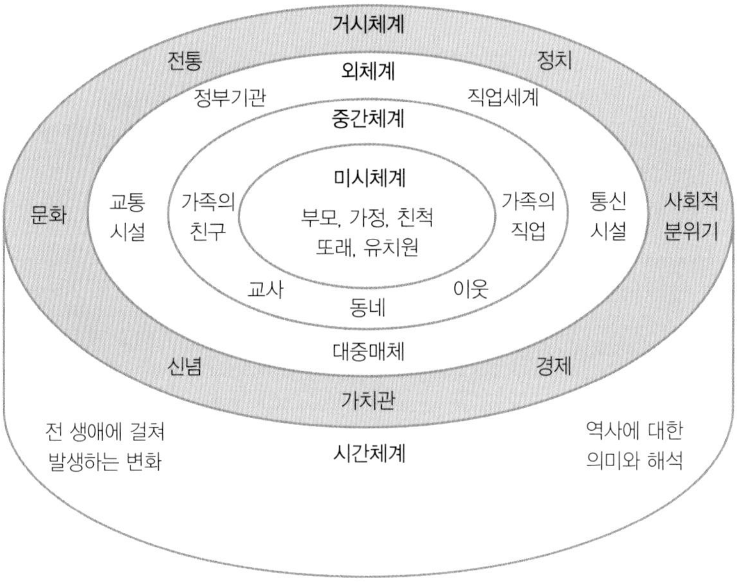

[그림 2-2] 브론펜브레너의 생태학 이론

브론펜브레너의 생태학적 체계와 유아의 사회성 발달 특징은 〈표 2-5〉에 제시되어 있다.

표 2-5 브론펜브레너의 생태학적 체계와 유아의 사회성 발달 특징

미시체계 (microsystem)	• 유아에게 매우 밀접하고 직접적인 영향을 미치는 환경체계 • 유아의 인지, 사회, 정서 등 거의 모든 영역에서 즉각적이고 직접적인 영향을 끼침. • 부모, 가정, 학교, 또래집단 등

중간체계 (mesosystem)	• 미시체계 요인 간의 관계 및 관계망, 맥락 사이를 연결함. • 중간체계 요인 간의 다양한 관계 맺음은 유아의 사회성 발달에 유의미하게 작용함. • 부모의 태도에 대한 경험과 교사의 태도에 대한 경험의 관계, 형제관계와 친구관계 등
외체계 (exosystem)	• 유아가 직접 관계를 맺거나 경험을 하지는 않지만 영향을 받는 환경체계 • 대중매체, 통신시설, 교통시설, 직업세계, 정부기관 등
거시체계 (macrosystem)	• 미시체계, 중간체계, 외체계에 포함된 모든 요소에 개인이 속한 사회의 형식적 · 비형식적 체계까지 포함함. • 형식적 체계: 사회적 · 문화적 · 제도적 · 정치적 · 경제적 요소 등 • 비형식적 체계: 관습, 일상 생활 습관 등
시간체계 (chronosystem)	• 시간의 흐름에 따라 전 생애에 걸쳐 발생하는 사회적 · 문화적 · 역사적 변화를 의미함. • 동일한 사건이라도 시대에 따라 의미와 해석이 달라지는 것 등

2. 유아 사회성 발달 요인

유아를 둘러싼 가족과 이웃, 또래, 유아교육기관, 지역사회, 국가 등 모든 사회문화적 환경은 유아가 사회적 관계를 이해하고, 유아 자신의 가치와 태도를 형성하는 데 매우 중요하게 작용하고 영향을 줄 뿐 아니라 유아의 사회성 발달에 지속적으로 영향을 미친다. 이와 더불어 최근 각종 미디어 및 IT 기기의 발달은 이미 유아의 사회성 발달에 강력한 영향력을 발휘하는 중요한 요인으로 부각되어 왔다. 그러므로 유아의 사회성 발달에 영향을 주는 요인에 대해 알아보는 것은 매우 중요한 일이다.

멜란데즈와 벡(Melendez & Beck, 2007)은 부모 등 가정환경, 또래, 유아교육기관 및 교사, 대중매체를 사회성 발달에 영향을 미치는 요인으로 제시하였다.

1) 가정환경

인간은 태어나는 순간부터 가족과 사회의 구성원으로서 역할을 수행하고, 각 가족과 지역사회가 제공하는 독특한 사회적 · 역사적 · 문화적 맥락 속에서 가족 및 사회의 일원으로 성장한다. 이러한 가정은 사회 구조의 필수적인 기본 단위이며, 그 사회의 문화를 전달하는 역할을 한다. 따라서 가정은 사회의 가장 기본적이고 일차적인 집단으로 유아의 성장과 발달에 중요한 영향을 미친다.

이영자, 유효순, 이정욱(2001)은 유아의 사회화에 기여하는 많은 사회적 요인 중에서도 가정이 가장 중요한 요인이라는 것을 다음의 세 가지 근거를 들어서 설명하였다.

첫째, 가족구성원은 인간이 최초로 그리고 거의 유일하게 사회적 접촉을 하게 되는 사람들이다. 즉, 영아와 부모 간의 상호작용과 정서적 관계는 이후 관계에서의 유아의 기대와 반응을 형성하게 한다.

둘째, 문화의 믿음, 가치, 태도 등은 비교적 부모의 주관적인 선택 양상에 따라 길러져 유아에게 제시된다. 즉, 부모의 성격, 태도, 사회경제적 수준, 종교, 교육, 성별 등이 문화의 가치관과 기준을 자녀에게 제시하는 데 영향을 준다.

셋째, 유아의 사회화 과정을 돕는 부모의 구체적인 기술에 따라 유아의 사회성 발달에 차이가 있다. 즉, 어떠한 문화권에서든지 유아가 그 사회에서 성공을 하고 적응을 하려면 특정한 목표를 성취하거나 과제를 수행할 것이 요구된다. 그러나 유아가 이러한 공통적인 과제를 완수하도록 돕는 부모의 구체적인 방법은 부모마다 다르고, 완성에 따른 표현도 다르다.

시대적 · 사회적 변천에 따라 가정환경이 변화하면서 유아 사회교육의 내용과 방법 역시 달라지고 있다. 그러므로 유아의 다양한 가족환경을 알아보는 것은 각 유아의 개별적인 특성을 이해하고 존중하기 위해서뿐 아니라 이후 사회성 발달을 돕기 위해서 반드시 필요하다.

(1) 가족 형태

사회 구조가 변화하면서 가족의 형태 및 구성원도 매우 다양하게 변화되어 왔다. 이로 인해 가족의 기능이 전통적인 기능과는 매우 달라지고 있으며, 가족구성원 간의 유대감이 약해지는 등 사회적 문제들이 발생하고 있다.

이처럼 가족의 형태가 다양하게 나타나는 가정 변화의 주된 현상은 다음과 같다.

첫째, 가족구성원이 점차 줄어들고 있다.

이는 핵가족 제도로의 변화에서 연유되기도 하지만 자녀 수의 감소에 의한 것이기도 하다. 이와 같은 가족 구성에서는 전통적인 대가족 제도에 비해 유아의 사회교육에 대한 가정의 역할이나 영향이 축소될 수밖에 없다.

둘째, 가족의 형태가 다양해지고 있다.

그 원인으로는 사별, 이혼, 별거, 실종, 입양 등 다양한데, 이로 인해 편부모 가정, 이혼가정, 조손가정, 재혼가정, 입양가족 등 다양한 형태의 가족이 나타나고 있다. 또한 국제결혼 가정 및 이주노동자 가정이 증가함에 따라 서로 다른 문화적 배경을 가진 사람들이 모여 한 가정을 이루는 다문화 가정도 급격히 증가하고 있는 추세이다.

(2) 부모

부모는 유아에게 가장 영향력 있는 존재이며, 이 세상을 살아가는 롤모델이기도 하다. 그러므로 부모-자녀 관계가 유아의 사회성 발달에도 큰 영향을 주는데, 이 관계는 부모의 양육 태도에 의해 결정된다고 해도 과언이 아니다.

버클리대학교의 아동발달전문가 바움린드(Baumrind, 1973)는 부모의 자녀양육 유형을 '허용 또는 자애로움'과 '통제 또는 비판'이라는 2개의 축을 중심으로 하여 설명하면서 네 가지 형태의 자녀양육 태도를 제시하였다([그림 2-3] 참조).

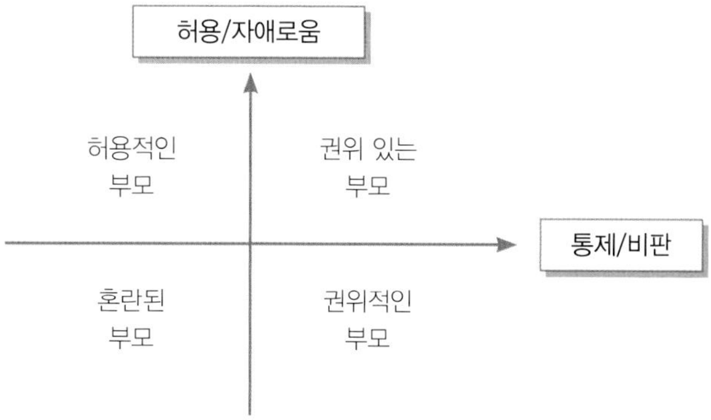

[그림 2-3] 바움린드의 자녀양육 유형

그녀가 제시한 양육 유형에 따라 부모가 어떤 양육 태도를 보이는지, 그것이 유아에게는 어떤 영향을 미치는지를 살펴보면 다음과 같다.

첫째, 애정과 통제를 모두 갖춘 권위 있는 부모(authoritative parents)이다.

- 자녀의 감정, 생각을 잘 이해하려고 노력하며, 온화하고 온정적인 태도로 자녀와 대화함.
- 자녀의 그릇된 행동 등 필요한 부분에 대해서는 강하게 제한을 설정하고, 보다 성숙한 행동을 하도록 단호하게 요구하면서도 그것을 자녀가 이해할 수 있도록 합리적으로 설명해 줌.
- 이러한 부모를 둔 유아는 사회적 책임감이 강하고, 감성지능이 높으며, 학업 등의 수행에서 유능하면서 매우 독립적임.
- 가장 긍정적인 양육 유형임.

둘째, 무조건적으로 복종하기를 요구하는 권위적인 부모(authoritarian parents)이다.

- 부모가 규칙 등을 일방적으로 정하고 절대적으로 지킬 것을 강요하면서 규칙이나 규율에 대한 설명은 거의 하지 않음.
- 자녀가 원하는 것에는 상당히 둔감함.
- 부모의 일방적인 주장만이 통용되는 상황에서 성장한 자녀는 두려움과 걱정이 많고, 우울감과 스트레스에 취약하며, 사회적 관계 형성이 불안정함.
- 이것이 수동적 공격성으로 표출되기도 함.

셋째, 통제는 없고 애정과 자비로움만 가득한 양육 태도를 보이는 허용적인 부모(permissive parents)이다.

- 가장 바람직한 양육 유형으로 오해하는 유형이지만 사실은 그렇지 않음.
- 자녀에게 애정적이지만 단호한 제한을 설정하지 못해서 자녀가 요구하는 것은 거의 수용해 주다 보니 자녀에게 이끌려 가는 유형임.
- 이러한 부모를 둔 자녀는 대체로 충동적이고, 부모 없는 낯선 환경에 잘 적응하지 못하며, 사회적 책임감이 낮음.

넷째, 자녀를 애정으로 대하지도 않고, 규범과 규칙에 대한 통제도 하지 않는 혼란된 부모(neglectful parents)이다.

- 부모에게 우울증 등 정서적 문제가 있거나 너무 바쁘고 여유가 없어서 자녀를 일관성 있는 태도로 양육하지 못하는 데에서 기인함.
- 이러한 부모를 둔 자녀의 대표적인 특성은 반사회적 성향으로, 세상에 대한 불신이 강하고 청소년기로 갈수록 비행 경향도 높아지며 각종 사회인지적 수행 능력도 떨어짐.
- 가장 심각한 발달적 문제를 야기할 수 있는 양육 유형임.

(3) 형제

형제는 유아의 가족이자 좋은 놀이 친구이다. 형제와의 놀이를 통해 유아는 협력과 경쟁, 양보와 배려, 규칙과 질서 등과 같은 사회적 경험을 한다. 일반적으로 많은 연구에서 영유아기부터 초등 저학년 동안에 형제가 서로에게 영향을 가장 크게 주고받는 시기이며, 출생 서열이나 형제의 성별 등이 유아의 사회성 발달과 관련성이 있다고 보고해 왔다. 그러나 1997년 외환 위기 이후 계속되는 불경기 등의 여파로 우리나라의 출산율은 계속 떨어졌고, 초저출산 사회로 접어들었다(〈표 2-6〉 참조). 이로 인해 형제와 사회성 발달과의 관계에 대한 연구가 답보해 있는 실정이다.

표 2-6 유자녀 기혼여성의 자녀 수

(단위: %)

자녀 수 \ 연도	2000	2005	2010	2015
1명	22.7	23.8	27.9	29.6
2명	61.1	63.3	59.8	58.4
3명 이상	16.2	12.9	12.2	12.0

출처: 통계청(2016).

그러나 형제가 있는 유아는 형제가 없는 유아보다 사회적 경험을 지속적으로 할 수 있는 환경에 놓여 있다는 점은 부정할 수가 없다. 이에 더해 부모가 형제간의 사회적 관계에서 적절한 역할을 해 준다면 유아의 사회성 발달에 큰 도움이 될 것이다. 예를 들어, 형제간에 갈등 상황이 생겼을 때 형제 중 한 명에게 일방적인 양보나 수용을 강요하지 않고 객관적인 자세를 유지하면서 갈등을 조정하는 과정을 경험시켜 준다면 긍정적인 사회관계 형성을 돕게 된다. 이러한 경험은 가정 밖에서 다른 사람과 갈등 상황이 발생했을 때 바람직하게 문제를 해결할 수 있게 해 준다.

2) 또래

또래란 연령이나 수준이 비슷한 무리를 의미한다. 태어나면서부터 가족구성원과 의미 있는 상호작용을 하면서 성장한 유아는 이제 가정이라는 울타리를 넘어 자연스럽게 또래집단이라는 환경을 경험하게 된다. 또래집단 속에서 유아는 그 구성원과 다양한 상호작용을 통해 자기중심적인 행동과 태도를 상황에 맞게 조절하는 시행착오를 겪으면서 보다 성숙한 사회적 능력을 갖게 된다.

(1) 또래 경험

또래집단이란 가정과는 다른 사회적 조직으로서 비슷한 연령층에 있는 구성원의 직접적인 관심사를 중심으로 구성된 집단이다. 이러한 또래집단 속에서 유아는 성인의 방법으로는 습득할 수 없는 그들 나름의 가치나 태도, 사회적 지식 등을 경험하고 연습하며 학습한다. 즉, 유아는 친구들과의 평등한 관계에서 다양한 상황을 경험하고 그에 적절한 사회성을 증진해 나간다. 영유아의 사회적 관계는 생애 초기에는 주 양육자와 주고받는 것에서 시작하지만, 점차 그 대상을 확대시켜 또래와의 관계 형성 및 경험으로 이어진다(Raikes & Edwards, 2009). 영아는 처음 만난 낯선 또래에 대해 경계심을 보이기도 하지만, 걸어서 또는 기어서라도 또래에게 가까이 다가가려는 노력을 하면서 또래에 대한 호기심과 관심을 적극적으로 표현한다. 피아제(Piaget, 1952)는 영아의 자기중심적인 사고로 인해서 또래와의 사회적 상호작용이 거의 어렵다고 하였으나(이주옥, 장현주, 2004), 비록 하위 형태이긴 해도 놀잇감을 중심으로 또래 간에 상호작용이 이루어지는 것을 쉽게 관찰할 수 있다. 여기서 놀잇감은 영아들에게 있어서 '대화의 주제'나 상호작용의 '매체' 역할을 한다(Eckerman, Whatley, & Kutz, 1975; Mueller & Brenner, 1977). 이러한 또래 경험은 영아가 점차 성장하면서 상대방의 행동에 대해 적절하게 반응하기 시작하고, 좀 더 복잡한 상호작용에서 자신의 역할을 하기도 하며(Mueller & Lucas, 1975), 또래끼리 서로를 연속적으로 모방하면서 초기 수준의 사회적인 게임을 하기도 한다(Eckerman & Stein, 1990). 언어 발달을 통해 영아의 의사표현이 다양해지고, 또래와의 언어적 상호작용이 가능해져서 보다 정확하고 빈번한 사회적 · 정서적 교환이 이루어진다. 이러한 경험은 가정 내 부모와의 관계에서 경험하는 것과는 매우 다른 것이다. 즉, 다양한 사회적 행동을 또래를 통해 배우고 학습하며, 또래 간 사회적 관계 형성에 도움이 되는 중요한 경험으로, 영유아가 가정에서 어머니 혹은 주 양육자와 생활할 때와는 달리 또래 간 사회적 관계를 통해 보다 성숙한 행동을 하도록 영유아를 자극한다(Rubenstein & Howes, 1976).

또한 영유아는 사회적 관계 기술이 부족하기 때문에 또래와의 관계에서 다양한 갈등을 경험하는데, 이는 곧 사회적 관계의 시작이며, 갈등이 있는 관계는 사실상 또래와의 관계 발달에 있어서 긍정적인 역할을 한다(Eckerman & Didow, 2001). 또한 또래 간의 사회적 갈등 경험은 유아가 자신과 타인과의 관점의 차이를 인식하게 되어 자기중심적인 관점에서 벗어나는 조망수용 능력을 발달시킬 수 있는 기회라고 한 피아제(Piaget, 1952)의 주장과 일맥상통한다. 그러므로 영유아기에 또래와 다양한 경험을 하는 것은 그들의 사회성 발달을 돕는 매우 중요하고 가치 있는 일이다(Field, 2007).

(2) 또래의 역할

또래집단은 성인들을 통해서는 습득하기 어려운 다양한 자연적인 학습이 이루어질 수 있는 사회교육의 장이 된다. 이때 또래들은 서로 영향을 주고받으면서 바람직한 사회적 기술과 태도를 습득하게 된다. 이렇듯 의미 있는 사회적 발달이 이루어지게 하는 또래는 서로에게 어떤 역할을 하는지 구체적으로 살펴보면 다음과 같다.

첫째, 또래는 모델 역할을 한다. 유아들은 놀이 등 다양한 일상생활에서 의식적 또는 무의식적으로 또래의 모델이 된다. 한 유아가 또래의 행동과 태도를 모델로 삼으면, 그 유아는 또래의 행동을 관찰하고 모방함으로써 친사회적 행동을 익힌다.

둘째, 또래는 강화자 역할을 한다. 영유아기에 칭찬이나 비난을 받은 경험이 강화되면 이는 영유아의 사회적 태도에 영향을 미치고, 이는 이후 사회성 발달에도 영향을 준다. 유아의 환경을 서로 돕고 양보하고 협동하는 등 긍정적인 행동이 강화되는 분위기로 조성하면 친사회적인 행동을 익히는 데 수월해진다.

셋째, 또래는 지지자 역할을 한다. 지지란 어떤 사람이나 단체의 방향, 의견 등에 찬성 및 동의하고, 그 사람이나 단체를 위하여 힘을 주거나 도와주는 것이다. 유아는 또래와 사회적 행동을 익히는 경험을 공유하기도 하고, 사회적 태도를 익히는 데 도움이 필요할 경우 함께 있어 주거나 도움을 주기도 한다. 또한 사회적 행동을 익히는 데 어려움을 겪을 때 위로와 격려를 해 주는 등 서로를 지지해 주면서 힘을 얻는다.

넷째, 또래는 사회적 준거 역할을 한다. 유아는 또래와 태도 및 능력을 견주어 보면서 자신의 현재 상태를 인식하고, 어떤 것을 잘하는지 또 부족한 것은 무엇인지를 수시로 확인할 수 있다. 이러한 경험을 통해 자기 자신에 대해 자아존중감과 자부심을 갖기도 하고, 부족한 부분을 채우기 위해 노력하는 태도를 기르기도 한다.

이상에서 본 바와 같이 또래는 서로를 모델로 삼아 사회적 행동을 익히고, 또래가 행하는 여러 가지 사회적 행동에 대해 긍정적 또는 부정적 강화를 받으면서 사회성 발달이 바람직한 방향으로 이루어지는 데 도움을 받는다. 또한 또래는 바람직한 사회적 태도를 수행했을 때나 도움이 필요할 때 서로를 지지해 주기도 하고, 자신의 현재 상태를 확인하는 준거로 또래의 수행 정도를 참고한다. 이 과정에서 또래는 서로를 존중하고 이해하며 함께 문제를 해결하면서 바람직한 사회적 기술과 태도를 익힌다.

3) 유아교육기관

최근 부모의 경제 활동 참여 등 다양한 이유로 인해 가정교육이 어려워지면서 자녀교육과 관련하여 유아교육기관을 향한 기대가 점점 증가하고 있다. 경제활동에 참여하지 않는 부모 역시 급변하는 사회 속에서 부모 역할에 대한 자신감을 잃고 부모 역할에 대한 갈등을 겪으면서 자녀 양육 및 교육 문제에서 유아교육기관에 의지하는 현상이 두드러지고 있다. 즉, 다양한 사회적 변화로 인해 기존에 가정에서 책임지던 교육 및 훈육 기능이 점차 약화되었고, 자녀 양육과 교육에 대해 국가와 사회가 공동 책임을 져야 하는 분위기가 확산되고 있는 실정이다.

(1) 유아교육기관 경험

유아교육기관은 영유아를 대상으로 한 교육을 하는 곳으로, 유아의 연령, 발달 수준, 교육기관의 교육적 특성 등에 따라 다양하게 운영되고 있다. 유아교육기관은 가정과 달리 유아가 또래 및 성인들과 집단생활의 기초를 경험하는 곳으로, 교육과정에 따라 운영을 하면서 유아들이 바람직한 사회구성원으로 성장 및 발달할 수 있도록 도와야 한다.

유아가 어떤 유아교육기관에서 어떤 선생님을 만나 어떤 철학에 근거하여 교육을 받느냐에 따라 유아의 사회적 경험이 달라질 것이고, 이로 인해 이후 사회성 발달도 영향을 받게 될 것이다. 그러므로 유아교육기관에서는 유아의 사회성 발달을 돕기 위한 다양한 내용을 형식적·비형식적 방법으로 교육하도록 노력해야 한다. 즉, 유아교육기관에서는 유아들이 사회에 적응하여 생활하는 데 필수적인 사회적 기술과 태도를 길러 주어야 한다(Melendez & Beck, 2007). 사회적 기술과 태도란 사회생활의 기본 원칙으로, 공동의 목표를 이루기 위해 구성원끼리 서로 배려하면서 대인관계를 맺어 나가는 데 필요한 조건이자 공동체 생활에 있어서 가장 기본적인 생활 방식이다. 공동체 생활을 원활하게 하기 위해서는 감사, 경청, 공감, 격려, 정직, 책임, 협동 등을 경험하고 익혀서 상대방에게 구체적인 언어와 행동으로 표현할 수 있어야 한다. 유아들에게 이러한 사회적 기술을 길러 주려면 교사에 의한 계획적이고 형식적인 교육뿐 아니라 우연히 사회적 기술을 발휘해야 하는 상황이 발생했을 때에도 비형식적인 교육을 통해 사회적 기술을 보고, 느끼고, 연습하고, 숙달하는 과정을 지속적으로 반복해야 한다. 유아기부터 이러한 사회적 기술과 태도를 익히는 경험을 하는 것은 매우 중요한데, 그 이유는 유아가 성장하여 이 사회의 구성원이 되었을 때 건전한 사회를 만들고 유지하는 기초가 되기 때문이다.

(2) 물리적 경험

유아가 경험하는 유아교육기관의 물리적 경험은 환경, 공간, 배치 등이라고 할 수 있다. 여기서는 물리적 경험에 따라 유아의 사회성 발달이 어떻게 달라지는지를 생각해 보고자 한다.

우선 환경의 경우, 유아교육기관의 위치에 따라 유아들이 등·하원 시 어떤 사회적 상황을 주로 목격하는지에 따라, 또한 유아교육기관 자체 환경의 심미성, 안전성, 안정성 등을 어떻게 경험하는지에 따라 유아가 이 사회를 받아들이는 것은 달라지고, 그로 인해 유아의 사회성 발달도 영향을 받게 된다.

다음으로 공간의 경우, 유아들이 대부분의 시간을 보내는 교실을 중심으로 고려해 보았을 때 유아의 수에 비해 교실이 작다면 유아들은 불필요한 신체 부딪힘으로 인해 잦은 갈등 상황을 경험하게 될 것이고, 그로 인해 긍정적인 또래관계를 형성하는 데 어려움을 겪을 것이다. 또한 교사도 어쩔 수 없이 통제적인 태도를 자주 보이게 될 것이고, 이는 유아가 자유롭게 자신의 생각을 펼치는 경험보다는 교사의 지시에 따라 움직이는 경험을 주로 하도록 만들기 때문에 유아는 점차 수동적인 태도를 형성하게 될 것이다.

마지막으로, 유아교육기관의 각 공간의 용도와 특성에 따라 유아는 사회적으로 적절하다고 수용되는 행동이 달라진다는 것을 경험할 필요가 있다. 개인 공간이 너무 많을 경우에는 공동체 생활 경험이 상대적으로 줄어들어 사회성을 경험하기 어려울 것이고, 공용 공간이 너무 많을 경우에는 유아가 개인적인 생각과 노력을 시도하지 못하기 때문에 좌절감을 느낄 수 있다. 그러므로 유아교육기관의 전체 유아가 공용으로 사용하는 공간, 한 반의 유아들이 공용으로 사용하는 공간, 그리고 유아 개인이 사용하는 공간을 적절히 배치해야만 유아의 사회성 발달에 도움이 될 것이다.

(3) 교사

유아에게 있어 교사는 부모 다음으로 애착을 형성하는 절대적인 존재라고 해도 과언이 아니다. 그렇기 때문에 교사의 태도는 유아의 사회적 행동과 학습에 매우 큰 영향을 준다. 따뜻하고 융통성이 있으며 긍정적인 태도를 가진 교사와 함께하는 유아는 자신의 감정을 보다 솔직하게 표현하고, 자율적으로 활동에 참여하며, 교사의 관심과 칭찬을 얻기 위해 교사의 행동을 모방하면서 자신의 행동을 수정한다. 또한 형식적으로 가르치지 않더라도 능동적이고 바람직한 사회적 기술과 태도를 가진 교사와 함께 지내는 유아는 매일 교사라는 모델을 통해 긍정적인 영향을 받아 바람직한 방향으로 사회성 발달을 이루게 된다. 그 반대의 경우는 굳이 언급하지 않더라도 짐작하고도 남을 것이다.

유아교육 자체가 갖고 있는 교육 대상의 연령이 어리다는 특성을 고려했을 때, 교사가 유아의 사회교육을 성공적으로 운영하기 위해서는 형식적 교육을 위해 유아의 연령별 발달 특성에 따라 연간 계획을 세우고, 창의적이고 흥미 있는 방법으로 교육을 해야 하며, 유아의 반응과 교육의 효과에 대해 평가하는 태도가 습관이 되어야 한다.

4) 대중매체

대중매체는 컴퓨터, 텔레비전, 비디오, 동화책 등을 비롯한 기타 전달 수단을 포함하는 것으로, 발신자와 수신자 사이의 비인격적인 전달 관계를 반영한다. 대중매체는 사람들의 상호작용을 직접적으로 조장하는 것은 아니지만 중요한 사회화 수단이다. 최근 급속한 발달을 보이고 있는 대중매체는 유아가 속한 세계의 일부가 되고 있다. 유아는 대중매체를 통해 직접 경험에서 얻지 못하는 것을 간접적으로 경험할 수 있을 뿐만 아니라 많은 지식도 얻을 수 있다. 그러나 최근에는 컴퓨터나 휴대전화, 스마트 기기 등에 지나치게 자주 노출되는 유아에게 문제가 대두되고 있는 실정이다.

(1) 텔레비전, 컴퓨터, 스마트 기기

텔레비전과 컴퓨터는 유아에게 인기 있는 대중매체이다. 아주 어린 유아도 텔레비전이나 컴퓨터에서 나오는 영상에 집중하며 노래에 맞추어 몸을 흔들고 흥얼거린다. 텔레비전과 컴퓨터를 통해 유아는 사회적 지식을 얻기도 하고, 다양한 모델상을 자연스럽게 접하기도 한다. 또한 이러한 모델의 특성을 관찰함으로써 성 역할, 인물들의 사회적 관계 및 행동에 관한 지식을 학습하고 그것을 자기의 행동에 적용해 보기도 한다. 이처럼 대중매체가 유아에게 긍정적인 영향을 주는 측면이 있는 반면, 부모 등 성인의 적절한 통제가 이루어지지 않을 경우 유아가 그것에 과하게 몰두하여 비디오 증후군, 컴퓨터 증후군 등과 같은 다양한 부작용 역시 보고되고 있다. 또한 텔레비전이나 컴퓨터, 스마트 기기에 유아들이 무방비 상태로 놓임으로 인해 발생하는 사건, 사고들로 부모뿐 아니라 여러 교육자 및 사회학자가 깊은 우려의 목소리를 내고 있다.

예를 들어, 유아가 자신이 선택한 프로그램을 시청하기 위해 놀이나 식사를 중단하여 부모가 걱정하는 것을 우리는 주변에서 흔히 볼 수 있으며, 여기에 최근에는 스마트 기기의 사용률 증가로 언제 어디서나 손쉽게 영상을 접할 수 있게 되면서 유아가 스마트폰 게임 등과 같은 특정 프로그램에 과도하게 집착하기도 하고 있다. 스마트 기기는 다른 사람들과의 상호작용 없이 혼자서도 할 수 있다는 점에서 대인관계 형성, 대인과의 상호작용, 대인 간 문제 해결 등의 경험과 능력을 점차 축소시키고, 더 나아가 중독 증상을 보이는 경우를 증가하게 만들어 다양한 개인적·사회적 문제가 야기되고 있는 것이 현실이다.

(2) 독서물

그림책, 동화책, 유아 잡지 등 유아가 읽는 독서물이 유아의 사회화에 주는 영향은 적지 않다. 유아가 주로 읽는 것은 그림책으로, 이것은 유아에게 즐거움을 주고 내용 전달의 효과도 크다. 그림책에 담겨 있는 내용을 통해 유아는 주인공의 행동과 사고, 그리고 인간성을 자신의 것으로 흡수한다. 이러한 경험이 반복될 경우 유아의 사회적 가치나 태도를 형성하는 데 영향을 준다.

유아의 사회성 발달을 돕기 위해 교사는 의도적으로 사회성 관련 내용을 포함하는 그림책을 유아들에게 제시할 수 있다. 그러면 유아는 그림책을 읽으면서 자연스럽게 책에 내포된 직접적 또는 간접적인 사회적 단서와 관계를 경험하고, 배경과 인물의 표정을 통해 인물 간의 관계, 이야기 속의 사회적 관계 등을 느낀다. 이런 경험은 유아가 그림책 속의 상황에 필요한 사회적 기술과 태도를 떠올리게 하고, 또래들과 함께 사회적 문제를 해결하기 위해 노력하고, 비슷한 실제 상황이 발생했을 경우에 그림책에서의 경험을 회상하여 적용하려는 시도를 하도록 만든다. 유아들에게 그림책과 동화책을 읽어 주고 관련 활동을 함으로써 유아의 자아개념, 자아존중감, 조망수용 능력, 친사회적 행동, 사회적 능력 등이 향상되어 유아의 사회성 발달을 돕는 데 유의미한 결과를 도출했다는 연구가 매우 많다.

예를 들어, 교사가 자아존중감이 낮은 유아의 자아존중감을 높여 주려는 의도를 가지고 있다면, 자신이 잘하는 것을 찾아 인정하고 못하는 것을 잘할 수 있도록 극복하는 내용의 그림책을 준비하여 유아의 자아존중감을 높이는 데 도움을 줄 수 있을 것이다. 또한 친구와의 관계에서 참다운 의미를 경험하는 것이 필요하다면 공감, 이해, 소통, 화해에 대한 내용의 그림책을 제시하여 유아가 친근감을 느끼면서도 일상에서의 구체적인 상황에서 자신이 해야 할 바람직한 행동을 이해하고 습관화할 수 있게 도와줄 수 있을 것이다.

이때 중요한 것은 교사가 이미 알고 있기 때문에, 또는 제목만 확인하고 유아들에게 그림책을 제시해서는 안 된다는 것이다. 반드시 교사가 책을 읽어 내용을 확인하고, 유아들에게 어떤 방법으로 소개할 것인지를 생각하고, 유아들과 내용에 대해 어떻게 상호작용하면서 회상할 것인지를 계획하고, 만약 확장 활동을 한다면 어떤 활동을 어떤 자료를 이용하여 할 것인지에 대해 충분히 생각하고 준비하는 시간을 가져야 한다.

생각해 봅시다

- 유아의 사회성 발달에 영향을 주는 가장 큰 요인은 무엇인지 생각해 봅시다.

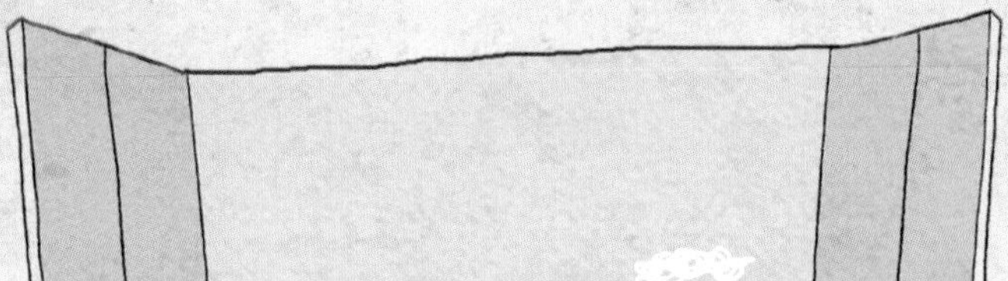

제2부

유아 사회교육의 내용

제3장

유아 사회정서 발달

유아의 사회성은 어려서부터 양육자와의 경험과 관계를 통해서 형성된다. 유아의 사회성 발달은 다양한 측면에서 그 양상을 살펴볼 수 있다. 이 장에서는 유아의 사회성 발달 영역을 애착, 자아개념, 성 역할, 정서, 친사회적 행동, 도덕성 측면에서 살펴보고자 한다.

1. 애착

1) 애착의 정의

애착은 영아기에 이루어지는 양육자와 영아 간의 중요한 유대감을 나타낸다. 영아기에 형성된 애착은 이후의 타인과의 관계에 중요한 영향을 미치게 되므로 영아기의 애착은 사회성 발달에 중요한 요인이 된다. 이러한 애착은 영아와 양육자 간에 형성되는 정서적 유대감으로, 영아가 가장 자주 상호작용하는 어머니, 아버지 혹은 영유아교육기관의 교사 등의 주 양육자와 영아 사이에서 발달하는 강하고 지속적인 정서적 경험, 특히 주로 사랑의 감정이라고도 할 수 있다(조순옥 외, 2014). 애착은 주 양육자인 어머니와의 관계에서 형성되는 것뿐만 아니라 아버지나 교사, 조부모 등 다른 사람과의 관계를 통해서도 형성될 수 있다.

영아에게 적절한 자극을 주고 반응을 잘해 주는 사람에게 애착이 형성될 수 있으며, 영아의 애착행동은 영아를 대하는 시간의 양보다 질에 달려 있다(이은화, 김영옥, 2011). 안정적 애착이 형성되기 위해서는 안정적이고 지속적인 양육자와의 관계를 유지해야 한다. 반응적이며 민감한 양육자의 태도는 영아로 하여금 신뢰감을 갖게 하므로 충분한 반응과 상호작용을 통해 영아의 요구에 적절히 반응해 주어야 한다. 이러한 지속적 경험을 통해 획득된 영아의 타인에 대한 신뢰감은 영아가 정서적으로 안정적이고 주변 환경에 잘 적응할 수 있게 한다.

볼비(Bowlby, 1969)는 애착을 안정 애착과 불안정 애착으로 나누었다. 애착을 느낀다는 것은 안전하고 안정되어 있음을 느끼는 것이다. 반면, 불안정 애착은 애착 대상에 대해 여러 가지 감정, 예컨대 강렬한 사랑, 의존, 거부당할지 모른다는 두려움, 과민함, 조심스러움 등이 섞인 감정을 가지면서 안정감을 느끼지 못한다. 부모에게서 안전한 사랑을 경험한 유아는 자신의 부모에게 강한 애착을 가지며, 이러한 유아는 다른 사람들과 긍정적인 관계를 형성할 수 있다.

2) 애착의 중요성

애착은 인간 발달의 여러 양상에 결정적 영향을 주는 중요한 요소 중 하나이다. 영아는 어머니와의 상호작용을 통하여 자신의 능력과 예측 가능성에 대한 안정감 및 신뢰감을 형성하게 되고, 안정감과 기본적 신뢰는 이후에 형성되는 인성의 기초가 된다. 안정된 애착을 형성한 영아는 기꺼이 주변 세계를 탐색하여 새로운 것을 발견하고자 하므로 주위 환경에서 더 많은 것을 배울 수 있게 된다. 또한 좀 더 사회적으로 성숙하고, 또래들과도 적극적으로 사회적 상호작용을 시도하며, 자신의 요구를 정확하게 표현하기 위해 의사소통 능력을 발휘한다.

예를 들어, 어머니와 안정된 애착을 형성한 영아는 정교한 가상놀이를 하고, 융통성이 있으며, 긍정적이고 적극적인 자세로 인지적 과제에 접근하고, 어려운 과제에는 인내심을 가지고 접근하며, 성인의 도움을 받을 때에도 전적으로 의존하는 것이 아니라 성인의 도움을 적절히 활용하면서 스스로 하려는 태도를 보인다. 반면, 안정된 애착관계를 형성하지 못한 영아는 어머니가 주변에 있든 없든 걱정하고, 불안하게 주변 환경을 탐색하며, 또래들과의 관계 형성에 제한을 갖게 되어 결국 발달상 불이익을 받는다.

애착의 중요성을 밝힌 중요한 실험이 있다. 1950년대 해리 할로우(Harry Harlow)의 원숭이 실험연구에서는 여러 형태의 대리모와 아기 원숭이에 대한 실험을 통해 초기의 부모-자녀 관계의 중요성을 밝혀 냈다. 이는 애착 이론에서 말하는 안전지대 개념의 기초가 되었다.

[글상자 3-1] 해리 할로우의 원숭이 실험연구

할로우(Harlow)와 치머만(Zimmermann)은 갓 태어난 새끼 원숭이들을 철사 엄마와 헝겊 엄마에게 우유병을 부착하여, 이 중 절반은 철사 엄마에게서 우유를 얻어먹고, 나머지 절반은 헝겊 엄마에게서 우유를 얻어먹게 하였다.

연구 결과, 새끼 원숭이들은 어떤 엄마에게서 수유를 받았는지에 상관없이 모두 헝겊 엄마를 더 좋아하는 것으로 나타났다. 심지어 철사 엄마에게서만 젖을 먹을 수 있었을 때조차도 젖 먹는 시간만 제외하고는 대부분의 시간을 헝겊 엄마와 함께 보냈다. 그리고 낯선 물체가 나타났을 때에도 두려워하는 반응을 보이면서 모두 헝겊 엄마에게 달려가 매달렸다.

이 연구를 통해 인간이 진정한 생명과 삶을 유지하기 위해서는 의식주의 충족만이 아니라, 인간과 인간의 접촉, 만남, 소통, 애착 등 사회적 관계 속에 있어야 한다는 것을 알 수 있다.

출처: 위키독(www.wikidok.net).

3) 애착의 발달

대부분의 영아는 출생 후 2년간 양육자에 대한 애착을 형성하지만, 애착관계의 질은 영아에 따라 상당한 차이가 있다. 영아가 얼마나 안정적으로 엄마와 애착관계를 맺고 있는지는 아기마다 조금씩 다르다. 이를 알아보기 위해 아인스워스, 블레하르, 워터스와 월(Ainsworth, Blehar, Waters, & Wall, 1978)은 12~24개월 영아와 엄마

(또는 유의미한 양육자)를 대상으로 다음과 같이 '낯선 상황(strange situation)' 실험을 하였다.

- 영아와 엄마가 함께 방에 있지만, 영아 혼자 장난감을 가지고 놀이를 하고, 엄마는 관여하지 않는다.
- 낯선 성인이 방에 들어와 엄마와 이야기를 하다가 영아에게 다가가고, 엄마는 영아로 하여금 '엄마가 나가네'라고 알 수 있도록 표시를 내며 나간다.
- 첫 번째 분리 상황: 낯선 성인이 영아에게 맞춰 주려고 한다.
- 첫 번째 재결합 상황: 엄마가 들어와 영아가 안정감을 느끼게 되는데, 다시 나간다.
- 두 번째 분리 상황: 영아 혼자 남는다.
- 두 번째 분리 상황의 지속: 낯선 성인이 들어와서 영아에게 맞춰 주려고 한다.
- 두 번째 재결합 상황: 엄마가 방으로 들어와 영아를 안고, 낯선 성인은 표시를 내며 나간다.

이 실험은 엄마에 대한 애착 정도를 파악하기 위해 영아의 행동을 네 가지 측면에서 관찰했다. 첫 번째는 영아가 실험을 하는 동안 새 장난감을 가지고 놀이하는 것을 포함한 탐색의 정도, 두 번째는 엄마가 밖으로 나갔을 때 영아의 반응, 세 번째는 영아가 낯선 성인과 함께 있을 때 그 사람에게 보이는 불안의 정도, 네 번째는 엄마와 다시 만났을 때 영아의 행동이다. 이를 토대로 밝혀 낸 애착의 유형과 영아의 행동 특성은 〈표 3-1〉과 같다.

표 3-1 아인워스 등(1978)의 애착 유형과 영아의 행동 특성

애착 유형	영아의 행동 특징
안정 애착 (secure attachment)	• 영아는 엄마를 '안전한 기지(secure base)'라고 생각함. • 영아는 낯선 장소에 있더라도 엄마와 함께라면 주변을 탐색하고, 새로운 것을 만져 보면서 엄마와 공유하고자 함. • 엄마가 잠깐 나가면 약간 위축되기는 하지만 놀이를 계속함. • 엄마와 이야기를 나누던 낯선 성인과 남겨졌을 때, 약간 어색하지만 교류를 하려고 함. • 엄마가 다시 돌아오면 웃으면서 반겨 주고, 기분이 좋아 더 활동적으로 놀이를 함. • 영아가 엄마를 필요로 할 때 적절한 반응을 보여 주면 형성됨.

불안-저항 애착 (anxious-resistant insecure attachment)	• 영아는 엄마가 자기를 두고 어디로 가는지, 아니면 자기 곁에 있는지에 관심을 두기 때문에 엄마에게 눈을 떼지 못하고, 놀이에도 집중하지 못함. • 엄마는 표정이나 태도에서 영아에게 관심이 있어 보이지 않음. • 영아는 엄마의 반응을 예측할 수 없으므로 늘 불안해 함. • 영아는 엄마와 떨어지려고 하지 않고, 함께 있던 엄마와 헤어지거나 안 보이면 심하게 불안해 하며 움. • 엄마 없이 낯선 사람과 함께 있는 것이 매우 불안하여 울기도 함. • 엄마가 돌아오면 반가우면서도 발로 차거나 화를 내는 등 양가적인 태도를 보임.
불안-회피 애착 (anxious-avoidant insecure attachment)	• 영아는 엄마를 피하거나 무시하고, 방에 있든 없든 별로 신경 쓰지 않으면서 마치 낯선 사람처럼 대함. • 영아는 엄마와 함께 노는 것을 원하지 않으며, 엄마도 마찬가지임. • 영아는 엄마와 헤어져도 감정을 내색하지 않고, 엄마가 다시 돌아와도 반가워하지 않고 오히려 시선을 피하는 등 멀리하는 경향을 보임. • 엄마는 영아가 원하는 것을 잘 알지 못하고, 영아에게 애정 표현이나 신체 접촉도 거의 안 하며 오히려 거부적인 행동을 하는 경향을 보임.
혼란스러운 애착 (disorganized/disoriented attachment)	• 영아는 엄마와 있어도 낯선 곳에 가면 매우 불안해 하거나 또는 전혀 관심을 보이지 않음. • 영아는 엄마와 떨어질 때에는 별 반응이 없거나 오히려 편안해 하다가도 갑자기 심하게 우는 등 예측하기 힘든 행동을 함. • 영아는 엄마에게 다가가 안기지만 무표정하거나 긴장하는 모습을 종종 보임. • 영아는 엄마에게 안겼다가도 갑자기 엄마를 밀어내고 화를 내는 등 심한 감정 기복을 보임. • 엄마가 부르거나 다가가면 두려워하거나 위축된 행동을 하기도 함. • 영아는 상반된 행동, 비일관적인 행동을 자주 보이는데, 엄마도 영아에게 일관적이지 않은 태도를 보임.

이러한 애착 유형에 대한 결과에서 주목해야 할 부분은 이러한 애착 유형이 단지 부모-자녀 세대에서만 나타나는 것이 아니라 세대 간 전이가 된다는 것이다. 즉, 어려서 자신의 부모와 신뢰도가 높고 안정적인 관계를 형성하지 못하면 성장하여 부모가 되었을 때 스스로가 적절한 부모 역할을 하는 데 어려움을 초래할 수 있고, 결국 자신의 자녀와의 관계에서도 같은 문제가 발생할 가능성이 높다는 것이다.

4) 애착의 지원 방안

영아가 따뜻하고 애정적인 어머니 또는 양육자와의 유대관계를 내면화하는 것은 훗날 인성의 중요한 부분이 된다. 예를 들어, 영아기 동안 내면화된 어머니 또는 양육자에 대한 좋은 감정은 성장한 후의 모든 친밀한 관계에 모델이 된다. 즉, 생후 1년 동안 영아가 애착인물(어머니 또는 양육자)과 상호작용하면서 형성한 애착체계의 질 및 특성을 바탕으로 하여 영아는 자신, 타인, 세계에 대한 정신적 표상을 구성한다. 영아의 안정 애착 형성을 위해서는 다음과 같은 지원이 이루어져야 한다.

첫째, 양육자는 영아가 보낸 신호를 적절하게 해석하고 민감하게 반응해야 한다. 영아가 배고프다는 신호를 양육자에게 보내면 양육자가 수유를 하고, 배변을 했다는 신호를 보내면 기저귀를 갈아주는 등 양육자가 자신의 요구를 제대로 해석하고 해결해 줄 때 영아는 정서적 안정감을 느낀다.

둘째, 양육자는 영아의 요구에 신속하고 신뢰감 있게 반응해야 한다. 자신의 요구를 울음으로 표현하면 언제나 양육자가 나타난다는 것을 믿는 영아는 낯선 상황에 처해도 그리 불안해 하지 않는다.

셋째, 양육자는 영아에게 일관성 있게 반응해야 한다. 비슷한 요구와 상황에서 양육자가 영아를 대할 때, 어떤 때는 웃으면서 다정하게 대했다가 또 어떤 때는 화내고, 무시하고, 거절하는 등 일관성이 결여된 모습을 보이면 영아는 불안정해질 우려가 있다. 따라서 양육자는 비슷한 상황에서 영아가 예측할 수 있는 반응을 일관성 있게 표현해야 한다.

넷째, 양육자는 영아를 신체적으로 잘 돌보아 주어야 한다. 양육자의 정성스러운 돌봄은 영아에게 안정감과 평화로움을 느끼게 해 준다. 그러나 영아가 신호를 보내도 양육자가 장시간 나타나지 않거나, 오랫동안 기저귀를 갈아주지 않거나, 다쳐도 치료해 주지 않는 등 소홀하게 보살피면 영아는 불편함을 느끼게 되고, 그러한 불편함이 지속되면 불안함마저 느끼게 되어 영아는 불안정해진다.

다섯째, 양육자는 영아에게 여러 가지 방법으로 애정을 표현해야 한다. 양육자가 일정한 한두 가지 방법이 아닌 다양한 방법으로 영아와 상호작용하고 애정을 표현한다면 영아는 정서적 안정감을 느낄 뿐 아니라 정서가 풍부해진다.

생각해 봅시다

- 성인애착유형 질문지(ECR)로 검사를 하여 자신의 애착 유형을 확인해 봅시다.
- 나는 왜 그런 애착 유형을 형성하게 되었을지 이유를 생각해 봅시다.

성인애착유형검사

본 검사는 여러분이 다른 사람과의 관계에서 자신이 어떻게 느끼는지를 알아보기 위한 것입니다. 지금 현재의 상태가 아니라면, 일반적인 관계에서 자신의 경험을 토대로 응답해 주시기 바랍니다.

⑦ 매우 그렇다 ⑥ 그렇다 ⑤ 약간 그렇다 ④ 보통이다 ③ 약간 그렇지 않다 ② 그렇지 않다 ① 전혀 그렇지 않다

1	내가 얼마나 호감을 가지고 있는지 상대방에게 보이고 싶지 않다.	7 6 5 4 3 2 1
2	나는 버림받는 것에 대해 걱정하는 편이다.	7 6 5 4 3 2 1
3	나는 다른 사람과 가까워지는 것이 매우 편안하다. ★	7 6 5 4 3 2 1
4	나는 다른 사람과의 관계에 대해 많이 걱정하는 편이다.	7 6 5 4 3 2 1
5	상대방이 적극적으로 나와 친해지려고 할 때 꺼려하는 나를 발견한다.	7 6 5 4 3 2 1
6	내가 다른 사람에게 관심을 가지는 만큼 그가 나에게 관심을 갖지 않을까 봐 걱정이 된다.	7 6 5 4 3 2 1
7	다른 사람이 나와 매우 가까워지려 할 때 불편하다.	7 6 5 4 3 2 1
8	나는 나와 친한 사람을 잃을까 봐 걱정이 된다.	7 6 5 4 3 2 1
9	나는 다른 사람에게 마음을 여는 것이 편안하지 못하다.	7 6 5 4 3 2 1
10	나는 종종 내가 상대방에게 호의를 보이는 만큼 상대방도 그렇게 해 주기를 바란다.	7 6 5 4 3 2 1
11	나는 상대방과 가까워지고 싶지만 생각을 바꾸어 그만둔다.	7 6 5 4 3 2 1
12	나는 상대방과 하나가 되기를 원하기 때문에 사람들이 때때로 나에게서 멀어진다.	7 6 5 4 3 2 1
13	나는 다른 사람이 나와 너무 가까워졌을 때 예민해진다.	7 6 5 4 3 2 1
14	나는 혼자 남겨질까 봐 걱정이다.	7 6 5 4 3 2 1
15	타인에게 내 생각과 감정을 이야기하는 것이 편안하다. ★	7 6 5 4 3 2 1
16	지나치게 친해지고자 하는 욕심 때문에 때때로 사람들이 두려워하여 거리를 둔다.	7 6 5 4 3 2 1
17	나는 상대방과 너무 가까워지는 것을 피하려고 한다.	7 6 5 4 3 2 1
18	나는 상대방으로부터 사랑받고 있다는 것을 자주 확인하고 싶어 한다.	7 6 5 4 3 2 1
19	나는 다른 사람과 가까워지는 것이 비교적 쉽다. ★	7 6 5 4 3 2 1
20	가끔 나는 다른 사람에게 더 많은 애정과 헌신을 보여 줄 것을 강요한다고 느낀다.	7 6 5 4 3 2 1
21	나는 다른 사람에게 의지하기가 어렵다.	7 6 5 4 3 2 1
22	나는 버림받는 것에 대해 때때로 걱정하지 않는다. ★	7 6 5 4 3 2 1
23	나는 다른 사람과 너무 가까워지는 것을 좋아하지 않는다.	7 6 5 4 3 2 1
24	나는 상대방이 나에게 관심을 보이지 않으면 화가 난다.	7 6 5 4 3 2 1
25	나는 상대방에게 모든 것을 이야기한다. ★	7 6 5 4 3 2 1

26	나는 상대방이 내가 원하는 만큼 가까워지는 것을 원하지 않는다는 것을 안다.	7 6 5 4 3 2 1
27	나는 대개 다른 사람에게 내 문제와 고민을 상의한다. ★	7 6 5 4 3 2 1
28	다른 사람과 교류가 없을 때 나는 좀 걱정스럽고 불안하다.	7 6 5 4 3 2 1
29	다른 사람에게 의지하는 것이 편안하다. ★	7 6 5 4 3 2 1
30	상대방이 내가 원하는 만큼 가까이 있지 않을 때 실망하게 된다.	7 6 5 4 3 2 1
31	나는 상대방에게 위로, 조언 또는 도움을 청하지 못한다. ★	7 6 5 4 3 2 1
32	내가 필요로 할 때 상대방이 거절한다면 실망하게 된다.	7 6 5 4 3 2 1
33	내가 필요로 할 때 상대방에게 의지하면 도움이 된다. ★	7 6 5 4 3 2 1
34	상대방이 나에게 불만을 나타낼 때 나 자신이 정말 형편없게 느껴진다.	7 6 5 4 3 2 1
35	나는 위로와 확신을 비롯한 많은 일을 상대방에게 의지한다.	7 6 5 4 3 2 1
36	상대방이 나와 떨어져서 많은 시간을 보냈을 때 나는 불쾌하다.	7 6 5 4 3 2 1

★ 표시는 역 문항이므로 반대로 채점해야 합니다.
(예를 들어, 3번 문항에서 2점은 6점으로 1점은 7점으로 바꾸어 채점합니다.)

〈채점표〉

회피 차원		불안 차원	
01	19★	02	20
03★	21	04	22★
05	23	06	24
07	25★	08	26
09	27★	10	28
11	29★	12	30
13	31★	14	32
15★	33★	16	34
17	35	18	36
평균 점수		평균 점수	

※ 자신의 성인애착 유형을 알아보기 위해 2001년 연구 대상 대학생의 평균 점수를 참고하세요.
(대학생의 회피 차원 평균은 3.64, 불안 차원 평균은 3.82임)

〈결과 해석〉

애착 유형	평균 비교
안정형	회피 ↓ 불안 ↓
몰두형	회피 ↓ 불안 ↑
무시-회피형	회피 ↑ 불안 ↓
두려움-회피형	회피 ↑ 불안 ↑

〈성인애착 유형별 특성〉

▶ 안정형(secure)

–자신은 사랑받을 만하며, 가치 있고, 타인이 자신을 필요로 한다면 반응할 것이라는 기대를 갖는다.

–자신에 대한 만족감과 존중감이 높으며, 타인에 대한 신뢰감도 높기 때문에 대인관계에서 안정적이고, 타인과의 친밀한 관계를 편안하게 느끼며, 자율적으로 행동하려고 한다.

▶ 무시형(dismissing)

–자신에 대해서는 높은 가치감을 지니지만 타인에 대해서는 부정적인 표상을 지닌다.

–친밀한 관계를 회피함으로써 자기를 보호하고, 독립감이나 비취약성을 유지하려는 것이 특징이다.
–자존감이 높고, 대인관계에서 적대적이며, 차가운 면이 있다.

▶ 집착형(preoccupied)
–자신에 대해서는 사랑받지 못할 것이고, 무가치하다는 부정적인 표상을 지니지만 타인에 대해서는 긍정적인 표상을 갖는다.
–가치 있는 타인으로부터 인정을 얻어 자기 인정을 추구하므로 대인관계에 집착하는 것이 특징이다.
–중요한 타인과의 부정적인 경험에도 불구하고 타인을 여전히 안전감의 토대로 생각하며 그들에게 의지하려고 한다.
–자신에 대해서는 무가치하게 느끼지만 주관적인 안녕감을 얻기 위해 중요한 타인에게 지나치게 의존적이거나 타인을 이상화시키는 면이 있다.

▶ 두려움형(fearful)
–자신에 대한 무가치감과 타인에 대한 부정적인 표상을 지니는 것이 특징이다.
–자존감이 낮고, 대인관계에서 주장성이 부족하며, 내성적이다.
–타인과 친밀한 관계를 회피함으로써 자신이 타인에 의해서 거절되는 것을 두려워한다.
–타인과 가까워졌을 때 불편함을 호소한다.
–중요한 타인과의 부정적인 경험에 압도되어 누군가와 친밀한 관계를 형성하려고 하지도 않고, 자신과 타인 모두에게 부정적인 이미지를 가지고 있다.

출처: 황경옥(2001), 김솜이(2017).

함께 보면 좋을 영상

EBS 아기성장보고서 3편 '애착, 행복한 아기를 만드는 조건' (EBS, 2003)

2. 자아개념

1) 자아개념의 정의

인간이 자기 자신을 사랑하고 존중한다는 것은 매우 중요한 태도이다. 이러한 태도는 자기중심적으로 생각하고 행동하는 것과는 다른 개념으로, 부모나 교사 등 주변의 의미 있는 성인으로부터 사랑과 인정을 통해 길러지는 것이고, 자신을 소중하게 여기는 사람이 타인을 소중하게 대하고 존중하게 되고, 이로 인해 건강하고 행복한 사회관계를 형성할 수 있게 된다.

유아는 3세까지 자신과 타인을 구별하는 '자아'에 대해 끊임없이 인식하고, 성장하면서 자아개념을 형성한다. 자아개념은 '나는 누구인가?'라는 의문을 전제로 하며, '나는 ……다' '나는 ……을(를) 할 수 있다'와 같이 특별한 요소에 초점을 맞춘 유아의 표현은 유아기에 자아개념과 정체감이 형성되었음을 알게 해 준다(Berk, 2003). 자아개념은 자아, 자아지식, 자아정체, 자아이해, 자아상, 자아존중감 등으로 표현하기도 한다. 자아개념은 두 가지의 개념을 내포한다. 하나는 자기 자신에 대한 자아자신감 혹은 자아효능감이며, 또 하나는 자아존중감이다. '자아자신감'은 어떤 과제를 할 수 있다는 자기 능력에 대한 신념이며, '자아존중감'은 자기 자신을 얼마나 신뢰하고 좋아하는가의 개념이다. 이 두 가지가 같은 비중으로 자아개념을 구성하는 심리적 개념이다. 자아개념을 발달시키기 위해서는 부모, 교사, 또래와 같은 의미 있는 타인과의 관계와 상호작용이 지속되어야 하며, 유아가 다양한 상황에서 문제 해결을 경험하고 그에 따른 결과를 축적함으로써 자신의 능력과 자신에 대한 신뢰감 등을 형성하게 됨으로써 긍정적인 자아개념이 형성될 수 있다

그러므로 자아개념은 한 개인이 자기 자신의 실체라고 믿는 복합적이며 역동적인 신념이고, 한 인간이 자기 자신에 대한 지각, 관념, 태도 등을 결정하는 요인이며, 전 생애에 걸쳐 개인의 인식과 행동, 적응 문제에 지속적으로 영향을 미치는 중요한 개념이다(Marsh, 1997).

2) 자아개념의 중요성

자아의 가치나 자아존중감에 대한 판단은 긍정적인 자아존중감을 발달시키는 중심이 된다. 자아개념과 자아존중감의 초기 발달에 있어서 본질적인 요소는 영아기부터 유아기를 거치는 동안에 유아가 경험하는 사회적 상호작용의 질이다. 부모, 가족구성원, 중요한 성인들, 또래 친구들과의 상호작용은 유아의 자아상을 형성하는 데 영향을 미친다. 적절한 양육 태도와 언어적 칭찬은 유아의 능력과 유능성에 대한 확신을 주고 유아가 자기 자신에 대한 개념을 확인하도록 돕는다. 예를 들어, 가족구성원과 양육자가 하는 긍정적인 말이나 칭찬은 유아의 긍정적인 자아개념을 지지하고 확인시켜 주며 긍정적인 자아상 확립에 기여한다.

한 인간의 평생에 걸친 삶과 행동에 결정적인 영향을 미치는 자아개념은 일생의 초기인 영유아기에 형성되기 시작하여 이후 그를 둘러싼 환경과 상호작용하면서 겪는 다양한 경험에 의해 변화하고 발달한다. 그러므로 이 시기에 영유아와 함께하는 성인들은 영유아의 바르고 긍정적인 자아개념 형성을 위해 정성을 다해야 한다. 유아가 스스로를 가치 있고 괜찮은 사람이라고 생각하는 믿음, 스스로의 능력에 대한 기대와 확신은 미래에 능력 있고 행복하고 바른 인성을 가진 사회인이 되기 위한 기초가 되므로 매우 중요하다. 만약 영유아기에 자아개념이 바르게 형성되지 않는다면 그 유아는 자기 자신을 부정적이고 패배적으로 인식하며, 불편하고 불행한 삶을 살게 될 가능성이 높다. 이는 자신뿐 아니라 그를 둘러싼 타인 및 사회에도 부적절한 영향을 주게 된다. 사회구성원 한 사람 한 사람의 자아개념은 그들이 속한 사회에 상호 영향을 미치기 때문이다.

그러므로 영유아기부터 그들과 관계를 맺는 부모, 주변의 성인, 영유아교육기관의 교사들은 유아의 자아존중감을 향상시키고, 다른 사람들과 바람직한 상호작용을 하며, 긍정적인 방향으로 자아개념을 형성해 나갈 수 있도록 최선의 도움을 주어야 한다.

3) 자아개념의 발달

자아개념은 점진적으로 발달하며 일생에 걸쳐 지속되고, 연령이 증가하면서 변화한다. 자아개념이 출현하기 시작하면 영아는 자율적으로 기능하고자 하는 욕구가 증가하고, 스스로 무엇인가를 하고자 고집하며, 스스로의 의지와 욕구에 따라 행동하고자 한다. 영유아의 자아개념은 단계를 거쳐 발달한다.

(1) 영아기

자아개념은 자아를 인식하는 것으로 시작한다. 백일 전후의 영아에게 거울을 보여 주면 처음에는 거울에 비친 자신을 타인으로 인식하지만 성장하면서 점차 자신이라는 것을 알고 탐색하면서 즐거워한다. 그러나 엄밀히 말해서 이러한 현상은 영아가 자아개념을 형성했다고 하기에는 무리가 있다. 이러한 자기인식을 기초로 주변 사람들과의 관계 속에서 타인을 인식하고, 자신과 타인의 다름을 인식하고 분리하며, 타인과 독립된 자신의 존재를 인식하는 과정을 거쳐야 한다. 거울 속의 자기, 사진 속의 자기를 보면서, 그리고 다른 사람들이 자신의 이름을 불러 주는 것 등을 경험하면서 영아는 타인과 다른 자신을 인식하게 된다. 이기숙(2000)은 자아인식의 과정을 다음과 같이 소개하였다.

첫째, 자아에 대한 개념으로, 유아가 자신과 자신의 능력에 대한 생각이나 미래에 대한 자신의 기대감 및 자신과 다른 사람들의 다른 특징이나 차이점을 인식하는 것을 의미한다.

둘째, 공동체의 구성원으로서의 자아에 대한 개념으로, 자기 자신은 한 개인이라는 의식의 자아개념에서 사회적인 관계를 인식한 집단에 포함된 존재라는 자아개념으로 변화하게 되는 것을 의미한다.

셋째, 자아존중에 대한 개념으로, 자아존중감이란 자기 자신이 다른 사람들에게 인정받고 있으며, 가치가 있고, 중요한 사람인지를 스스로 평가하는 느낌을 의미하는 것이다. 이는 유아에 대한 타인의 느낌이나 반응의 정도에 의해 형성된다.

(2) 유아기

이 시기의 유아는 자신의 성, 나이, 키 등 외적인 이미지와 특별한 지식 및 능력 등을 통해 자아를 인식하면서 자아개념을 형성하는데, 이를 분류적 자아개념이라고도 한다.

이 시기의 유아들은 가족사진을 보면서 자신뿐 아니라 자기에게 의미 있는 타인(예: 엄마, 아빠, 할머니, 할아버지, 사촌)을 찾는 것을 즐긴다. 그리고 이 과정에서 자신을 인식하고 동일시하는 경험을 한다. 3~5세의 유아에게 중요한 분류적 자아개념은 바로 나이(Edwards & Lewis, 1979)인데, 자신의 나이뿐 아니라 부모, 조부모, 친척, 또래 등의 나이에 관심을 갖고는 끊임없이 물어보고 확인하며, 이를 근거로 자아를 인식한다. 또한 이 시기의 유아는 "내 말이 맞아." "나 혼자 할 수 있어." "내가 할게." 등과 같은 자기주장, 독립성, 자발성을 보이기도 하고, "나는 키가 커." "나 밥 두 그릇 먹었어." "난 다 알아."라고 말하면서 자신이 특별한 능력과 지식을 가지고 있다는 것을 나타내고자 한다. 또 "난 커서 ……가 될 거야." "……에 가고 싶어." "나 아빠 할래." 등과 같은 말을 하기도 하는데, 이것은 유아가 자신의 능력을 시험하고, 그 능력을 평가하기 위한 것이라고 할 수 있다. 이러한 예는 자아개념의 형성을 보여 주는 또 하나의 특징이다.

유아기의 또 다른 특징은 소유개념이다. 즉, '우리 엄마' '내 인형' 등과 같이 사람이나 사물에 대해 강한 소유 의식을 보이는데, 이것은 자신에게 속한 사람과 사물을 통해 자아개념을 더 확장시키고 있음을 보여 주는 것으로 해석할 수 있다.

4) 자아개념의 지원 방안

유아가 바람직하고 긍정적인 자아개념을 형성하기 위해서는 부모뿐만 아니라 주변의 의미 있는 성인들이 다양하고 긍정적인 방법으로 도움을 주고 지원해 주는 것이 필요하다. 유아의 자아개념 발달을 돕기 위한 방법에는 여러 가지가 있겠지만 유아가 탄생 초기부터 듣는 자신의 '이름'은 자아개념 형성에 있어 가장 기본적인 경험일 것이다.

유아는 누군가가 자신의 이름을 불러 주는 것을 좋아한다. 누군가의 이름을 불러 준다는 것은 "나는 너를 알아. 그리고 나는 너를 존중해."라는 것을 의미하는 것이기 때문이다. 특히 유아에게 의미 있는 사람이 자신의 이름을 불러 주면 유아의 자아존중감은 더욱 증진되며, 유아교육기관에서 교사가 이름을 불러 준다는 것은 유아 한 명 한 명이 중요하다는 것을 알게 해 주고, 각 유아는 서로 다르다는 것을 인식시켜 준다. 유아의 자아개념 발달에 도움을 주는 이름 인식 활동(Melendez & Beck, 2007)으로는 유아의 물건에 이름 붙이기, 유아 이름 도장 활용하기, 유아의 이름 카드를 활용하여 같은 글자 찾기, 기억 게임 등과 같은 놀이하기, 유아 사진과 이름 카드 맞추기, 노랫말이나 시에 유아 이름 넣기, 동화 주인공 이름을 유아 이름으로 바꿔 들려 주기, 유아의 사진과 이름과 이야기 등을 넣을 수 있는 그림책 만들기 등이 있다.

이름 못지않게 유아가 자신의 신체를 인식하는 것은 중요하다. 유아가 자신의 외적인 신체를 인식하고, 자신의 신체를 스스로 조절하고, 자신의 신체로 다양한 움직임을 시도하고, 자신의 신체와 사물 간에 상호작용을 하는 등 신체와 관련된 모든 것은 유아의 자신에 대한 태도와 자아존중감, 자아개념 형성에 영향을 끼친다. 유아가 자신의 신체를 자각(self-awareness)하는 것은 자기 자신을 인식하면서부터 시작하는데, 무엇이 자기 몸의 한 부분인지를 확인하기 위해 자신의 신체 부위를 의도적으로 움직여 보면서 확인한다. 감각운동기의 유아는 신체를 통해 자신이 속한 세계를 학습한다. 즉, 춥다/덥다, 배부르다/배고프다 등과 같은 감각 기능 역시 유아가 자신의 신체와 자아를 연결시켜 인식하는 것을 돕는다. 거울로 자기 신체 보기, 돋보기로 신체 확대하여 보기, '코코코' '눈은 어디 있나?' 등의 노래를 부르며 신체 인식하기, 신체의 여러 부분(키, 몸무게, 손, 손가락, 발, 발가락, 코, 귀 등) 측정하기, 다양한 크기의 종이에 자신의 신체를 대고 그리기, 다양한 신체 활동(오르기, 구르기, 통과하기 등)하기, 오감각을 느끼기 등은 유아의 자아개념 발달에 도움을 주는 신체 인식 활동이다(Melendez & Beck, 2007).

생각해 봅시다

방귀를 낀 유아에게 친구들이 "너 방귀 뀌었지?"라고 했을 때 반응이 다릅니다. 어떤 유아는 "응, 나 방귀 뀌었다!"라고 당당하게 이야기합니다. 그런데 어떤 유아는 "아니야, 나 안 뀌었어!"라고 화를 내며 얼굴을 붉힙니다. 이유가 무엇일지를 자존감과 연결하여 생각해 봅시다.

함께 보면 좋을 영상

EBS 다큐프라임 아이의 사생활 5부 '자아존중감' (EBS, 2011)

3. 성 역할

1) 성 역할의 정의

인간은 출생과 동시에 남자와 여자라는 성별로 구분되며, 각각의 성에 적합하다고 규정된 방법으로 대우받고, 각각의 성에 적절하다고 간주되는 여러 가지 역할을 수행하면서 성장하는 동안 자신의 성에 대한 정체성과 성 역할을 형성하게 된다. 타고난 성에 따라 사회적으로 부여되는 역할, 성에 따라 어떤 역할을 해야 하고, 더 나아가 어떤 속성을 가져야 하는가에 대한 사회적 기대를 성 역할이라고 부른다. 여기서 역할이라 함은 가사나 경제 활동, 그리고 가족 부양처럼 부여받은 임무나 활동만을 말하는 것이 아니라 성격적·외모적 속성까지 포함하는 광범위한 의미를 가진다. 즉, 여성 혹은 남성이기 때문에 어떠한 임무를 가지고 어떠한 활동을 해야 하고 어떠한 성격적·외모적 속성을 가지는지를 규정하는 사회적 관념이다(한국여성정책연구원, 2011). 이러한 성 역할 개념은 남녀의 역할 구분에 대해 사람들이 일반적으로 받아들이는 신념이자 어떤 행동을 할 때 남성적 또는 여성적 특성에 대해 사람들이 기대하는 전형적이고 고정화된 의식으로, 개인이 속한 사회에서 각각의 성과 성 역할에 규정해 놓은 역할 행동, 태도, 가치 등을 학습하면서 얻게 되는 것이다. 그러나 최근에는 성 역할의 고정으로 사회구성원 개개인의 자아 성취 및 사회 참여 등의 기회를 박탈할 뿐 아니라 성별을 뛰어넘는 가능성을 최대한 발휘하는 데 장애가 되고 있다는 점, 특히 여성이 남성에 비해 가정생활이나 사회생활에서 더 낮게 평가되거나 불리하게 작용되고 있다는 점 등 성 역할과 관련된 다양한 문제가 끊임없이 제기되고 있다.

한 인간이 자신의 성을 인식하고 그에 적합한 행동과 태도를 형성해 나가는 것은 중요한 일이지만, 이로 인해 성 역할이 고정되고 자신의 능력을 제대로 발휘하지 못하는 등의 불합리성을 극복하기 위해 최근에는 성 역할 개념의 형성과 함께 양성평등 의식이 병행되어야 한다는 점에서 사회적으로 공감대를 형성하고 있다. 양성평등 의식이란 여성과 남성 중 특정한 성에 대하여 고정관념이나 차별적인 생각 또는 부정적인 감정을 갖지 않는 의식과 태도이면서 여성이나 남성의 역할, 능력, 수행, 권한 등에 대해 포괄적으로 인식하는 것이다. 즉, 성에 대한 생물학적 차이는 인정하되 그것을 사회적 · 문화적 차이와 연결하지 않고, 남성과 여성 모두에게 잠재되어 있는 능력은 같고, 그 능력을 동등하게 대우해야 하고 또 대우받아야 한다고 생각하고 인정하는 것을 의미한다. 유아가 올바른 성 역할 개념을 형성하면서도 양성평등 의식을 갖는 것은 매우 중요하다.

영유아기는 자신의 성을 인식하고 성 역할에 대한 올바른 개념을 형성하는 시기이면서 양성평등 의식을 형성해야 하는 중요한 시기이다. 성 역할에 대한 부적절한 고정관념은 자신과 타인을 분류하고 판단하는 기준이 되기 때문에 문제가 되며, 한 번 형성된 고정관념은 그 강도에 차이가 있지만 보통 평생 지속되기 때문이다.

2) 성 역할의 중요성

성 역할이란 한 문화 안에서 남성과 여성을 구분 짓는 특징에 대해 그 문화에 속한 사람들 사이에서 합의된 신념 또는 개인이 이해하는 것들의 총체이다. 이는 인간이 태어난 사회적 · 문화적 · 심리적 환경에 의해 후천적으로 학습하는 사회적 인성(gender)을 의미하고, 이러한 성은 여성성, 남성성, 양성성으로 구분된다(정영주, 2009). 성 역할은 한 인간이 일생 동안 여러 가지의 역할을 수행하며 생활해 나가는데, 그 모든 역할 중 가장 일찍 획득되면서도 가장 오랫동안 지속되는 역할이다(박선영, 2001). 여성 또는 남성으로 태어나 가정에서부터 자신의 타고난 성에 맞는 행동이나 태도를 형성하도록 사회화되고 교육받으며, 사회 또한 어떤 특정한 성 역할을 부여하고 강조한다(우민정, 2010). 즉, 무엇이 남성적인 또는 여성적인 자질로서 적합한 것인가에 관한 문화적 기대치가 사회화를 통하여 개인에게 전달되는 것이다. 사회화를 통해서 남자나 여자에게 필요한 행위나 태도는 권장되고 그렇지 못한 것은 제재를 받게 된다. 그러나 근래에 와서 남성과 여성의 차이는 생물학적인 차이일 뿐 능력의 차이는 아니라는 사회적 주장이 지속적으로 제기되고, 남성 우월주의와 역할의 경직성이 여성뿐 아니라 남성에게도 나쁜 영향을 준다는 인식이 증가되자 많은 사람이 여아들도 남아들처럼 능동적이고 독립적으로 되도록 격려해야 하며, 여아들이 장래에 법적 · 직업적 평등을 위한 새로운 기회를 수행하기 위해서는 유아기와 아동기 동안에 적절한 독립적 훈련을 받아야 한다고 생각하게 되었다. 특히 취학 전 유아는 성 역할에 민감하며, 이때부터 성 고정화가 이루어지고, 유아기에 형성된 성 역할 개념은 성장한 후에도 강력한 영향을 미치게 되므로 성 고정관념을 조금이라도 완화시키기 위해서는 성 역할과 성 고정관념이 생성되는 유아기부터 적절한 교육이 실시되어야 한다(박선영, 2001). 유아의 성 역할은 자신이 살고 있는 사회의 여러 요인, 즉 부모와 형제 등 주변의 의미 있는 사람들 그리고 TV와 같은 대중매체 등으로부터 다양한 영향을 받아 형성된다. 그중에서도 부모는 인간이 태어나서 최초로 상호작용을 시작하는 대상인 동시에 사랑과 권위를 경험하고 행동을 모방하며, 그들의 가치를 내면화하는 대상이므로 유아의 성 역할 발달에 가장 결정적인 역할을 한다고 볼 수 있다. 그러므로 유아의 바람직한 성 역할 발달을 위해서는 가정에서 부모의 바람직한 성 역할 인식 및 수행이 우선되어야 한다.

또한 최근에는 맞벌이 가족의 증가에 따른 공동 육아, 가사 분담 등 성 역할에 대한 의식 구조 변화 등의 사회적 변화를 겪고 있다. 이에 여성에 대한 성 차별을 극복하고 양성이 평등한 사회를 구현하기 위한 다양한 제도적 · 교육적 틀을 마련하고 있으며, 그 결과 남성들이 주로 일하던 분야에 대한 여성의 진출과 여성 고유 분야에 대한 남성의 진출이 늘어나고 있다(조형, 1996). 이처럼 복잡하고 다양화된 현대 사회에 잘 적응하기 위해서는 남성이나 여성 모두 한 가지 성 역할만으로는 적응할 수 없게 되었으며, 성별에 관계없이 개인의 소질과 재능을 충분히 개발하여 어느 성에도 한정되지 않고 상황에 따라 융통성 있게 적응할 수 있는 능력이 필요하게 되었다. 그러므로 한 개인이 남성적 특성과 여성적 특성을 동시에 가질 수 있음을 인정하여 상황에 따라서 남성적 특성 및 여성적 특성의 역할을 융통성 있게 잘 수행할 수 있는 보다 효율적인 성 역할 개념(Bem, 1975), 즉 양성성(androgyny)으로의 전환이 필요하다.

3) 성 역할의 발달

인간은 출생과 동시에 자신의 성에 적합한 성 역할을 기대받으며 성장한다. 유아는 자신의 성별을 알고, 성에 대해 호기심을 갖고 알아가면서 자신의 성과 관련하여 사회적, 문화적으로 수용되는 행동과 수용되지 않는 행동을 알게 된다. 즉, 유아는 성장하면서 자신의 정체감을 형성하려고 노력하면서 자신의 성 역할을 발달시켜 나간다. 유희정(2000)은 이러한 성 역할 발달이 크게 '성 정체성' '성 안정성' '성 항상성'의 세 단계를 거쳐 발달한다고 하면서 각 단계의 특성을 제시하였는데, 이를 정리하면 다음과 같다(교육인적자원부, 2004).

첫째, 성 정체성(gender identity) 단계이다.

'성 정체성'이란 개인이 자신의 성별에 대해 깨닫게 되는 개념으로서 남녀 중 한쪽 성별에 속해 있고, 다른 쪽 성별에는 속해 있지 않다는 것을 인식하는 것이다. 유아는 2세경부터 자신과 타인의 존재를 구별하며 자아정체감을 갖기 시작한다. 따라서 타인과의 유사점, 차이점에 대해 인식하며 이를 통해 성에 관심을 갖기 시작하지만, 아직 자신의 성별을 정확하게 인식하지 못한다. 3세가 되면 대부분의 유아가 자신의 성을 뚜렷하게 인식하고 정확한 성 명칭을 사용한다. 이 시기에는 성 유형화(sex-typing)를 통해 성에 따라 선호하는 놀잇감이 달라지고, 머리 모양, 옷차림 등으로 성별을 구분해 내며, 또한 남녀에 따라 적합한 일을 분류하는 경향을 나타낸다. 특히 요리, 설거지, 다림질, 세탁 등을 성인 여자의 일로 분류하는 것을 볼 때, 이 시기의 유아는 성 역할에 대한 사회적 기대에 의해 어느 정도 영향을 받는다는 것을 알 수 있다. 4세가 되면 유아는 성에 대한 사회적 규범에 따라 적절한 성 역할 행동과 태도를 나타내며 사회적 기대에 보다 충실해지지만, 반면 여전히 자아중심적인 성향을 지니고 있어 성 역할에 대한 전통적 기대를 별다른 갈등 없이 쉽게 무시하는 이중적인 성향을 보인다. 이는 사회적 기대에 부응하지 않으면 부정적 결과가 초래될 수 있다는 사실을 뚜렷하게 인지하지 못한 까닭이다. 무엇보다 이 시기의 유아는 외형이 바뀌더라도 성(sex)이 바뀌지 않는다는 사실을 아직 깨닫지 못한다.

둘째, 성 안정성(gender stability) 단계이다.

'성 안정성'이란 성 정체감이 보다 확고히 자리 잡아 안정적으로 자신의 성을 인식하는 것으로, 이러한 개념이 획득되면 유아는 자신의 성이 변하지 않으며 성인이 되어서도 지금의 성이 유지될 것이라는 사실을 깨닫는다.

5세경이 되면 유아는 성 정체성이 더욱 분명해지며 성 안정성을 인식하기 시작한다. 이 시기의 가장 큰 특징은 성에 대한 선호도가 부각되어 자신과 동일한 성에 대해 적극적인 호감을 표시한다. 즉, 긍정적인 것은 모두 자신의 성과 관련시키고, 부정적인 것은 다른 성에 속한 것으로 분류하는 경향을 보인다. 그러나 6~7세가 되면 이러한 경향이 감소하는데, 이는 성에 따라 사회적으로 어떠한 성 역할이 기대되는지 성 역할 범주체제를 완전히 습득했기 때문이라고 여겨진다. 성 안정성이 획득되는 시기의 유아는 전통적인 성 역할 기대를 위배했을 때 부정적 결과가 초래되어 자신이 비난을 받거나 벌을 받게 된다고 생각하고, 따라서 사회적 규범에 순응하는 성 역할 행동 및 태도를 나타낸다.

셋째, 성 항상성(gender constancy) 단계이다.

'성 항상성'이란 겉모습과 상관없이 자신의 성이 일정하게 유지된다는 개념으로서 타고난 성이 평생 불변으로 지속된다는 사실을 깨닫는 것이다. 6세를 지나 7세경에 이르면 유아는 머리 모양, 옷차림, 행동이 달라져도 자신은 언제든지 동일한 성을 유지한다는 것을 알게 된다. 성에 따라 정보를 분류하는 성 유형화 지식이 성인 수준으로 증가하고, 이러한 지식은 이미 탄탄하게 유아의 내면에 자리 잡아 이 시기에는 오히려 성에 따른 정보 범주화의 경향이 급격히 감소한다. 7세부터는 지금까지 형성된 성 역할 개념들이 성 역할 고정관념으로 확고해져 가기 시작하지만, 일부 연구자들은 성에 따른 범주화 행동 및 태도가 사라지면서 성 역할에 대한 유연성이 증가한다고 보고하고 있다.

이와 같은 성 역할 개념의 발달단계와 특징을 정리하면 〈표 3-2〉와 같다.

표 3-2 성 역할 개념의 발달단계와 특징

발달단계	특징
성 정체성	• 성 동일시를 형성함. • 자신과 타인의 성별에 관심을 갖고 알고 싶어 함. • 외적 특징으로 성을 인식함. • 성의 불변성을 이해하지 못함.
성 안정성	• 한 번 타고난 성을 유지한다는 것을 이해함. • 동일한 성에 호감을 보이는 경향이 있음. • 전통적인 성 역할에 맞는 행동과 태도를 보임.

성 항상성	• 성의 불변성을 이해함. • 성인과 같은 성 개념을 가짐. • 외적 특징만으로 성을 구별하지 않음. • 성과 관련된 행동 시 사회적으로 수용되는 것을 이해하고 수행함.

4) 성 역할의 지원 방안

유아 주변의 의미 있는 성인들은 유아가 성 역할에 따른 고정화된 관점에서 벗어나 자신이 가지고 있는 최대한의 잠재성을 획득할 수 있도록 도움을 주어야 한다. 이를 위해 교사, 부모와 같은 의미 있는 성인 스스로가 자신의 성에 대해 바르게 인식하고 있어야 하며, 성 역할에 대한 고정관념을 가지고 있지는 않은지 살펴보아야 하며, 만약 성 역할 고정관념을 가지고 있다면 그것에서 벗어나기 위해 적극적으로 대처해야 한다. 이는 유아가 자신의 성에 대해 올바로 인식할 수 있도록 교육하기 위하여 기본적으로 이루어져야 할 일이다.

유아가 바르고 긍정적인 성 역할 개념을 형성하도록 하기 위해서는 다음과 같은 지원이 이루어져야 한다.

첫째, 놀이 영역을 재구성한다. 블록, 목공, 탈것이 있는 영역들이 남아를 위한 영역으로 되거나 역할놀이 영역이 여아에게 전담된 영역이 되지 않도록 주의를 기울여야 한다. 고정화된 성 역할을 벗어날 수 있는 새로운 활동들을 계획하여 유아가 적극적으로 참여할 수 있게 한다. 생리학적 성의 정체성과 사회적 성의 정체성에 대하여 올바른 이해를 할 수 있도록 기회를 준다.

둘째, 다양한 방법으로 성 역할에 대한 인식을 확장한다. 유아들을 그룹화할 때 남아 집단과 여아 집단으로만 구성하지 않고 다른 다양한 집단화 방법을 강구한다.

셋째, 유아가 생물학적 성에 관한 정확한 용어를 쓰도록 한다. 유아가 성에 관하여 이야기할 때 웃거나 놀리지 않도록 한다. 유아가 자신의 신체를 아끼고 보살피도록 한다. 아기가 어떻게 태어나는지에 대해 간단명료하지만 올바른 정보를 제공한다. '남자가 할 일'이나 '여성스럽지 못하다'는 등의 여러 가지 성 고정화된 관념이 유아의 언행으로 나타날 때, 그러한 개념에 적극적으로 대처할 수 있도록 교사가 예민하게 관찰해야 한다.

이와 관련하여 구체적인 예를 살펴보면 다음과 같다(Melendez & Beck, 2007).

- 블록, 나무 작업, 그리고 바퀴 달린 장난감 영역, 역할놀이 영역에 성차를 두지 않기
- 남자팀, 여자팀 등 성별로 그룹 나누지 않기
- 다양한 직업 상황에서 남자와 여자의 모델을 제공하기
- 남아에게 여성의 일처럼 고정된 청소, 요리, 테이블 치우기 등의 경험 제공하기
- 성 역할을 규정짓지 않은 다양한 남자와 여자를 묘사한 이야기를 찾기
- 유아에게 "남자는 씩씩해야지."라든가 "여자는 그러는 거 아니야." 같은 성 고정관념을 갖게 하는 말을 하지 않기

생각해 봅시다

- 성 역할의 고정관념을 심어 주는 장난감은 어떤 것들이 있나요?
- 양성평등 의식을 길러 주는 장난감은 어떤 것들이 있나요?

- 유아의 양성평등 의식을 길러 주기 위해 사회적으로 변화되어야 할 점은 무엇인가요?

함께 보면 좋을 영상

EBS 다큐프라임 아이의 사생활 1부 '남과 여' (EBS, 2011)

4. 정서

1) 정서의 정의

정서는 사람의 마음에 일어나는 여러 가지 감정, 그러한 감정을 불러일으키는 기분 또는 분위기 등을 의미한다. 유아는 태어나면서부터 주변 성인과 다양한 정서를 교류하는 경험을 통해 다양한 정서가 있다는 것을 알고, 자신의 정서 상태를 인식하여 적절히 표현하거나 조절하기도 하며, 타인의 감정과 감정 표현에 관심을 보이고 상황에 따라 공감하기도 한다. 영유아기를 거치면서 유아는 자신뿐 아니라 타인의 정서 상태를 인식하고, 그러한 정서를 이해하고 해석하며, 그에 따라 적절히 반응하고 자신의 정서를 조절하는 능력이 발달하고 정교해진다. 또한 유아기에는 정서를 표현하는 단어를 사용하거나 이해하는 능력도 급속도로 증가한다. 유아는 자신이 인식한 정서를 상황에 따라 표현하게 되는데, 영아기에 나타나는 기쁨, 슬픔, 행복, 분노, 놀라움, 공포, 호기심 등의 일차 정서를 기본으로 수치심, 부끄러움, 죄책감, 자부심 등의 이차 정서, 즉 복합 정서까지의 반응을 보인다(정옥분, 2014). 유아의 정서 발달은 자신이 속한 사회에서 요구하는 지식이나 기술, 태도 등을 함양시키는 등 사회성 발달의 기초를 형성할 뿐 아니라 미래 사회에의 적응을 도와 긍정적인 인간으로 성장할 수 있게 한다.

2) 정서의 중요성

정서는 유아가 태어나면서부터 일생 동안 모든 발달에 영향을 미칠 뿐 아니라 유아가 속한 사회에서의 생존과도 밀접하기 때문에 중요하다.

영유아기 동안 부모와 안정적으로 정서적 상호작용을 해 온 유아는 성장하여 새로운 사회집단이나 사람들을 만나더라도 적절한 정서적 관계를 유지할 수 있다. 왜냐하면 이러한 유아는 자신의 감정이 무엇인지 알고, 적절히 조절하며, 다른 사람의 감정을 인식하고, 그에 적절하게 반응하는 등 정서적 유능성을 갖추었기 때문이다. 정서는 유아기뿐 아니라 이후의 사회적 상황에의 적응에도 중요한 역할을 한다.

박찬옥 등(2016)은 다음과 같은 이유로 정서가 유아의 생존과 발달의 전 영역에 영향을 끼치기 때문에 중요하다고 하였다.

첫째, 영유아의 정서 표현은 양육자의 보살핌을 이끌어 낸다.

영유아는 찡그리는 표정이나 우는 행동, 미소 짓는 행동 등 다양한 정서 표현을 통해 자신의 상태를 양육자에게 알림으로써 양육자의 지속적인 관심을 이끌어 내며, 자신의 요구에 양육자가 신속하게 반응하고 문제를 해결하도록 한다(안라리, 2005).

둘째, 정서는 행동을 조직하고 통제하는 동기가 된다.

예를 들어, 어떤 과제를 성공적으로 해결하여 만족감을 얻은 유아는 그 과제에 참여하고자 하지만, 과제에서 실패를 반복하여 좌절감을 경험한 유아는 그러한 부정적인 정서로 인해 그 과제에 참여하는 것을 포기할 수도 있다.

셋째, 정서는 유아의 사회적 능력과 밀접하게 관련된다.

사회적으로 유능한 유아들은 자신의 정서를 명확하고 상황에 맞게 적절한 수준으로 표현함으로써 다른 사람들과 긍정적인 상호작용을 하는 반면, 사회적 지식이나 기술이 부족한 유아는 부정적인 정서를 잘 조절하지 못하며, 그 결과 원만한 대인관계를 형성하지 못하는 것으로 나타났다(노서연, 2003).

넷째, 정서는 영유아의 인지 발달에 영향을 미친다.

정서의 고차원적 기원은 지능, 도덕성, 자아감이며, 이들의 공통된 기원은 정서이다. 즉, 정서는 유아기 정신 발달의 각 단계에 필수적이며(Beaty, 2013), 정서적 변화 없이는 유아의 지적 · 도덕적 · 사회적 발달이 원활히 이루어지기 어렵다.

3) 정서의 발달

출생 당시 영아의 정서는 아직 분화되지 않은 상태에 있다가 다양한 상황을 마주하게 되면서 본능적으로 또는 주변 사람들에 의해 또는 어떤 조건에 의해 정서를 인식하고, 습득하고, 표현하면서 자신에게 다양한 정서가 있다는 것을 알게 된다. 뿐만 아니라 자신이 지금 느끼는 정서가 무엇인지를 인식하게 되고, 정서를 표현하거나 절제하면서 정서 발달이 이루어진다.

루이스(Lewis, 2003)는 출생 시의 놀람 등 산만한 흥분 상태, 3개월경에 생기는 쾌/불쾌 정서, 5개월경의 분노와 혐오, 6~8개월경의 공포와 같은 선천적인 정서를 '1차적 정서(primary emotion)'로 규정하면서, 자신에 대한 의식이 생겨난 이후에 분화되어 나타나는 1년 6개월~2년경의 공감, 질투, 당황스러움, 2년 6개월경의 자부심, 수치심, 죄책감 등과 같은 정서를 '2차적 정서(secondary emotion)'와 구분하였다.

유아의 정서는 생후 2년 동안 분화되며, 생후 2년이 지나면 성인에게서 볼 수 있는 거의 모든 정서가 나타난다. 정서의 종류와 연령별 특징은 〈표 3-3〉과 같다.

표 3-3 정서의 종류와 연령별 특징

정서의 종류	연령별 특징
웃음	• 2개월 이전: 배냇짓으로, 반사적인 것임. • 2개월 이후: 상호작용에 의한 사회적 미소
울음	• 출생 초기: 기본적인 욕구가 채워지지 않을 때 • 6개월경: 낯가림으로 엄마와 타인을 구분하고, 낯선 사람을 보면 움, 2세경까지 계속됨. • 7개월경: 분리불안이 시작되어 엄마나 주 양육자와 분리될 경우에 움. • 12개월까지: 공포나 불안을 느낄 때, 부모의 관심을 끌고자 할 때 움. • 3세경: 우는 일이 다소 감소함.
애정	• 18개월~2세: 부모 이외에 자신이 늘 갖고 있던 대상(예: 인형, 이불) 중 하나에 대해서 애착 형성 • 3세경: 또래 간에 애정 행동이 나타나기 시작함.
질투	• 18개월경: 질투가 시작됨. 엄마가 다른 아이를 안고 있으면 와서 자기를 안아 달라고 함. • 3~4세경: 가장 심함.
기쁨	• 2세경: 적극적이고 다양한 형태(예: 깡충깡충 뛰기, 소리를 지르기)로 표현하기 시작 • 3세경: 기쁨을 언어로 표현함.
분노	• 2세경: 자신의 욕구가 제대로 채워지지 않을 때 표현함, 가장 많이 나타나는 분노의 형태는 떼쓰기임. • 3세경: 격렬한 분노를 자주 표출함.
공포	• 2세경: 공포의 대상이 넓어지는 시기로서 혼자 남겨지거나 큰 소리가 나거나, 어두운 곳 등에서 공포를 느낌. • 3세경: 시각적인 공포가 시작되는 시기로서 개나 고양이 등 동물에 대해 공포를 느낌.

4) 정서의 지원 방안

영유아기의 유아는 성인의 도움 없이는 자신이 느끼는 감정이 무엇인지를 아는 것이 불가능하다. 주변 성인이 유아의 표정이나 태도, 행동 등을 보면서 "웃고 있는 것을 보니 기분이 좋구나." "얼굴을 찡그리고 있는 것을 보니 화가 났나 보네." "우는 것을 보니 슬픈 일이 있구나." 등과 같이 유아의 정서를 읽어 주고 표현해 줄 때 비로소 자신이 느끼고 있는 감정이 무엇인지를 인식할 수 있다. 그리고 이후에 비슷한 감정 상태일 때 '아, 이런 걸 슬프다고 했었지. 나는 지금 슬픈 거구나.'라고 인식하면서, "엄마, 나 지금 슬퍼."라고 표현할 수 있게 된다. 유아의 정서 발달을 위해서는 유아가 다양한 정서를 바르게 이해하고, 상황에 적절한 정서로 표현하며, 상황에 따라 자신의 정서를 조절할 수 있도록 도와주어야 한다.

이러한 세 가지 측면을 중심으로 유아의 정서 발달을 지원해 줄 수 있는 방법을 살펴보면 다음과 같다.

(1) 정서 이해

정서 이해(emotion knowledge)는 정서가 나타나는 상황과 그 상황에 대한 반응을 이해하는 것이다. 이러한 이해는 자신뿐 아니라 타인의 정서 상태를 인식하고, 그러한 정서의 의미를 적절하게 파악할 수 있다는 것이다.

유아가 자신과 타인의 정서를 이해하기 위해서는 교사나 주변의 의미 있는 성인들이 상황에 적절한 정서를 표현하는 것을 보여 주는 것이 필요하다. 유아는 주변 성인의 도움을 받아 다양한 표현과 어휘를 통해 자신의 정서 상태가 명명되는 경험을 함으로써 '아, 이러한 느낌은 기쁘다고 하는 거구나. 나는 지금 기쁘구나.'라는 것을 이해하게 된다. 이러한 경험은 유아가 타인의 정서를 이해하는 데 도움이 된다.

(2) 정서 표현

유아가 경험하는 정서를 외부로 표현하는 것을 정서 표현(emotion expressiveness)이라고 한다(Denham et al., 2003). 유아는 성장하면서 폭넓은 사회적 관계를 형성함으로써 자신의 정서를 표현하기도 하고, 타인이 정서를 표현하는 것을 다양하게 경험한다. 정서는 언어적으로도 표현되지만 비언어적으로 표현되는 경우도 많다. 어떤 유아는 화가 났을 때 화가 난 원인과 관계없이 주변 사람에게 화풀이를 하거나 물건을 던지는 등으로 표현하는 경우가 있다. 이럴 때 교사는 왜 화가 났는지 이유를 물어보고, 그것으로 인해 친구를 때린 것 또는 물건을 던지는 것이 바른 표현 방법인지 함께 이야기하고 생각하는 기회를 줌으로써 올바른 정서 표현 방법을 알려주어야 한다.

예를 들어, "◯◯가 화가 났구나. 그런데 왜 선생님에게 소리를 지르고 때릴까? 선생님 때문에 화가 난 거니? 그런 게 아닌데 왜 나한테 화를 낼까? 나는 ◯◯가 화난 것을 해결할 수 있도록 도와주려고 왔어." "네가 화가 나면 나에게 와서 '선생님, 저 ……해서 화났어요. 저 좀 도와주세요.'라고 하면 선생님은 네 이야기도 들어 줄 거고, 어떻게 하면 화난 것을 풀 수 있을지 방법도 함께 찾아 줄 거야."라고 알려 줌으로써 유아가 화난 것을 표현하는 올바른 방법을 습득하도록 도와줄 수 있다.

그러므로 주변 성인들은 유아가 상황과 맥락에 적합한 정서를 표현할 수 있는 능력을 기르도록 도와주어야 한다.

(3) 정서 조절

정서 조절(emotion regulation)은 유아 자신이 현재 느끼고 있는 정서를 상황과 맥락에 적합하게 조절하고 적응하는 능력이다. 유아는 성장하면서 자신이 원하거나 원하지 않는 여러 가지 감정을 경험할 뿐 아니라, 다양한 감정을 다루는 방법도 익히게 된다. 여러 상황과 관계 속에서 자신의 정서를 조절하는 능력은 대인관계 형성에도 중요한 역할을 하기 때문에 중요하다. 또한 정서 조절을 잘하기 위해서는 정서를 이해하고, 그러한 정서를 언어적으로 표현할 필요가 있다. 특히 공격성과 같은 부정적인 정서를 표현할 때에는 정서를 적절하게 조절하도록 노력해야 한다. 아울러 정서를 언어적으로 표현하는 것이 정서 조절에 도움이 된다. 자신의 감정을 언어로 표현하고, 타인의 정서 상태에 대해 이야기를 듣다 보면 공격적으로 표현될 수 있었던 흥분된 감정이 조절되기도 하고, 자신의 감정을 어떻게 표현하고 조절할지 스스로 이해하는 경우를 종종 관찰하게 된다. 예를 들어, 한 유아가 무척 서럽게 울고 있어서 이유를 물어보니 친구 두 명이 귓속말로 자기 흉을 봤기 때문이라고 했다. 흉보는 것을 들었느냐, 뭐라고 흉을 봤냐고 물어보니 듣지는 못했지만 자기를 보고 귓속말을 하면서 웃었으니 분명히 자기 흉을 봤을 거라고 하였다. 그래서 그 친구들에게 어떤 이야기를 귓속말로 했는지 물어보았더니 어제 집에서 있었던 재미있는 일을 친구에게 귓속말로 이야기를 하다가 너무 웃겨서 같이 웃었고, 친구 흉을 본 건 아니라고 하였다. 친구들의 이야기를 듣는 동안 울고 있던 유아는 자신의 생각이 오해였다는 것을 알고, 자신의 감정을 스스로 조절하게 되면서 부정적인 정서 상태가 해결되었다. 이때 교사가 “친구들의 말을 들으니 어떤 생각이 드니?” “친구가 귓속말을 하는 것이 마치 내 흉을 보는 것 같이 느껴져서 슬프고 화가 나서 눈물이 나려고 할 때 잠깐 참고, ‘너희가 귓속말을 하니까 내 기분이 안 좋아. 왜냐하면 내 흉을 보면서 웃는 것 같이 느껴져. 그런 거니?’라고 물어보았다면 어땠을까?” 라고 이야기해 줌으로써 지레짐작으로 부정적인 정서 상태를 만들지 않는 방법을 알려 줄 수 있다. 즉, 어떤 정서 상태가 되었을 때 그 감정을 바로 표현할 수도 있지만 조절을 할 필요도 있다는 것을 경험할 기회를 주어야 한다.

생각해 봅시다

- 자신의 정서 상태를 얼마나 잘 알고 있나요?
- 자신의 희노애락을 어떻게 표현하나요?
- 희노애락의 정서를 표현하는 어휘를 각각 20개씩 써 보세요.

함께 보면 좋을 영상

EBS 다큐프라임 퍼펙트 베이비 2부 ‘감정조절능력’ (EBS, 2014)

5. 친사회적 행동

1) 친사회적 행동의 정의

유아의 사회인지 발달에 대한 관심의 증대와 함께 점점 더 중요하게 생각되는 친사회적 행동은 다른 사람에게 이익을 주는 개인의 사회적인 반응이다. 친사회적 행동은 유아가 자기중심성을 탈피하여 다른 사람의 어려움이나 상황을 인식할 수 있는 최소한의 조망수용 능력, 다른 사람을 돕기 위해서 그 상황에 적절한 행동을 선택하고 수용하는 데 필요한 도구적 문제 해결 능력, 그리고 다른 사람의 어려움을 느낄 수 있는 공감 능력을 갖추었을 때 일어나는 행동이다(Spodek, 1982). 또한 반사회적 행동과 반대되는 개념으로서 대인관계에 있어서의 보상 여부에 관계없이 자발적으로 타인을 돕거나 도우려는 행동이고, 사회적으로 긍정적인 영향을 가져오는 행동이다(문연심, 2004). 즉, 주변 환경에 잘 적응하고, 주변 사람들과 적절한 관계를 형성함으로써 바람직한 사회관계가 유지될 수 있도록 자발적으로 실천하는 행동이다.

친사회적 행동 유형으로는 정서적 행동(선물 주고받기, 다른 사람 변호하기 등), 전통적 친사회적 행동(차례 지키기, 돕기, 동조하기, 협력하기 등), 친절한 접촉 시도(인사하기, 관심 보이기, 타인을 즐겁게 하기, 타인에게 관심 보이기 등), 언어적 교환(인정하기, 칭찬하기, 격려하기, 위로하기 등), 신사적 요구(부탁하기, 요청하기, 설득하기 등) 등이 있다(Robertson, 1981). 유아교육기관에서 유아들에게 어떤 친구가 좋은지, 그 친구가 왜 좋은지 물어보면 “나한테 잘해 줘요.” “친절해요.” “웃어줘요.” “양보해 줘요.” “내가 해 달라는 걸 잘해 줘요.” “화를 안 내요.” “안 때려요.”등의 대답을 한다. 즉, 또래에게 인기가 있는 유아는 친사회적 행동을 한다는 것을 알 수 있다. 그러므로 친사회적 행동이 유아의 생활에서 증진되려면 일상적 교육 활동 속에서 친구 사이에 타인을 배려하는 마음의 표출, 대화나 토론의 진행 속에서 다른 사람을 존중하는 마음가짐과 행동, 놀이 활동을 통하여 돕고, 나누어 주고, 협동하며, 양보하는 체험이 반드시 필요하다(교육부, 1998).

2) 친사회적 행동의 중요성

친사회적 행동(prosocial behavior)은 다른 사람을 이롭게 하는 행동으로, 타인에게 자신의 소유물을 나누어 주거나 곤경에 처한 사람을 돕거나, 자기 자랑보다는 남을 칭찬하고, 다른 사람의 복지 증진에 관심을 갖는 것을 포함한다(Hay, 1994). 이러한 행동은 주변 사람들에게 영향을 주기도 하고, 그들로부터 사회적 지지를 얻는 등 사회적 반응을 유발하고, 자신의 사회적 유능성의 정도를 확인하면서 사회성 발달 증진에 도움을 준다.

친사회적 행동을 하는 유아는 다른 사람에게서 친사회적인 행동을 받음으로써 긍정적인 느낌을 경험하거나, 자신도 타인에게 친사회적 행동을 베푸는 경험을 하며 또 다른 긍정적인 느낌을 경험하면서 내면의 만족감을 얻고, 원만한 또래관계를 형성하고 유지하기 위해 친사회적 행동을 지속하려고 노력한다. 흔히 사랑을 많이 받은 사람이 사랑을 베풀 줄도 안다고 하듯이, 영유아기에 의미 있는 성인들이 자신의 이야기를 잘 들어 준 경험을 한 유아는 경청의 필요성과 중요성을 알게 된다. 즉, 상황에 적절한 친사회적 행동을 하는 것을 보면서 자란 유아는 친사회적 행동이 무엇인지를 인식하고, 친사회적 행동을 하면 긍정적인 상황이 된다는 것을 깨닫고 자신도 그러한 친사회적 행동을 적절하게 시도하면서 친사회적 행동을 증진시킨다. 영유아기에 경험한 친사회적 행동이나 영유아기에 형성된 친사회적 행동은 이후 유아의 사회생활에 그대로 반영된다. 유아교육기관에서도 이러한 일은 종종 발생한다. 예를 들어, 자유선택활동이 끝나고 정리정돈을 하는 시간에 어떤 유아는 아예 정리를 하지 않기도 하고, 어떤 유아는 자기가 놀이한 것만을 정리한 후 모이는 장소에서 기다리기도 하며, 또 다른 유아는 자기가 놀이한 것을 다 정리했는데도 정리정돈 시간이 끝나지 않은 것을 인지했을 때 아직 정리하고 있는 친구를 도와 함께 정리하기도 한다. 이때 교사가 이러한 상황에 대해 어떤 반응을 보이며 어떻게 강화를 해 주는지에 따라 이후 유아들의 친사회적 행동은 분명히 영향을 미칠 것이며, 이러한 경험을 한 유아들이 성인이 되었을 때의 친사회적 행동에도 역시 영향을 미칠 것이다. 이러한 이유로 영유아기의 친사회적 행동의 중요성이 강조되어 왔다.

3) 친사회적 행동의 발달

친사회적 행동은 낮은 수준이기는 하지만 영아기부터 나타난다. 어린 연령의 유아가 다른 사람의 고통스러운 감정, 즉 분노, 두려움, 슬픔, 아픔, 피로 등의 감정에 어떻게 반응하는지 관찰한 결과, 상대방을 위로하거나 도와주고 자신이 가진 놀잇감을 나누어 주는 등의 행동을 보였다. 이는 인지적 조망 능력이 아닌 또래의 감정을 공감할 수 있는 친사회적 행동, 즉 감정이입(empathy)을 영아가 할 수 있음을 나타내는 것이다(최혜순, 2012).

영유아기에 나타나는 친사회적 행동의 예를 정리하면 〈표 3-4〉와 같다.

표 3-4 영유아기에 나타나는 친사회적 행동의 예

연령		친사회적 행동의 예
영아기	0~6개월경	• 혼자 있으면 울지만, 누군가 옆에 있어 주거나 말을 하거나 소리를 내면 멈춤. • 자신에게 관심을 기울여 주거나 말을 걸어 주는 것에 긍정적으로 반응하며 좋아함. • 자주 접하는 사람을 알아보고, 긍정적으로 반응하며(예: 미소 짓기, 웃기), 낯선 사람은 경계함. • 미소와 꾸짖음, 친절한 목소리와 화난 목소리를 구분함. • 사회적 놀이를 즐김(예: 까꿍 놀이). • 다른 사람의 상태에 정서적으로 반응함(예: 엄마가 울면 같이 울기). • 4~5개월경에 또래에 관심을 보이며, 6~8개월경에 친구다운 접촉을 함.
	6~12개월경	• 성인이나 또래의 말소리, 행동, 몸짓을 모방함. • 나누는 행동을 하는 등 친숙한 사람에게 애정을 표시함. • 자신이 원하는 것이 달성되지 않으면 거친 행동을 하여 표현함(예: 머리카락, 코, 안경 등을 움켜잡거나 잡아당기기). • "하지 마!"라는 말을 듣고 행동을 멈출 줄 알게 됨. • 낯선 사람을 밀치거나 울면서 싫어하는 감정을 표현함.
	1~2세경	• 성인에게 관심을 더 많이 보이며 함께 있고 싶어 함 . • 성인의 행동을 모방할 뿐 아니라 또래의 웃음이나 울음도 모방함. • 간단한 요구에 부응하고, 간단한 심부름을 할 수 있음. • 인형, 강아지 등을 돌보는 행동을 보임. • 다른 사람이 울거나 아파할 때 감정이입이 되어 같이 울거나 위로를 해 줌.

	2~3세경	• 몸짓뿐 아니라 말로 다른 사람의 주의를 끎. • 더 다양하고 풍부하게 돌봐 주며 도와주는 장면을 보임. • 도와주려는 자신의 의도를 표현함. • 장난감을 사회적 관계를 맺는 수단으로 사용하기도 함. • 자신이 원하는 것에 대한 고집이 생김.
유아기	3~4세경	• 친구와 같은 놀잇감을 공유하나 각자 놀이하는 병행놀이를 함. • 친구와의 갈등 상황이 발생하면 신체적으로 해결하려는 경향이 큼. • 성인에게 반항심을 보임.
	4~5세경	• 성인보다는 친구들과 함께 놀이하는 것을 더 좋아함. • 친구들과 연합하여 놀이함. • 친구들과 어떻게 어울려야 하는지 알게 됨. • 반항심을 점점 더 정확하게 표현함.
	5~6세경	• 친구들과 협동놀이가 가능해짐. • 친구들과의 놀이를 위해 자신의 행동을 수정하기도 함. • 친구와의 갈등 상황이 발생하면 말로 해결하려는 모습을 보임. • 남자와 여자에 대한 관심이 커져 각 성의 특징, 성 역할 등에 주의를 기울임.

4) 친사회적 행동의 지원 방안

유아의 친사회성을 증진시키기 위해서는 유아 주변의 성인들의 역할이 중요하다. 그들이 유아에게 친사회적 행동을 언어적으로 설명해 주어야 할 뿐 아니라 이해시켜 주기, 성인 스스로 친사회적 행동의 바람직한 모델 되어 주기, 유아가 친사회적 행동을 할 수 있는 기회 주기, 친사회적 행동을 익힐 수 있는 놀이 함께하기, 유아가 친사회적 행동을 했을 때 긍정적인 강화해 주기, 친사회적 행동을 하지 않았을 때 바로잡아 주기 등을 해 주어야 유아가 친사회적 행동을 익힐 수 있다.

유아가 친사회적 행동을 익히기 위해서는 다음과 같은 지원이 이루어져야 한다.

(1) 친사회적 행동에 대해 설명해 주기

유아에게 자신이 만나는 또래나 성인과의 관계에서 어떻게 행동하고 말하는 것이 바람직한 행동인지에 대해 구체적으로 설명해 주어야 유아가 친사회적 행동을 인식하고 받아들일 수 있다.

예를 들어, 친구가 가지고 놀이하고 있는 장난감을 자신도 가지고 놀고 싶을 때, 친구의 장난감을 그냥 가지고 와서 놀이하는 것이 아니라 자신의 생각을 이야기하고("나도 이 장난감 가지고 놀고 싶어. 우리 같이 놀까?" "친구야, 이 장난감 다 가지고 놀았어? 내가 가지고 놀아도 될까?"), 친구의 생각도 들어봐야 한다고 설명해 준다.

그런데 만약 친구가 혼자 놀 거라고 한다면 그 상황도 받아들일 줄 알아야 하고, 더 가지고 놀 거라고 한다면 친구가 놀이를 다 끝낼 때까지 기다려야 한다는 것도 설명해 주어야 한다.

(2) 친사회적 행동 모델 보여 주기

부모나 주변의 성인들이 인간관계 속에서 표현하는 여러 가지 말과 행동은 유아에게 매우 의미 있는 사회교육이 되므로 올바른 행동의 모범 또는 모델이 되어야 한다.

특히 유아가 습득하기를 원하는 친사회적 행동이 있다면 주변 성인들은 의식적으로 그러한 친사회적 행동의 모델이 되어야 한다. 유아가 인사를 잘하기를 원한다면 부모가 먼저 올바른 태도와 말로 인사하는 모습을 보여 주어야 한다.

간혹 부모는 말로만 인사를 하면서 유아에게는 말뿐 아니라 머리 숙여 행동으로도 인사를 해야 한다고 가르치는 경우가 있는데, 이때 유아는 부모의 행동과 말이 다른 것을 보고 친사회적 행동에 대해 혼란을 겪기도 한다.

(3) 친사회적 행동을 실천할 기회 주기

유아가 친사회적 행동을 인식하게 되었다면 생활 속에서 스스로 친사회적 행동을 직접 실천할 기회를 주어야 한다.

예를 들어, 실수로 친구와 부딪혔을 때 "미안해. 내가 모르고 그랬어. 어디 다치지는 않았니?"라고 직접 이야기할 기회를 준다면 비슷한 다른 상황이 생겼을 때 유아는 어떻게 행동해야 하는지를 스스로 알고 실천할 수 있을 것이다.

(4) 친사회적 행동을 익힐 수 있는 놀이 제시하기

일상생활 속의 상황 및 주변의 사물을 이용한 놀이, 상품화된 놀잇감을 이용한 놀이 등을 통해 친사회적 행동을 놀이로 자연스럽게 익힐 기회를 주어야 한다.

예를 들어, 역할놀이를 할 때 다양한 역할을 맡아 놀이를 하면서 각 역할에 맞는 말과 행동을 할 기회가 된다면, 유아는 상황과 역할에 맞는 친사회적 행동을 자연스럽게 익힐 수 있다. 또한 집에서 식사 준비를 할 때 엄마를 돕는다든지, 가족끼리 고맙다거나 미안하다는 말을 자연스럽게 주고받는 것 역시 유아에게 큰 도움이 될 것이다.

(5) 친사회적 행동 강화하기

유아가 친사회적 행동을 했을 때에는 칭찬과 격려를 통해 강화를 해 줌으로써 친사회적 행동의 필요성과 중요성을 스스로 인식할 수 있게 해 준다. 예를 들어, 친구에게 미안하다는 말을 하지 않던 유아가 미안하다는 말을 했을 때, 스스로 용기를 내어 말한 것에 대해 반드시 칭찬을 해 주어야 한다. 뿐만 아니라 미안하다고 말했을 때의 느낌에 대해 유아가 이야기할 기회를 주고, 미안하다는 말을 들은 친구는 어떤 느낌이었는지를 이야기하는 것을 듣게 해 줌으로써 유아 스스로 친사회적 행동을 했다는 자부심을 갖게끔 해 주는 것이 필요하다.

(6) 친사회적 행동 알려 주기

유아가 친사회적이지 않은 행동을 했을 때에는 어떤 점이 잘못되었고, 어떻게 고쳐야 바른 행동이라고 할 수 있는지를 구체적으로 알려 주어야 한다. 예를 들어, 어떤 유아는 화가 나거나 속상할 때 말을 안 하고 고개를 푹 숙이고 있다거나 울기만 하는 경우가 있다. 이때 "네가 말을 안 하고 고개를 푹 숙인 것을 보니(또는 울고 있는 것을 보니) 속상한 일이 있거나 화가 난 것은 알겠어. 그런데 왜 화가 났는지는 알 수가 없네. 왜냐하면 네가 네 마음을 알려 주지 않아서야. 네가 울고 싶은 것을 좀 참고 왜 화가 났는지 또는 왜 속상한지 이야기해 주면 내가 너를 도와줄 수 있을 텐데…….."라고 이야기함으로써 자신의 감정을 표현해야 다른 사람들이 자신의 감정을 알고 이해해 주거나 해결해 줄 수 있다는 것을 깨닫게 된다.

교사나 주변 성인들의 이러한 설명을 듣고 유아가 자신의 감정을 표현했다면, "화나는 마음을 참고(또는 울고 싶은 것을 참고) 네 마음을 이야기해 주어서 고마워. 내가 어떻게 도와주면 좋을까?"라고 격려하면서 유아를 도울 방법을 모색한다. 만약 유아가 도움 받을 방법을 생각해 내지 못한다면 "나는 ……한 방법으로 너를 도와줄까 하는데, 네 생각은 어때?" 또는 "너를 도와주는 방법에는 ……한 방법, ……한 방법, ……한 방법이 있는데, 너를 어떤 방법으로 도와주는 게 가장 좋겠다고 생각하니?"라고 되물어 보면서 유아에게 적절한 방법을 찾는 것이 필요하다. 유아는 이렇게 구체적인 경험을 하고 나면 추후 이와 비슷한 상황에 처했을 때 자신이 경험한 것을 토대로 친사회적 행동을 재현하려는 시도와 노력을 하게 된다.

생각해 봅시다

- 여러분은 상대방과의 관계에서 불편함을 느낀 적이 있었나요? 그러한 불편함을 해소하기 위해 상대방에게 자신의 감정을 이야기하고 상대방의 감정을 들음으로써 해결한 경험을 동료들과 나누어 보세요.
- 착한 행동은 언제나 친사회적 행동일까요?
- 착하지 않은 행동인데 친사회적 행동인 것도 있을까요?

함께 보면 좋을 영상

EBS 다큐프라임 퍼펙트 베이비 3부 '공감, 인간관계의 뿌리' (EBS, 2013)

6. 도덕성

1) 도덕성의 정의

도덕성이란 개인이 옳고 그름을 구별할 수 있는 내면화된 일련의 규범이며, 이 원리에 따라 옳은 행동을 했을 때 자긍심을 느끼고 위반 시 죄책감과 수치심을 느끼는 것이다. 그리고 이러한 도덕성의 발달은 유아가 자신이 자라 온 문화가 기대하는 바대로 행동하게 하는 사회화 과정의 일면이라고 할 수 있으며, 자신이 속한 문화의 도덕적 가치에 따라 행동하도록 배움과 함께 그것을 내면화시킨다. 여기서 내면화란 외부적 통제에 의해 도덕적 행동을 하는 것이 아니라 어른의 감시와 통제가 없어도 도덕적 형식 안에서 행동하는 것을 말한다.

유아기에는 특히 가정의 도덕적 규준을 따르며, 일상생활을 하는 가운데서 매일 접촉하는 주위 사람들의 모범행동을 관찰 및 학습해 나간다. 그러므로 구체적인 장면에서 다양한 경험을 통해 일관성 있는 도덕 개념과 태도를 발달시켜 나가야 한다. 이렇게 볼 때, 도덕 행동은 단순히 규범에 맞는 실천적 행동만을 의미하는 것이 아니라 사회적 규범에 대한 판단과 사고, 태도와 성향을 모두 포함한 실천적 행동임을 알 수 있다(장병림, 1987).

2) 도덕성의 중요성

도덕성은 유아의 인생 전반을 결정짓는 중요한 능력 중의 하나이다. 인간은 지켜야 할 도리 또는 바람직한 행동 기준을 갖춘 사람으로 성장하기 위해 노력해야 하는데, 이때 지능지수(Intelligence Quotient: IQ)나 감성지수(Emotional Quotient: EQ) 외에 도덕지능(Moral Quotient 또는 Moral Intelligent: MQ)이 필요하다. 도덕지능이라는 용어는 미국의 정신건강의학자 콜스(Coles, 1997)가 처음 사용하였으며, 미국의 교육심리학자 보르바(Borba, 2002)는 도덕지능을 갖추기 위한 일곱 가지 핵심 덕목을 제시하였다. 즉, 다른 사람의 입장에서 생각해 보는 '공감 능력', 옳고 그름을 아는

‘분별력’, 충동을 조절하여 올바른 생각과 행동을 하게 하는 ‘자제력’, 다른 사람과 동물을 소중히 대하는 ‘존중’, 타인의 행복에 관심을 갖는 ‘친절함’, 의견이 다른 사람을 존중하는 ‘관용’, 정정당당하게 행동하는 ‘공정함’이다.

많은 학자가 미래 사회에는 도덕성이 가장 큰 경쟁력이 될 것이라고 예측한다. 도덕성을 갖춘 사람들은 타인으로부터 인정받고 존경받을 것이며, 성취 결과에 대해 시기나 질투를 받지 않을 것이고, 다른 사람들과의 적대적 경쟁관계로부터 자유로워져서 훌륭한 인간관계와 인적 네트워크를 형성하게 될 것이다. 최근까지도 우리나라는 우선 공부를 잘해서 대학에 가야 한다는 생각으로 인해 유아기부터 청소년기에 이르기까지 각 단계에 적절하게 경험해야 할 다양한 사회적 관계 형성하기, 타인과 더불어 사는 방법 익히기, 타인을 배려하는 태도 익히기 등의 중요한 경험을 소홀히 하고 있다. 그렇기 때문에 낮은 도덕지능을 가지고 사회생활을 하게 되고, 따라서 함께 일하는 사람들과 융화하거나 협력하지 못하고, 조직에의 적응에 어려움을 겪게 되어 결국은 실력은 우수하나 사회적으로 성공하지 못하고, 스스로 불행하다고 여기며 도태되는 경우를 매스컴을 통해 종종 접한다. 그러므로 유아기부터 유아의 도덕성을 길러 주고, 도덕지능을 높여 주는 것은 유아의 인생에 큰 도움이 되는 중요한 일이다.

정신건강의학과 전문의인 손석한(2014)은 도덕지능이 높은 유아가 성장하여 어른이 되어서 도덕적 사회가 되기를 바란다면 부모와 교사는 유아에게 다음과 같은 원칙을 지켜야 한다고 제시하였다.

첫째, 항상 ‘옳고 그름’을 생각하고 판단하는 모습을 보인다. 예를 들어, “휴지를 바닥에 버리는 것은 잘못된 행동이야. 주머니 속에 넣었다가 나중에 휴지통에 넣는 것이 옳은 행동이지.”라고 설명해 준다.

둘째, 다른 사람을 ‘배려’하는 마음가짐을 강조한다. 예를 들어, “네가 큰 소리를 내면 다른 사람들이 시끄럽게 여겨서 기분이 좋지 않을 거야.”라고 설명해 준다.

셋째, ‘법과 규칙’을 잘 지키는 모습을 보여 준다. 예를 들어, 시간이 늦었어도 주황 불에 횡단보도를 건너거나 운전할 때 차선을 지키지 않는 모습 등을 보여 줘서는 안 된다. “주황 불에 멈추고 기다리는 것이 늦기는 하겠지만 신호등을 잘 지켜서 가는 것이 더 옳은 행동이야.”라고 자신 있게 설명해 준다.

넷째, 유아가 자제력을 기를 수 있도록 도와준다. 유아는 자신이 원하는 것을 즉시 충족하기를 바란다. 그러한 충족 경험이 유아에게 필요하기도 하지만 점차 자신이 원하는 것이 이루어질 때까지 기다리거나 어떤 경우에는 포기해야 한다는 것도 받아들일 수 있게 해야 한다. 이것이 곧 자제력이다. 자제력을 갖춘 아이는 충동 및 욕구 조절이 가능하기에 다른 사람들과 조화롭게 잘 지낼 수 있고, 자기 스스로도 좌절감과 분노 등을 덜 느끼게 된다. 예를 들어, "지금 당장 화가 나서 물건을 집어 던지고 싶더라도 그것은 나쁜 행동이니까 다른 방식으로 화를 풀어 보자."라고 이야기해 준다.

3) 도덕성의 발달

유아는 부모로부터 그리고 주변 사회로부터 도덕적 행동에 대한 의미를 배우고 실천하려고 한다. 그러나 도덕적 규범이 내포하고 있는 진정한 의미를 이해하지는 못한다. 도덕적 행동을 하려는 동기도 부모를 비롯한 성인의 권위와 승인을 받기 위한 것이다. 유아가 도덕적 개념을 올바로 인식하고 자율적인 도덕적 판단 하에 행동으로 옮기기 위해서는 이에 상응하는 인지적 발달이 이루어져야 한다. 유아의 도덕성 발달단계에 대한 연구로는 피아제와 콜버그의 것이 가장 널리 알려져 있다.

(1) 피아제의 도덕성 발달단계

유아 및 아동의 도덕적 판단 능력을 연구한 피아제(Piaget, 1932)는 '유아 및 아동은 게임의 규칙을 어떻게 이해하는가?'라는 가설을 출발점으로 유아와 아동이 규칙을 습득한 후 그 규칙을 어떻게 존중하는지 살펴보기 위해 규칙이 있는 게임을 하는 유아와 아동을 관찰하고, 그들에게 그 규칙을 어떻게 알았는지, 함께 게임하는 유아와 아동들 스스로가 규칙을 바꿀 수 있는지 등을 질문하면서 그들의 언어적 반응을 분석하였다. 그 결과 유아와 아동의 도덕적 판단 능력을 타율적 도덕 단계와 자율적 도덕 단계로 구분하였다. 자율적 도덕 단계는 자율적이고 성숙된 도덕적 판단이 가능한 단계이며, 사회적 정의감의 개념도 내포한다. 타율적 도덕 단계는 자율적 도덕 단계의 이전 단계로, 유아와 아동의 도덕 단계는 타율적 도덕 단계에서 자율적 도덕 단계로 발달한다. 이것은 인지 발달의 차이에 기인한다고 본다. 즉, 인지 발달이 이루어지면서 규칙에 대한 개념, 규칙의 변경 가능성, 규칙에 대한 평가, 규칙을 준수하지 않았을 때의 책임과 처벌 등과 같은 도덕적 판단에도 변화가 발생한다는 것이다.

이러한 실험을 통해 유아의 도덕성 발달단계를 〈표 3-5〉와 같이 제시하였다.

표 3-5 피아제의 도덕성 발달단계

단계	내용
타율적 도덕 단계 (heteronomous morality, 7세 미만)	• 도덕적 판단의 기준을 부모와 같은 권위자를 통해 받아들임. • 도덕적 절대성이 있어 규칙이란 절대적이고 불변의 것으로, 반드시 지켜져야 한다고 믿음. • 내재적 공정성에 대한 믿음이 있음, 규칙을 어겼을 경우 부모나 교사 등 권위자로부터 반드시 처벌을 받는다고 생각함. • 행위의 결과에 주목함, 행위의 옳고 그름을 행위자의 의도가 아니라 결과에 근거하여 판단함. • 어머니를 도와 설거지를 하다가 컵을 여러 개 깬 유아가 사탕을 훔쳐 먹다가 컵 하나를 깬 유아보다 도덕적으로 더 나쁘다고 판단함.
자율적 도덕 단계 (autonomous morality, 7세 이후)	• 7세경이 되면 사회적 규칙이 인위적 승인에 의해 이루어진 것임을 알게 됨. • 규칙이란 변화될 수 있음을 알게 됨. • 도덕적 판단의 기준도 권위자의 것 외에 또래의 것을 받아들이게 됨. • 도덕적 판단에 있어서 행위의 결과보다 의도를 감안할 줄 알게 됨. • 컵을 하나 깼지만 사탕을 훔쳐먹다가 깬 유아가 더 나쁘다고 판단함.

(2) 콜버그의 도덕성 발달단계

유아의 도덕적 판단과 관련하여 사회적 규율, 전통과 법에 주목한 콜버그(Kohlberg, 1976)는 유아와 아동에게 도덕적 딜레마 상황의 이야기를 들려 주고, 질문을 통해 이야기 속의 인물이나 상황에 대해 유아와 아동이 어떤 도덕적 판단을 하고, 그렇게 판단하게 된 근거가 무엇인지를 밝혔다. 이러한 실험 결과를 토대로 도덕성 발달단계를 〈표 3-6〉과 같이 3수준 6단계로 나누었다.

표 3-6 콜버그의 도덕성 발달단계

수준	단계 및 내용	
제1수준 전인습적 도덕성 (preconventional morality)	제1단계	복종과 처벌 지향의 단계 (규칙은 벌을 받지 않으려고 지키는 것)
	제2단계	상대적 쾌락주의의 단계 (규칙은 상을 받기 위해 지키는 것)
제2수준 인습적 도덕성 (conventional morality)	제3단계	착한 소년 · 소녀의 지향 단계 (규칙은 다른 사람에게 착하게 보이려고 지키는 것)
	제4단계	사회 질서 및 권위의 유지 단계 (규칙은 잘못된 행위에 대한 양심의 가책을 느끼는 것)
제3수준 후인습적 도덕성 (postconventional morality)	제5단계	스스로 만든 도덕이나 규율을 지키는 단계 (규칙은 서로 모순된 가치가 있다는 것을 이해하는 것)
	제6단계	보편적 · 윤리적 원리를 수립해야 하는 단계 (규칙은 보편적인 도덕적 원칙의 정당성을 인식하는 것)

콜버그(Kohlberg, 1981)는 유아의 도덕성이 순차적으로 발달하는데, 이러한 발달은 인지적 갈등에 의한 것이라고 하면서 도덕성 발달과 인지 발달의 연관성을 언급하였다. 〈표 3-6〉에서처럼 유아의 도덕성 발달은 초기 단계를 마치는 정도이나 도덕적 딜레마 상황을 통해 현재의 도덕적 단계보다 더 높은 단계로 발달한다는 것이다. 그러므로 유아의 부모를 비롯한 주변 성인들은 도덕적 분위기를 조성해 주고, 도덕적으로 행동하는 모습을 보여 주며, 도덕적 딜레마 상황에서 유아와 함께 생각하고 이야기를 나눔으로써 유아 스스로 건전한 도덕관과 태도를 갖추도록 도와야 한다. 다음은 콜버그가 실험한 도덕적 딜레마 상황의 예이다.

[글상자 3-2] 도덕적 딜레마 상황이 있는 이야기와 질문의 예

★ 하인츠 딜레마 ★

유럽의 어느 마을에 희귀암으로 거의 죽음에 임박한 부인이 있었다. 의사들의 생각으로는 그 부인을 구할 수 있는 약이 한 가지 있는데, 그것은 라듐의 일종으로 같은 마을에 사는 한 약제사가 최근에 발명한 것이다. 그 부인의 남편이 약제사에게 가서 그 약을 사려고 하자 약제사는 원가의 10배나 되는 엄청난 돈을 요구하였다. 그 남편은 주변의 모든 사람에게 돈을 빌렸으나 약값의 반밖에는 구할 수가 없었다. 그리하여 약제사에게 가서 아내가 죽어 가고 있으니 약을 반값에 팔거나 후에 갚게 해 달라고 부탁하였다. 그러나 약제사는 "안 됩니다. 나는 이 약을 발명했고, 이것으로 돈을 벌려고 합니다."라며 거절하였다. 남편은 절망한 나머지 밤에 몰래 약방에 들어가 아내를 위해 약을 훔쳤다.

★ 질문의 예 ★

- 남편은 약을 훔쳐야 했을까, 아니면 훔치지 말아야 했을까?
- 약사가 약값을 원가의 10배를 요구한 것은 정당한 것일까?
- 약사가 남편의 부탁을 거절한 것은 정당한 행동일까?
- 만약 내가 약사라면 어떻게 했을까?
- 만약 내가 남편이라면 어떻게 했을까?

4) 도덕성의 지원 방안

유아의 도덕적 행동은 도덕적 추론 능력과 관계가 있다고 보기 때문에 도덕교육에서는 추론 능력을 중요시한다. 이러한 도덕적 추론이 유아의 도덕적 성장에 기여한다는 생각은 인지적 입장의 이론 연구에 기초를 둔 것으로, 교사가 유아의 도덕적 추론 능력이 어떻게 발달해 가는지를 분명하게 인식하지 못하면 유아가 가지고 있는 능력 이상으로 도덕적 행위를 요구하게 되는 오류를 범할 수 있다. 그러므로 유아의 도덕성이 연령에 따라 어떤 수준이고, 또 어떻게 발달해 가는지를 바르게 인식하고 지도해야 한다. 유아의 도덕성 발달을 위한 지원 방안은 다음과 같다.

첫째, 유아를 둘러싼 가정과 유아교육기관, 그리고 사회는 도덕적 사고와 행동에 대한 모델이 되어야 하고, 이러한 모델 간에는 도덕적 일관성이 있어야 한다. 예를 들어, 유치원에서는 길을 건널 때 신호등의 신호를 따르거나 횡단보도나 육교를 이

용해야 한다고 가르친다. 그런데 부모와 함께 길을 건너야 하는 상황에서 조금만 더 걸어가면 횡단보도나 육교가 있는데, 바쁘다는 이유로 무단 횡단을 한다면 유아는 도덕적으로 갈등과 혼란을 겪을 뿐 아니라 부모는 더 이상 유아에게 도덕적인 모델이 되기 어려워진다.

둘째, 유아가 행한 도덕적 행동을 강화해 준다. 유아의 행동이 단순한 모방이거나 우연적인 것이더라도 즉시 관심을 보이고 칭찬해 주면 유아는 '아, 이렇게 행동하는 것이 바른 행동이구나.'라고 깨닫게 되고, 그 행동이 습관화될 수 있는 계기가 된다.

셋째, 유아가 도덕적으로 잘못된 행동을 했을 때 행동의 어떤 부분이 도덕적으로 잘못되었는지를 설명해 주고, 바른 행동으로 바꿀 수 있는 구체적인 방법을 알려 주어야 한다. 예를 들어, 유아가 식당에서 뛰어다닐 때 "하지 마."라고 말만 하는 것이 아니라, 유아의 뛰는 행동을 멈추게 하고 자리에 앉게 한 후에 "식당에서는 뛰어다니면 안 돼. 왜냐하면 식당과 같이 여러 사람이 함께 있는 장소에서 뛰어다니면 다른 사람들에게 불편을 주거든. 네가 뛰어다니고 싶어도 참는 연습을 해야 해. 그게 식당에서 지켜야 할 행동이야."라고 단호하게 설명해 주고, 유아가 행동으로 옮길 수 있도록 도와주어야 한다. 이때 고려해야 할 점은 부모나 주변 성인의 모범적인 행동과 일관성 있는 지도이다.

넷째, 도덕적 판단이 필요한 상황에서 적절한 질문은 유아가 도덕적 판단의 기준을 인식할 수 있도록 돕는다. 예를 들어, 부모나 교사가 유아에게 "너라면 이런 경우에 어떻게 행동하겠니?" "왜 그렇게 행동하는 것이 올바르다고 생각하니?" 등의 질문을 하면 유아가 도덕적으로 합리적인 생각과 판단을 하는 데 도움을 준다. 또한 이러한 경험은 도덕적 판단이 필요한 상황에서 유아가 성인의 도움 없이 스스로에게 이러한 질문을 하는 습관을 갖게 하는 데에도 도움을 준다.

다섯째, 유아는 생활하면서 다양한 상황에서 도덕적으로 판단하고 행동해야 할 많은 상황을 경험하게 된다. 이때 유아가 언제나 부모와 교사, 그리고 주변 성인들에게 도움을 청하면 된다고 생각하는 것은 매우 중요하다. 그러므로 유아가 도움을 청하면 주변 성인들은 어떻게 행동해야 하는지, 왜 그렇게 행동해야 하는지 여러 측면을 고려하여 친절하면서도 유아가 이해할 때까지 설명해 주어야 한다. 유아가 주변 성인에 대해 갖는 이러한 신뢰감은 유아에게 심리적 지원을 해 주어 안정적으로 도덕적 발달이 이루어지도록 돕는 큰 힘이 된다. 그러나 도덕성을 길러 주기 위해 너무 엄격하게 지도하면 더 이상 도움을 청하지 않게 되거나 오히려 유아에게 죄의식을 갖게 할 수도 있다는 점은 반드시 고려해야 할 점이다.

생각해 봅시다

- 여러분이 경험한 도덕적 갈등은 어떤 것이었나요?
- 도덕적 갈등 상황에서 어떻게 행동했나요?
- 왜 그렇게 행동했나요?

함께 보면 좋을 영상

EBS 다큐프라임 아이의 사생활 2부 '도덕성' (EBS, 2011)

제4장

유아 사회과학적 지식

사회과학적 지식이란 과거-현재-미래에 이르는 여러 가지 사회 현상과 제도 등에 관련된 지식을 의미한다. 유아가 사회과학적 지식과 개념을 알아 간다는 것은 자신과 주변의 사람들에 대해 알아 간다는 의미뿐만 아니라 자신과 주변 사람들의 공간과 시간, 관계를 함께 알아 간다는 의미이므로 유아가 미래를 준비하는 데 있어 매우 필요한 개념이다.

이 장에서는 2019 개정 누리과정(교육부, 2019)의 사회관계 영역의 내용을 기초로 유아가 경험해야 할 사회과학적 지식의 범주(지리 · 역사 · 환경 · 경제 · 다문화 · 통일)에 따른 개념, 목표 및 내용을 살펴보고자 한다.

1. 지리

1) 유아 지리교육의 개념과 목표

(1) 유아 지리교육의 개념

지리란 공간과 장소에 대한 학문이다. 따라서 아기가 기기 시작하고 걸음마를 떼기 시작하는 시기부터 지리교육은 시작한다고 할 수 있다. 교육인적자원부(2007)에서는 유아를 위한 지리교육의 개념을 유아가 주변 환경을 탐색하기 시작하고, 사물을 구별 및 인식하고 경험하게 됨으로써 자신의 머릿속에 장소, 공간, 환경에 대한 개념을 형성하게 되면서 이에 대한 사람들의 대처 방식 및 상호작용에 대해서 이해할 수 있도록 가르치는 교육으로 제시하였다.

피아제(Piaget, 1952)의 발달 이론에 따르면, 만 5세 이전의 유아들은 전조작기로서 자기중심성이 강하고 조망수용 능력이 부족해서 타인과 주변 공간에서 이루어지는 일들에 대한 이해가 부족하다고 간주되었기 때문에 영아나 유아에게 지리 개념은 발달에 적절하지 않다고 인식되어 왔다.

반면, 멜란데즈 등(Melandez et al., 2000)은 영유아의 지리 개념 발달이 개인적 공간, 지역적 공간, 국가적 공간, 세계적 공간 순으로 발달한다고 하면서 연령이 어린 유아도 자신과 주변의 공간을 탐색하면서 지리 개념을 발달시킬 수 있다고 보았다(〈표 4-1〉 참조).

표 4-1 영유아의 지리 개념 발달

연령	지리적 공간	개념 발달 특성
출생~1세	개인적 공간	• 태어나서 물체를 보며 공간을 경험함. • 누워서 자신의 몸을 만지고, 당기고, 움켜잡는 등 자신의 몸을 탐색함. • 8~12개월의 영아는 사물을 공간 속에서 조작함. • 요람 안, 방 등을 기어 이동하면서 주변의 물리적 특성을 온갖 방법으로 탐색함.
2~3세	개인적 · 지역적 공간	• 자신을 중심으로 공간을 보고, 사물을 임의적으로 지각함. • 신체적 운동 능력의 발달과 함께 가까운 주변 환경, 친구 집, 이웃집, 동네 놀이터 등 가까운 혹은 조금 더 먼 곳으로 이동하며 탐색함. • 4세 이전에는 크기, 형태, 방향에 대한 개념은 발달하지 않아서 사물이 이동하면 형태나 크기가 변하는 것으로 지각함.
4~5세	개인적 · 지역적 · 국가적 공간	• 실내외의 주변 공간에서 걷고, 뛰고, 높이 올라가고, 터널을 통과할 때 몸을 웅크리는 등 개인적 공간을 탐색함. • 자신이 속해 있는 지역의 기본적 환경 및 지리적 환경, 기본적인 환경을 학습함. • 지리적 특성에 따른 사람들의 삶의 변화에 관심을 가짐.

6세 이후	국가적 · 세계적 공간	• 계속해서 개인적 경험을 정교화함. • 매체와 학교에서의 경험을 통해 지역적 · 국가적 · 세계적 공간에 대한 개념을 확장해 나감.

출처: Melandez, Beck, & Fletcher (2000).

(2) 유아 지리교육의 목표

이 장에서는 『교사와 유아를 위한 사회생활교육』(교육인적자원부, 2007)을 참고하여 유아 지리교육의 목표를 다음과 같이 제시하고자 한다.

첫째, 유아 자신의 주변 장소와 사물에 관심을 갖는다. 유아는 어릴 때부터 자신을 다른 사람이나 사물로부터 구별하면서 자신을 둘러싸고 있는 주변에 대해 인지한다. 그리고 이후 점차 성장함에 따라 적극적으로 자기 주변의 환경을 탐색하게 되면서 지리에 관하여 학습하게 되므로 교사는 유아가 주변 환경에 관심을 갖도록 도와주어야 한다.

둘째, 다양한 사람, 장소, 사물을 직접 탐색하고 다양한 경험을 하면서 관계를 이해한다. 유아는 일상생활에서 여러 사람 및 장소와 직간접적으로 접하게 되는데, 이러한 유아의 경험은 지리 개념을 형성하는 중요한 요소로 작용한다.

셋째, 주변 사람들과의 상호작용 및 대처 방안을 습득한다. 이는 유아가 주변 사람들과 상호작용하면서 생활에 필요한 정보를 얻고, 사물과 장소, 환경에 대한 책임감을 증진시키며, 세상의 아름다움에 경이감을 갖고, 지역 수준을 넘어서 세계 수준에서 다양한 문제를 해결하기 위한 소양을 갖추는 데 도움이 된다.

2) 유아 지리교육의 내용

유아를 대상으로 하는 지리교육은 유아의 발달 수준에 적절하게 접근하는 것이 바람직하다. 따라서 영아가 태어나면서부터 주변 공간에 관심을 갖고, 나름의 방법으로 탐색하며 성장하면서 동네나 지역사회를 탐구하는 경험은 모두 지리교육의 내용이 될 수 있다.

교육인적자원부(2007)는 유아 지리교육의 내용 범주로 방향과 위치, 지도, 우리가 살고 있는 지역, 지리적 환경과 사람들의 대처 양식, 다른 지역에 사는 사람들 간의 상호작용을 제시하였다. 공간 탐색을 중심으로 유아 지리교육 프로그램을 연구한 신리행(2016)은 장소, 방향과 위치, 관계, 변화와 대처 방안을 지리교육 내용으로 제시하였다.

이를 참고하여 유아 지리교육의 내용을 정리해 보면 〈표 4-2〉와 같다.

표 4-2 유아 지리교육의 내용

주요 개념	하위 내용
방향과 위치	• 우리가 사는 장소에서 자신과 다른 사람, 사물과의 관계에 대한 방향과 위치의 이해 • 위, 아래, 앞, 뒤, 옆, 오른쪽, 왼쪽 등 방향과 위치를 나타내는 용어의 이해 • 나와 사물 사이를 어림하여 거리 측정
지도	• 주변 환경을 종이 위에 옮겨 보는 높은 수준의 표상활동으로서의 지도 이해 • 위치나 장소를 나타내기 위한 지도의 사용 • 위에서 내려다본 조망으로서 지도 이해
생활 장소와 지역	• 우리가 살고 있는 생활 장소의 특성 인식 • 지역의 자연적 특성에 따라 물, 물로 덮인 부분, 언덕 등의 물리적인 특성 파악
지리환경의 변화와 생활 방식	• 기후와 환경에 따라 달라지는 사람들의 생활 방식 • 바다, 산 등의 자연적 특성에 따라 다르게 얻을 수 있는 자원 • 지리적 특성이 가지는 어려움을 극복하기 위한 사람들의 노력
다른 지역과의 관계	• 다른 지역 사람들과의 왕래를 위해 이용하는 여러 가지 교통 수단 • 다른 지역 사람들과 의사소통하기 위해 사용하는 여러 가지 통신 수단

(1) 방향과 위치

방향과 위치에 대한 개념은 영아기부터 직접 공간을 이동하며 탐색할 때 가장 잘 획득할 수 있다. 이에 유아가 사는 장소에서 자신과 다른 사람, 사물과의 관계에 대한 방향과 위치를 이해하도록 위, 아래, 앞, 뒤, 옆, 오른쪽, 왼쪽 등 방향과 위치를 나타내는 용어를 사용하여 상호작용해 주는 성인의 지원이 필요하다. 또한 유아가 생활 공간을 직접 탐색하면서 자신과 사물의 거리를 어림하여 측정하도록 지지한다. 유아의 연령이 높아질수록 지도나 지물을 활용한 방향과 위치를 어림하여 측정하도록 하면서 다음과 같은 내용을 다룬다.

① 위와 아래의 위치 개념

위, 아래의 개념과 관련하여 교사는 일상에서 "까만 네모가 위에 있네. 흔들어 볼까?"라고 하는 등 책상 위, 책상 아래와 같은 위치에 대한 용어를 구체적으로 사용할 수 있다. 이와 같이 상호작용하면 어릴 때부터 위와 아래의 개념을 보다 잘 인식할 수 있다.

② 오른쪽과 왼쪽의 방향 개념

오른쪽, 왼쪽과 같은 기본적인 방향 어휘가 발달하는 데에는 상당한 시간이 걸리므로 여러 가지 방법을 통해 유아가 개념을 이해하도록 도울 수 있다. 유아는 블록을 구성하며 자연스럽게 오른쪽, 왼쪽의 개념을 이해하거나 지시를 듣고 해당 방향을 찾아가는 신체 활동을 하는 등 공간 속에서 감각운동 경험을 하면서 방향 개념을 발달시킬 수 있다.

(2) 지도

어린 유아에게 지도는 조망과 상징을 이해해야 하는 어려운 개념이다. 따라서 지도는 위에서 땅을 내려다보는 그림이라는 것, 즉 조망에 대한 개념이 선행될 때 지도의 개념을 이해할 수 있다. 그러므로 상징과 축적의 개념을 이해하도록 도울 때 지도 읽기와 구성하기를 다양하게 시도해 볼 수 있다.

① 조망에 대한 개념

조망에 대한 개념을 이해한다는 것은 사물이 보는 위치에 따라 크기와 형태가 달라 보일 수 있음을 아는 것이다. 이에 미끄럼틀 등 높은 곳에 올라가서 아래를 내려다볼 기회를 주면서 지도는 위에서 아래를 내려다보는 형태의 그림이라는 것을 이해하도록 돕는다. 책상 위에 작은 블록을 구성하고 위, 아래, 옆 등 다른 위치에서 본 모양을 카드 형태로 제작하여 찾아보게 하거나 사진을 찍어 보도록 하면서 조망에 대한 이해를 도울 수 있다.

② 상징에 대한 이해

상징을 이해한다는 것은 아래를 내려다본 세상에 대해 특정한 곳을 지도상에 특정 그림으로 약속하여 나타내는 것임을 아는 것이다. 어린이용 지도를 보면서 병원, 건물, 공원, 도로, 숲 등이 어떻게 표시되어 있는지 찾아보고, 유아들이 함께 의논하여 다양한 상징을 만들어 보는 경험을 하도록 하면서 상징에 대한 이해를 도울 수 있다.

③ 축척에 대한 이해

축적을 이해한다는 것은 지도 안에 표시되는 상징물들을 실제 보이는 것보다 더 작게 나타내는 것임을 아는 것이다. 동네를 산책하며 본 가게들을 작은 블록으로 나타내어 작은 동네를 구성해 보고, 이후 종이 위에 이차원적인 그림으로 표시해 보는 등의 경험을 하는 것은 축적뿐 아니라 조망과 상징을 이해하는 적절한 활동이 될 수 있다.

(3) 생활 장소와 지역

유아가 살고 있는 생활 장소와 지역의 특성을 유아 자신이 직접 공간을 탐색하면서 인식하도록 한다. 예를 들어, 유치원에서 바깥놀이를 하며 우리가 살고 있는 장소가 흙으로 덮여 있고, 흙이 있는 곳에서 식물이 자라난다는 것 등 지구라는 장소에서 일어나는 특성을 인식하도록 상호작용한다. 혹은 동네를 산책하며 흙이 쌓인 부분을 언덕이라고 하고, 언덕 아래에 터널을 만들 수 있다는 것 등 물리적 특성을 파악하도록 상호작용한다.

사람들이 편안하게 살아가기 위해 흙을 시멘트나 아스팔트 도로로 덮고, 집을 짓고, 다리를 놓는 등 여러 가지 특성을 가진 장소를 만든다는 것을 이해하도록 다룬다.

(4) 지리환경의 변화와 생활 방식

교사는 유아들과 주변 환경 관찰하기와 토론 등을 통해 기후와 환경에 따라 사람들의 생활 방식이 달라짐을 인식하도록 돕는다. 예를 들어, 폭우나 폭설 등에 대한 뉴스 기사, 동영상 등을 보며 기후가 달라질 수도 있음을 이해하도록 돕는다. 따뜻한 남쪽 지방에는 눈이 오지 않을 수도 있다는 사실을 다룰 수 있다.

또한 바다, 산 등의 자연적 특성에 따라 얻을 수 있는 자원이 다름을 알 수 있는 다양한 활동을 한다. 예를 들어, 우리나라 지도를 보며 유아들이 여행해 본 고장이 바다, 강, 산 등과 가까우면 특산물이 다르게 나온다는 것을 알도록 한다. 유아가 에너지나 자원에 대해 관심을 보일 때 우리나라에는 없는 석유나 천연가스 등의 에너지 자원 혹은 목재 등이 다른 나라에서 나온다는 것을 알고 아껴 쓰는 생활 습관을 기를 수 있도록 한다.

나아가 유아들에게 지역적 특성이 가지는 어려움을 극복하기 위한 사람들의 노력(예: 댐, 도로)에 대해 안내하고, 유아들도 어려움이 있을 때 극복하는 방안을 생각해내는 태도를 갖도록 한다.

(5) 다른 지역과의 관계

지리적으로 떨어져 있는 지역 및 사람들이 서로 관계를 형성하기 위해 어떤 노력을 해 왔는지를 알아보는 것 또한 의미가 있다. 유아는 여러 가지 탈것에 대한 동화나 동영상, 역사 이야기 등을 듣고 멀리 떨어져 있는 사람들이 왕래를 위해 이용하는 교통수단(자동차, 기차, 비행기, 배 등)이 왜 필요하게 되었는지를 알 수 있다. 또한 교사는 사람들이 멀리 떨어져 있는 다른 사람과 의사소통하기 위해 여러 가지 통신수단(편지, 전화, 컴퓨터 등)을 활용하고 있음을 알 수 있도록 지도한다.

3) 유아 지리교육의 방법

(1) 산책 및 현장학습

유아가 공간을 탐색하는 데 있어 가장 일차적이고 구체적인 교수 · 학습 방법은 주변의 공간을 직접 경험하는 것이다. 산책 활동은 어린 유아에게 집이라는 공간에서 벗어나 동네 놀이터, 공원, 친구 집 등을 직접 다니면서 지리 개념을 발달시키는 매우 중요한 활동이다. 유아는 주변 공간을 자신의 몸으로 직접 이동하고 탐색하면서 위치와 방향을 인식하게 된다.

이후 탐색하고 싶어 하는 공간이 확장될수록 지역사회와 연관된 직접적이고 구체적인 경험을 할 수 있는 현장학습을 활용한다. 현장학습은 지역사회와 연관된 직접적이고 구체적인 경험을 제공하는 중요한 활동으로, 유아 주변의 환경이 모두 독특한 현장학습 장소의 역할을 할 수 있다. 예를 들면, 도서관, 소방서, 경찰서, 우체국, 시장, 초등학교 등 우리 동네의 장소로부터 방송국, 박물관, 동물원, 농장, 이웃 마을 등으로 확장될 수 있다.

현장학습 활동은 사전 활동, 본 활동, 사후 활동으로 이루어진다. 사전 활동에서는 교사가 미리 수집한 사진, 동영상, 브로슈어 등의 자료를 활용하여 현장학습 장소에 대한 안내, 현장학습 일정, 준비물, 유의사항 안내 등이 이루어지며, 본 활동에서는 현장학습 목적에 따른 공간을 관찰하고 탐색하는 활동이 이루어진다. 사후 활동으로는 현장학습 장소에 대한 지도 그리기나 구성놀이, 역할놀이, 집단 토의 등을 수행할 수 있다.

(2) 지도 읽기와 그리기

유아에게 지도는 조망과 상징 등의 개념을 이해해야 하는 개념이므로 교사는 유아에게 먼저 지도의 의미를 소개하고 탐색하게 한다. 이후 실제 약도 또는 지도를 보여 주고, 지도를 보면서 장소를 찾아가는 경험을 하고, 자신이 공간 속에서 본 것들을 간단한 그림으로 그려 보게 하는 경험을 제공한다.

김영옥(2014)은 유아의 지도 읽기 교수 · 학습 방법으로 환경 관찰하기, 사진 이용하기, 쌓기놀이 격려하기, 책 읽기, 지도 함께 읽어 보기를 다음과 같이 제안하였다.

첫째, 환경 관찰하기에서는 유아에게 흥미 있는 장소를 구경하고 자신이 본 것을 상기하도록 질문한다. 예를 들어, 각기 다른 바닥 표면을 생각해 보고, 각기 다른 표면에서 할 수 있는 적당한 것을 조사해 보며, 유치원 근처의 다양한 물리적 형태를 살펴보게 한다.

둘째, 사진 이용하기에서는 사진을 통하여 실제 모습과 지도에 사용된 상징들 사이의 관계를 발견하게 한다.

셋째, 쌓기놀이 격려하기에서는 블록 또는 다른 구성 재료를 이용하여 실제 장소가 어떻게 작은 축소 모형으로 나타날 수 있는지 이해하도록 돕고, 현장학습 후 실제 장소의 사물을 본뜬 모형환경을 구성해 보게 한다.

넷째, 책 읽기에서 교사는 이야기를 읽어 가면서 등장인물이 각기 다른 상황이나 장면에서 무엇을 보고 만났는지, 어떤 순서로 여행했는지 지도를 만들어 보게 한다.

다섯째, 지도 함께 읽어 보기에서는 위치나 장소, 이동의 개념을 나타내는 다양한 형태의 지도(또는 지구본)를 일상적으로 볼 수 있도록 탁자나 마룻바닥에 놓아두고 문화적인 내용과 함께 전시하는 것이 좋다. 이때 지도는 이야기에 등장하는 장소를 찾아내는 데에도 사용할 수 있다.

지도 그리기는 유아가 산책하며 본 건물들의 위치와 순서, 방향을 회상하여 블록 등의 삼차원 입체물로 구성하게 하는 활동이 조망을 이해하도록 하는 데 보다 용이하다. 입체물로 건물을 구성한 후 도로와 같은 지형을 바닥에 그려 표시하는 등 여러 가지 지형과 지물의 모습을 유아가 생각하는 상징의 형태로 표시하면서 이차원적 지도 그리기를 하도록 격려한다.

(3) 신체 표현 활동 및 게임 활동

유아가 직접 공간을 탐색하며 위치와 방향, 장소 등에 대한 지리 개념을 익히도록 하기 위하여 퍼즐 지도 만들기, 길 찾기, 모눈판에서 방향 찾기, 블록이나 사진으로 지도 만들기 등의 신체 표현 활동 및 게임 활동을 활용할 수 있다.

자유선택활동 시간에 수학 혹은 언어 영역에서 지형이나 기후에 따른 지역의 생활 모습에 관한 그림 및 사진을 찾거나 분류하기, 공간과 위치에 대한 지시카드를 읽고 장소 찾아가기, 지리 관련 그래프를 보고 서열화하기, 지리적 현상에 대한 그림 및 사진을 이용하여 벤다이어그램 표상하기 등의 활동을 할 수 있다.

함께해 봅시다 지도 그리기

1. 지도를 그리고 싶은 주변 장소를 정한다.
2. 종이를 들고 현재 자리 혹은 현재 교실의 가장 가까운 곳에서 먼 곳까지 걸어 다니며 지도를 그려 본다.
3. 다른 사람의 지도와 비교하고, 차이점을 이야기해 본다.

2. 역사

유아 역사교육은 어린 유아가 성장하면서 시간에 따라 자신과 주변의 변화 및 관계성에 대한 이해를 바탕으로 사회적 정체성 및 민족적 유대감을 형성하고 자신의 존재를 인식하는 것, 즉 역사의식을 함양하는 것을 궁극적인 목적으로 한다. 따라서 추상적인 시간 개념과 과거사에 대한 시대적 구분을 직접적으로 가르친다면 유아가 이해하기 어렵고 의미 없는 개념이 될 수 있다. 따라서 자신과 연관성이 있는 과거에 대한 유아의 호기심과 흥미에 입각하여 유아가 공감할 수 있는 역사적 사건에서 출발하여 유아에게 적합한 방법을 사용한다면 역사교육은 유아기에도 매우 의미 있게 이루어질 수 있다(교육인적자원부, 2006).

1) 유아 역사교육의 개념과 목표

(1) 유아 역사교육의 개념

역사는 시간에 대한 개념과 인간의 생활과의 관계를 다루는 학문이다. 유아를 대상으로 하는 역사교육은 과거의 사건에 대한 유아의 흥미와 관심에서 시작하여 과거의 일이 현재 어떻게 변화하고 있는지 이해하고, 미래에 영향을 줄 수 있음을 이해하는 것이다.

유아의 역사 개념의 발달에는 시간 개념의 발달이 선행되어야 한다. 유아에게 시간 개념은 눈에 보이지 않는 추상적이고 어려운 개념이다. 피아제(Piaget, 1952)에 의하면, 유아는 발달 특성상 중심화(centering)와 비가역성(irreversibility) 때문에 시간을 거꾸로 회상하거나 흐름에 대한 이해가 부족하다. 그러나 멜란데즈 등(Melendez et al., 2000)에 따르면, 직관적이고 객관적인 시간에 대한 인식은 할 수 있으므로 유아기에도 역사교육이 가능한 것으로 보았다.

양옥승 등(2014)과 조순옥 등(2013)이 제시한 유아기의 시계, 달력 및 역사적 시간 개념 발달단계를 정리하면 〈표 4-3〉과 같은 발달 특성을 보인다.

표 4-3 유아기의 시계, 달력, 역사적 시간 개념 발달단계

연령	시계, 달력, 역사적 시간 개념
3세 이전	• 일상에서 시간을 경험할 수 있다. • 자신이 한 일 혹은 주변에서 일어나는 일의 시간 순서를 인식한다. • 시간 개념이 부족해서 구체적인 표현이 어렵다.
4~5세	• 개인적인 일상에서 규칙적으로 일어나는 사건을 순서적으로 이야기할 수 있다. • 전후, 지금, 그때와 같은 용어를 사용한다. • 과거 동사 및 미래 동사의 시제를 사용한다. • 시각과 월의 순서 및 용어를 이해한다. • 오전, 오후의 개념을 이해한다. • 시간의 변화와 관계를 인식한다.
6세	• 점심시간, 노는 시간, 낮잠 시간과 같은 시간 간격을 구분한다. • 시간을 정확히 읽는다. • 각 계절의 개념을 이해한다.
7세	• 시간은 동 간격으로 이루어졌다는 것을 인식한다. • 주, 달, 계절을 순서대로 말할 수 있다. • 가족구성원(자기 자신, 부모, 조부모)을 나이 순서대로 계열화한다.
8세	• 최근 휴일의 이름을 말한다. • 시간의 한 시점을 설명하기 위하여 밤, 내일, 아침과 같은 용어를 사용한다. • 일, 주, 월의 이름을 암송할 수 있다. • 날을 중요한 사람이나 사건과 연결하기 시작한다.

(2) 유아 역사교육의 목표

역사교육의 궁극적인 목표는 과거를 이해함으로써 현재를 바르게 인식하고, 미래에 대한 방향성을 정립하는 것이다. 이에 교육인적자원부(2006)에서는 역사교육의 목표를 인지적 · 정의적 · 기능적 측면에서 〈표 4-4〉와 같이 제시하였다.

표 4-4 유아 역사교육의 목표

범주	목표
인지적 측면	• 시간의 흐름에 따른 변화와 관계성을 이해한다. • 과거의 역사적 사실을 알고 과거와 현재, 현재와 미래의 관계를 추론한다. • 과거의 기록이나 문화유산, 가족사 등을 통해 옛 선인들의 생활사를 파악하고 현재 생활과의 연계성을 이해한다. • 과거의 사실이나 사건, 생활 등에 대해 탐구하는 경험을 통해 문제 해결 능력을 기른다.
정의적 측면	• 과거의 역사적 사건이나 사실, 역사적 인물과 공감해 봄으로써 역사에 대한 흥미와 깊은 의미를 발견한다. • 시간에 따른 변화, 가정과 지역사회, 국가와 세계 속에서 자신의 존재를 인식함으로써 정체감을 형성한다. • 시간의 흐름 속에서 자신의 뿌리, 근원을 이해함으로써 자아존중감을 높인다.
기능적 측면	• 역사적 사실을 탐구하기 위하여 기록 찾아보기, 유적지나 박물관 방문하기, 역사적 사건 및 인물에 대한 신문 기사 활용하기 등의 방법을 활용하는 능력을 기른다.

이봉자(2014)는 유아의 역사적 사고력 증진을 위한 유아 역사교육 프로그램을 개발하고 프로그램의 목표를 제시하였다. 이에 교육인적자원부(2006)와 이봉자(2014)의 연구 결과를 참고하여 유아 역사교육의 목표를 정리하면 다음과 같다.

첫째, 시간의 흐름에 따른 변화와 시간의 연속성을 이해한다.

둘째, 과거와 현재에 대해 알아보고 미래의 변화를 유추해 본다.

셋째, 옛날과 오늘날의 생활을 비교하며 문화유산을 통해 공유된 전통을 이해한다.

넷째, 자신의 조상과 가족사에서 자신의 뿌리를 이해함으로써 자아존중감을 발달시킨다.

다섯째, 역사적 탐구 방법과 태도 증진을 통해 문제 해결 능력을 기른다.

여섯째, 역사에 지속적인 관심을 갖는다.

2) 유아 역사교육의 내용

교육인적자원부(2006)는 시펠트(Seefeldt, 2005)가 제시한 시간, 변화, 인류의 지속성, 역사가의 탐구 방법과 멜란데즈 등(Melendez et al., 2000)이 제시한 시간, 사람, 공간과 장소, 사건과 변화를 종합하여 유아에게 적합한 역사교육의 주요 개념을 시간, 변화, 인과관계, 생활의 연속성, 리더십으로 제시하였다. 이들 연구를 참고하여 유아 역사교육의 주요 개념 및 하위 내용을 정리하면 〈표 4-5〉와 같다.

표 4-5 유아 역사교육의 주요 개념 및 하위 내용

주요 개념	하위 내용
시간	• 시간의 흐름에 대한 이해 • 과거-현재-미래의 차이 이해 • 과거와 현재의 연계 과정 이해
인과관계	• 사건(사실)의 원인과 결과 탐색 • 과거의 사건이 현재에 미치는 영향 이해 • 현재의 사건이 미래에 미칠 영향 예측
변화	• 주변의 변화 탐색 • 변화의 계속성과 불가피성 이해 • 변화의 결과와 영향 인식
생활의 연속성	• 과거의 생활이 현재의 생활에 미치는 영향 인식 • 각 세대의 삶을 통하여 생활의 연속성 이해
리더십	• 역사적 인물들의 이야기에 대한 관심과 동일시 • 개인의 지도력이 역사에 미치는 영향 이해

(1) 시간

시간 개념은 유아에게서 매일 일어나는 주기적이고, 반복적이고, 연속적인 일상의 경험에 의해 발달한다(Seefeldt, 2005). 또한 유아의 시간 개념은 일상적 사건의 순서를 지어 보는 경험을 통해 발달한다. 특히 전조작기나 구체적 조작기 초기의 유아는 중심성과 비가역성의 발달 특성으로 인해 시간에 대해 주관적인 느낌을 가지고 있으므로 일상적이고 규칙적인 경험을 통해 반복되는 시간을 인식하도록 지원해야 한다.

역사를 이해하기 위해서는 시간의 흐름에 대한 이해가 필요하므로 교사는 현재를 중심으로 좀 더 먼 시간 개념인 어제, 내일 혹은 며칠 전, 며칠 후 등의 시간 개념을 유아가 회상하고 연결 지을 수 있도록 돕는다. 예를 들어, 어제의 활동 혹은 달력에 표시해 둔 일주일 전의 활동의 사진을 찍어 두고 유아가 과거의 일을 회상하고 현재와 연결할 기회를 마련할 수 있다. 봄, 여름, 가을, 겨울 동안의 한 장소를 지속적으로 관찰하고 사진으로 찍어 보는 활동도 시간의 흐름에 대한 이해를 도울 수 있다.

(2) 과거-현재-미래의 인과관계

과거의 모든 사실이나 사건에는 원인이 있고, 이러한 원인의 영향을 받아 현재의 상황에 이르게 된다. 인과관계는 과거의 사실이 발생하게 된 원인과 현재에 이르기까지의 과정 및 영향에 대해 유아가 이해할 수 있도록 돕는 역사 개념이다.

유아가 과거의 사건이 현재와 미래의 사건에 어떻게 영향을 미치는지 이해할 수 있도록 돕기 위해 교사는 매일의 일상 속에서 인과관계를 경험하도록 상호작용한다. 예를 들어, 지금 정리를 안 하면 교실의 놀잇감이 어디에 있는지 알 수 없게 되어 불편해질 것이라는 인과관계를 예측하도록 하거나 자신의 행동의 결과를 직접 경험하도록 한 후 그 원인에 대해 생각해 보도록 할 수 있다.

(3) 변화

변화는 역사교육의 가장 기본이 되는 개념으로서 생활 속에서 끊임없이 일어나는 것이다. 유아는 변화에 대해 초보적 수준이므로 두려움을 가질 수 있다. 이에 유아 자신과 가족, 이웃의 변화를 살펴보고, 변화의 불가피성을 수용하며, 변화에 적응하는 방법을 배울 필요가 있다.

변화에 대한 개념은 유아 자신의 변화에 대한 활동을 통해 먼저 다룰 수 있다. 유아 자신의 탄생에 대해 알고 구체적인 사진이나 자료를 통해 아기 시절을 회상하면서 아기 때 할 수 없던 일들이 현재는 어떻게 변화했는지 살펴보고, 성장과 변화를 격려함으로써 변화의 긍정적 측면을 인식하는 경험을 한다.

나아가 유아 자신의 주변을 둘러싼 이웃의 변화를 살펴봄으로써 다양한 변화를 경험할 수 있다. 예를 들어, 유치원 주변 동네를 정기적으로 산책하면서 새롭게 생기거나 없어지는 가게들의 변화, 사계절의 변화에 따른 자연의 변화 등을 관찰한다면 지역사회와 구성원의 모습 또한 끊임없이 변화하고 서로의 삶에 영향을 미침을 이해할 수 있다.

유아와 함께 변화에 대한 구체적 자료를 수집하는 과정을 통해 변화는 기록될 수 있고, 다른 사람들에게 전달될 수 있다는 내용을 다룰 수 있다.

(4) 생활의 연속성

생활의 연속성 개념은 유아가 인간의 삶은 끊임없이 변화하고, 인간이 경험을 통해 배우게 되는 교훈 역시 계속된다는 것을 이해하도록 하는 것이다. 역사교육을 통해 유아는 과거의 사건이 현재의 생활에 주는 영향과 연속성을 이해하게 된다. 예를 들어, 유치원 혹은 어린이집에서 1년 동안 혹은 그 이상의 재원 기간에 무엇이, 어떻게 변화하였으며, 앞으로 어떻게 변화할지 예측하게 함으로써 변화가 계속됨을 이해하도록 한다.

혹은 과거의 생활 모습과 현재의 생활 모습을 비교하며 공통점 혹은 차이점을 찾아보면서 연속성 개념을 습득할 수 있다. 유아와 박물관을 견학하거나 예전에 사용하던 물건을 수집하여 같은 일을 하는 현재의 물건과 비교해 볼 수도 있다. 이 과정을 통해 유아는 겉모습은 다르지만 더 나은 생활을 위해 지속적으로 노력해 온 인간의 노력이 연속적임을 이해하게 된다.

생활의 연속성은 여러 기록물을 통해 발견될 수 있다. 역사적 기록은 사람들이 자신의 뿌리와 근원을 알도록 하며, 과거와 현재 생활의 연속적인 관계를 이해하도록 도울 수 있다. 예전의 생활상을 담은 사진과 그림, 옛이야기 등을 통해 유아가 과거의 사건 혹은 사물에 흥미를 가지고 탐색할 수 있도록 한다.

(5) 리더십

역사에 있어 리더십의 개념은 유아가 자신과 관계있는 사람이나 역사적 인물, 영웅에 대해 많은 관심을 가지고 접근할 수 있게 한다. 교사는 유아가 과거 위인들의 업적을 통해 개인의 노력이 다른 사람들의 삶에 어떠한 영향을 미쳤으며, 현재에 어떠한 영향을 미치는지를 생각해 보도록 한다. 또한 유아가 위인을 동일시함으로써 바람직한 가치관을 형성할 수 있도록 돕는다.

3) 유아 역사교육의 방법

(1) 시간 인식을 위한 일상생활 지도

유아의 역사 개념은 시간 개념의 인식에서 시작한다. 이에 교사는 반복적인 하루 일과를 유아가 인식할 수 있도록 관련 용어를 사용하여 상호작용해 준다.

첫째, 일과의 시간에 대해 인식하도록 직접적으로 상호작용한다. 예를 들어, 아침, 점심, 오후 등의 용어를 자주 사용하여 하루 일과를 진행한다.

둘째, 시간의 흐름에 대해 인식하도록 다양한 질문을 통해 상호작용한다. 예를 들어, 일과 시간이 어떻게 구성되었는지 알 수 있도록 사진 또는 그림 카드를 만들어 연속성을 알 수 있도록 게시한다. 이러한 일과 구성 사진 시간표를 수시로 보며 "지금 오전 간식을 먹었네. 그럼 다음은 어떤 활동을 하는 시간일까?"와 같이 상호작용한다.

셋째, 하나의 사건에 대해 다음에 일어날 일을 생각해 보도록 상호작용한다. "간식을 먹고 난 후에 뛰어다니면 네 뱃속의 음식이 어떻게 될까?" "지난 목요일에 왜 배가 아팠는지 생각해 보렴." 등 구체적으로 인과관계를 생각해 보게 하는 상호작용을 통해 시간의 흐름과 연속성을 이해하도록 도울 수 있다.

넷째, 자신의 성장과 시간의 흐름에 따른 가족의 변화 등에 대한 사진 자료를 수집하고 변화 과정과 시간의 연속성을 인식하도록 지도한다. 유아가 아기였을 때와 현재의 모습을 비교해 보고 차이와 변화를 인식하도록 상호작용함으로써 자신의 성장에 대해 자긍심을 갖도록 돕고, 가족나무 그려 보기 등의 활동을 통해 가족의 생성과 변화를 이해하도록 지도한다.

(2) 시간과 관련한 수학 활동

시간과 관련한 수학 활동은 시간 측정에서 시작할 수 있다. 그러나 시간 측정은 8~9세가 되기까지는 관념적으로 생각하기 어려운 개념(Seefeldt, 2005)이므로 유아에게는 시계를 보고 시간을 알도록 직접적으로 가르치는 것보다 다양한 방법으로 시간을 경험하고 시간의 길이와 단위를 어림잡아 측정하는 경험이 더 도움이 된다.

시간의 길이를 측정하는 다양한 방법으로 모래시계, 스톱워치, 알람시계 등의 다양한 시계의 기능을 경험하도록 한다. 모래시계를 사용하여 정해진 시간 안에 활동을 수행하게 하는 것은 시간이 일정한 단위를 가지고 재어질 수 있음을 경험하게 할 수 있다. 시간을 분배하여 순서대로 돌아가게 하는 활동, 예를 들어 교실 내 컴퓨터 사용하기나 역할놀이의 순서를 정하는 활동 시 알람시계 등을 일정 시간 단위로 맞추어 놓고 시간의 길이를 경험하게 할 수 있다.

또한 유아가 시계 읽기에 관심을 보일 때 관련 교구를 가지고 활동하도록 함으로써 시간 측정을 도울 수 있다. 하루 일과에서 시간을 말할 때에는 시계의 시침과 분침이 가리키는 시간 단위에 대해 "긴 바늘은 12에, 작은 바늘은 1에 있으니 오후 1시네."라는 식으로 이야기하며 자연스럽게 소개한다.

시간을 가리키는 시계 그림을 보고 시침과 분침을 따라서 조작해 보며 시간 개념을 습득하도록 돕는다. 유아가 시계 읽기에 관심을 보이고 요청하는 경우, 시계의 짧은 바늘은 12시간 단위로 나뉘어 있고, 긴 바늘은 시간당 5개의 눈금으로 나뉘어 60분으로 읽는다는 것을 설명한 후 함께 세어 보도록 도울 수 있다.

(3) 조사 활동

시펠트(Seefeldt, 2005)는 유아가 역사에 관심을 가지고 탐구 기술을 발달시키기 위해서는 역사가와 같은 방법을 활용하여 역사에 관련된 문제에 관심을 가지고 궁금한 것을 탐구하는 태도를 지니도록 하는 것이 중요하다고 제안하였다.

역사가의 탐구 방법은 유아가 관심을 가지는 사건이나 주제에 대해 적절한 수준으로 적용하는 것이 바람직하며, 그 과정을 살펴보면 다음과 같다.

첫째, 역사적 문제를 제기하고 정보를 수집하도록 한다. 예를 들어, 과거에는 시간을 어떻게 알았는지에 관심을 가지고 궁금한 점을 생각해 보도록 할 수 있다.

둘째, 자료를 관찰 및 분석하도록 한다. 예를 들어, 유아들에게 물시계, 해시계 등의 역사적 유물에 대한 책 혹은 모형 등을 찾아 직접 탐색하고 조사해 보도록 할 수 있다.

셋째, 역사적 문제에 대한 나름의 견해를 도출하도록 한다. 다양한 방법을 통한 자료 조사 및 관찰 후 모든 자료에서 보이는 공통점 및 차이점 등을 생각해 보고, 그 안에서 현재 혹은 미래에 적용할 만한 점이 있는지 토론해 보는 등의 활동을 통해 과거에 대해 질문하고 나름의 견해로 대답해 보도록 한다.

넷째, 여러 가지 역사적 기록과 유물에 대한 탐구로부터 새로운 문제를 제기하도록 한다.

이와 같은 역사가의 탐구 방법은 유아가 직접 참여하고 조사하는 능동적인 과정이 되도록 격려해야 한다. 유아가 조사한 자료를 그림 등으로 표상하고, 이를 교실에 게시하여 공유함으로써 서로의 견해를 나누고, 특히 사진 혹은 동영상 등의 다양한 매체를 활용하여 유아와 유아 주변의 사건들을 기록하는 활동을 통해 역사를 기록 및 회상하도록 할 수 있다. 예를 들어, 하루 동안 주요 일과를 사진으로 찍거나 학기 초, 학기 말 등 정해진 주기 동안에 특정 장소를 찍어 기록해 두면 시간의 흐름과 변화 등을 이해할 수 있는 좋은 매체가 된다.

(4) 극화 활동

극화 활동은 유아가 자신을 표현하는 가장 대표적인 형태 중의 하나로서 동화, 현장학습 등을 통해 듣고 보면서 느끼는 자신의 감정을 실제 표현해 보고 타인의 반응과 감정을 이해해 보는 활동이다(김영옥, 2014). 극화 활동은 유아로 하여금 자신이 이해한 과거의 사건에 감정이입을 하고 간접 경험을 함으로써 보다 잘 이해하도록 도울 수 있다. 예를 들어, 과거의 인물에 대한 극화를 통해 당시 사회환경에 속해 있던 사람들의 생활을 이해하는 능력을 기르는 데 도움이 될 수 있다.

혹은 고고학자가 되어 보는 가상놀이 경험은 유아가 역사에 보다 흥미를 가지고 탐구하게 하는 데 효과적이다. 예를 들어, 고고학자를 다룬 영상을 본 후 유물을 조사하는 고고학자가 되어 보는 역할놀이를 통해 유아는 과거의 유물 모형이나 사진을 보다 자세히 관찰하고 능동적으로 조사하면서 과거의 유물 및 사건이 현재에 어떻게 변화되어 왔는지를 이해할 수 있다. 이와 같은 극화 활동이 효과적으로 이루어지도록 하기 위해서는 교사가 역할놀이 영역에 유아가 흥미 있어 하는 주제와 관련된 소품을 준비하여 환경을 구성해 주어야 한다. 예를 들어, 우리나라 민화나 도자기를 조사하는 고고학자 놀이를 하고 싶어 하는 유아를 위해 자료의 복제품과 관련 사진, 확대경, 도서 등을 구비하여 주거나 유아와 함께 필요한 놀이 소품을 제작하는 등의 활동을 통해 흥미 있게 놀이를 확장할 수 있다.

함께해 봅시다 나의 성장앨범 만들기

1. 미리 학생들의 성장앨범 만들기를 할 것임을 알려 주고, 아기 때부터 현재까지의 성장 과정과 변화가 보이는 사진을 4~5장 정도 출력해 오도록 한다.
2. 학생들은 자신의 성장앨범을 어떻게 구성할지 계획하고, 시간의 흐름과 변화가 보이도록 계획한 형태로 사진을 구성하고 꾸민다.

3. 각 성장 과정에서 보이는 차이와 변화, 자신이 현재 자랑스럽게 변한 점 등에 대해 소개하도록 한다.

3. 환경

최근 지구온난화 등 급격한 기후 변화에 따른 환경 위기는 인간이 더 편안하게 살기 위해 무분별하게 자연을 개발하고 이를 위해 파괴 및 훼손하는 데에서 오는 문제라고 보고 있다.

이에 영유아기부터 주위 환경을 소중히 여기는 성인의 모델링과 함께 자기 주변의 환경에 호기심을 갖고, 자신을 주변 환경의 일부로 여기면서 보호하는 태도를 기르도록 해야 한다.

1) 유아 환경교육의 개념과 목표

(1) 유아 환경교육의 개념

유아 환경교육은 환경 소양을 갖춘 유아를 양성하는 것을 목적으로 한다(서울특별시 유아교육진흥원, 2013). 유아 환경교육이란 유아기부터 유아를 둘러싸고 있는 환경과의 관계에 대한 올바른 가치관과 태도를 기르고, 환경적으로 책임 있는 의사결정과 행동을 실천할 수 있는 인간을 육성하기 위한 교육이다. 유아 환경교육을 전지구적 관점에서 보면, 환경 문제와 관심사는 전 세계 사람들에게 영향을 미치는 문제로서 지역과 국가 환경뿐만 아니라 지구 전체 환경에 대해 책임감이 있는 시민을 기르는 것을 의미한다고 할 수 있다(Melendez et al., 2000).

이에 최근의 환경교육은 현재 인류의 소비와 생산에 맞추어 훼손된 환경이 다른 지역의 사람들에게도 영향을 미치고, 후손들에게도 영향을 미친다는 문제의식에서 지속가능발전교육의 개념으로 확대되고 있다. 유네스코에서는 지속가능발전교육과 관련하여 "현 세대의 요구를 충족시키면서 미래 세대의 요구를 충족시키는 것을 가능하게 하는 발전이 지속가능발전이며, 이를 실현하기 위한 가장 효과적인 방안들 중 하나가 교육이다."(UNESCO, 2012)라고 하였다. 지속가능발전은 '환경보전' '경제발전' '사회통합'의 세 가지 중심축을 토대로 하므로 기존 환경교육보다 더 포괄적인 개념이다. 즉, 생물다양성, 기후 변화 등의 환경적 측면이 지속가능한 생활 방식과 빈곤 감소 등의 경제적 측면과 함께 문화다양성 등 환경 · 경제 · 사회 영역 등을 기반으로 지구 전체의 시스템 안에서 유기적으로 연결되도록 구성되어 실시되는 교육으로 보다 포괄적인 환경교육을 의미한다(김정원, 최소린, 2016).

(2) 유아 환경교육의 목표

환경부(2006)가 제시한 유아 환경교육의 목표와 지속가능발전교육(UNESCO, 2012)의 교육 목적에 기초하여 유아 환경교육의 목표를 제시하면 다음과 같다.

첫째, 주변 환경에 관심을 갖고, 환경을 아끼고 보호하는 인식을 형성한다.

둘째, 지구 전체 환경의 중요성을 깨닫고, 환경을 보호하고 개선하고자 하는 동기와 태도를 형성한다.

셋째, 주변 환경에 대한 지식을 습득한다.

넷째, 환경 보전과 개선을 위한 기능을 습득한다. 유아 수준에서 할 수 있는 환경 보전과 개선을 위한 방법에 대해 토론한다.

다섯째, 지구 환경에 대한 책임감을 가지고 능동적으로 환경 보전과 개선을 위한 행동을 실천한다.

2) 유아 환경교육의 내용

환경부(2006)는 환경교육이 지속가능한 사회에 적합한 건강한 시민을 양성하고, 친환경적 사회를 위한 자신의 역할을 인식하고 실천하는 것이라고 하였다. 이에 환경교육의 내용으로 자연과 생명에 대한 풍부한 감수성 및 올바른 태도 습득, 환경과 문화의 관계에 대한 인식 및 이해 심화, 환경과 환경문화에 대한 탐구 및 지식 습득, 환경 문제 해결을 위한 사회의 의사결정에 필요한 역량 체득, 지속가능한 사회로 나아가기 위해 필요한 전문 연구 및 참여, 자신의 분야에서 지속가능한 사회 구현에 필요한 역할 수행을 제시하였다. 앞서 지속가능발전교육은 환경적 측면에서 생물다양성, 기후 변화 등의 내용을 인간의 삶과 관련하여 다루고 있으므로 이들 연구를 참고하여 유아 환경교육의 내용을 제시하면 〈표 4-6〉과 같다.

표 4-6 유아 환경교육의 내용

주요 내용	하위 범주
환경의 중요성	• 자연과 주변 환경에 대한 경이감 • 자연 자원
인간 행동이 환경에 미치는 영향	• 생물다양성과 상호 의존성 • 기후 변화와 인간의 삶 • 환경 오염 문제
환경 보호의 태도와 실천	• 지구의 자원 보전 • 재활용과 재사용

(1) 환경의 중요성

환경교육의 시작은 유아가 주변 환경과 자연에 대한 경이감을 느끼고 이에 관심을 갖는 데에서 시작한다. 주변의 나무, 작은 들풀 하나도 계절에 따라 달라지는 모습을 보며 자연의 아름다움과 경이로움을 느끼고, 아름다운 자연을 보전해야 한다는 생각에서 시작한다. 예를 들어, 유아가 사계절의 변화에 따라 식물이 싹을 틔우고, 꽃을 피우고, 열매를 맺는 과정을 관찰함으로써 자연에 경이로움을 느끼고, 생명체의 연결고리로서 자연을 보전하려는 태도를 지니도록 한다. 또한 자연이 인간에게 제공하는 다양한 자원에 대해 소중함을 느끼도록 한다.

(2) 인간 행동이 환경에 미치는 영향

유아 환경교육의 두 번째 내용은 인간 행동이 주변 환경에 어떠한 영향을 미치는지 유아들이 이해하도록 다음과 같은 구체적 내용을 다룬다.

첫째, 유아가 주변의 생물은 식물뿐만 아니라 동물을 포함하여 다양하게 존재한다는 생물다양성을 알도록 한다. 예를 들어, 계절의 변화가 잘 보이는 큰 나무를 관찰하며 그 아래 나 있는 작은 풀들, 나무에 살고 있는 작은 벌레들 등 살아 있는 모든 생물을 주의 깊게 관찰하고 인식할 수 있도록 한다.

둘째, 식물과 동물뿐만 아니라 인간 또한 자연의 한 구성원으로서 서로 영향을 미치며 살아가고 있다는 상호 의존성을 이해하는 내용을 다룬다. 식물을 먹고 사는 동물, 동물과 공존해야 하는 인간의 삶, 식물과 동물을 대하는 인간의 태도에 따라 달라지는 생태계 및 생태계의 훼손이 결국 인간의 삶에 다시 영향을 미치는 선순환의 과정을 이해하도록 한다. 예를 들어, 텃밭 가꾸기 활동 등을 통해 안전하고 건강한 먹거리를 생산해 보고, 자연퇴비 등을 사용하는 인간의 노력이 땅을 건강하게 하여 결국 인간과 동물을 이롭게 한다는 것을 알도록 한다(이금구, 동풀잎, 2011).

셋째, 최근 전 지구적으로 폭우와 쓰나미, 이상 고온현상으로 인한 해수면 상승 등 기후가 이상 징후를 보이고 있다. 이에 유아와 이상기후 현상의 원인을 조사하고 생각해 본다. 최근 이상기후의 원인으로는 자연 훼손으로 인한 숲의 감소, 숲의 감소에 따른 대기오염과 오존층 파괴, 엘니뇨 현상 증가 등이 있으며, 이는 모두 인간이 자연을 훼손함으로써 일어난 것임을 유아와 함께 조사해 볼 수 있다.

넷째, 기후 변화에 따라 인간의 삶이 영향을 받을 수 있음을 이해한 후 이를 방지하기 위한 방법을 환경교육 내용으로 다룬다. 동영상, 사진, 유관기관의 사이트 등 다양한 자료를 활용한 조사 및 토론하기 등을 통해 유아에게 다소 어려울 수 있는 기후 변화의 원인과 개선 방안을 이해하도록 돕는다. 원인과 결과를 생각해 보도록 차트 및 도표 그리기 등의 표상 활동을 통해 유아가 스스로 이해한 것을 표상해 보고 공유하도록 한다.

(3) 환경 보호의 태도와 실천

유아는 자연이 항상 그 자리에 있는 것 같지만 사람들이 어떻게 사용하는지에 따라 훼손되거나 감소할 수 있음을 알아야 한다.

첫째, 우리 주변의 환경 문제를 유아가 인식하도록 한다. 예를 들어, 봄철 미세먼지는 무엇이 문제인지, 황사 안에는 무엇이 포함되어 있는지, 물이 더러워지면 어떤 일이 생기는지 등에 대한 이슈를 인식하고 토론하는 기회를 갖는다.

둘째, 자원을 보존해야 하는 이유와 실천 방법을 조사하고 구체적인 방법을 협의하여 실천해 보는 경험을 한다. 예를 들어, 물을 포함하여 각종 광물, 석유 등의 천연자원은 총량 불변의 법칙 안에서 한정되어 있다는 것을 유아가 인식하도록 구체적인 자료를 활용하여 접근한다. 자원을 보호하고 보존하기 위해 유아가 생활 속에서 실천할 수 있는 구체적인 방법부터 알아보고 실행해 보도록 한다. 예를 들어, 유아가 컵을 사용하여 양치하는 경우와 아닌 경우 실제 사용한 물의 양을 측정하여 어떤 경우에 물이 더 낭비되는지 직접 경험하도록 한다면 물을 아껴 쓰겠다는 실천 의지가 더 높아질 수 있다.

셋째, 전 지구적 차원에서 현재 자신의 사소한 행동이 우리나라뿐 아니라 다른 나라의 사람들에게도 영향을 미칠 수 있음을 생각해 보도록 하고 재활용과 재사용의 생활 방식을 실천하도록 한다. 재활용을 하는 이유에 대해 생각해 보고, 재활용을 하면 지구의 어떤 자원이 보존될 수 있는지를 생각해 보도록 한다. 예를 들어, 일회용 플라스틱 컵 사용을 줄이는 경우 컵 제조에 쓰이는 어떤 원료가 감소하는지, 이에 산업자원이 부족한 다른 나라의 에너지 부족 문제에 어떤 도움을 줄 수 있는지 등의 순환 관계를 생각하여 표상해 보도록 조사 활동을 진행해 볼 수 있다.

3) 유아 환경교육의 방법

(1) 자연 관찰

환경교육의 시작은 유아가 자연에 대한 경이감과 존중감을 갖는 데에서 시작한다. 이에 교사는 매일의 바깥놀이 활동이나 동네 산책 활동 시 자연에서 아름다움과 경이감을 관찰하도록 상호작용한다. 예를 들어, 봄 날씨에 따른 나무의 변화를 일주일 단위로 관찰하고 사진을 찍어 그 변화 과정을 인식할 수 있도록 하는 등 자연의 변화를 비교하며 인식할 수 있는 바깥놀이를 실시한다. 혹은 길가의 나무나 동네 하천에 흐르는 물을 관찰하며 그 안에 무엇이 사는지, 무슨 일을 하는지 지속적으로 관찰하도록 한다. 자칫 지나치기 쉬운 작은 생물들의 존재를 알고 그들도 살아 있는 생명체로서 존중하도록 상호작용한다.

(2) 조사 및 토론 활동

유아가 자연관찰을 하며 알아낸 점, 각종 미디어를 통해 접한 자연과 자원의 훼손에 대한 문제점, 지구촌에서 일어나는 여러 가지 환경 문제 등에 대한 이슈가 제기될 때 혹은 교사가 그것을 토론 주제로 제기할 때 유아 스스로 조사를 할 수 있도록 돕는다. 연령이 높은 유아의 경우, 환경부나 동물보호단체 등 관련 기관의 사이트를 함께 찾아보고 환경 보호와 자원 보존에 대한 방안을 조사해 보도록 할 수 있다.

또한 교사와 함께 찾아낸 동영상 등의 자료를 통해 환경적 이슈의 원인과 예측되는 결과 등을 조사하고 알아낸 점을 그림, 도표, 구성물 등으로 표상하도록 격려한다. 유아의 조사 결과는 언어적 표현 외에 그림, 블록이나 조형 재료 등을 활용하여 구성될 때 개념이 더욱 명확해진다. 예를 들어, 물의 순환 과정을 조사한 후 여러 장소에서 사용된 물이 하천으로 흘러 강을 오염시키거나 이를 다시 정화하는 과정은 블록과 조형 재료로 구성할 수 있다.

유아에게 환경교육을 위한 가장 효과적인 조사 방법으로 현장학습을 활용할 수 있다. 현장학습 장소는 유아가 관심 있어 하고 궁금한 점을 조사할 수 있는 곳으로 함께 알아보고 선정한다. 현장학습 전에는 유아와 질문 목록을 협의하고, 현장학습 시 인터뷰 등을 통해 조사한다. 개인 수첩 등을 활용하여 자신이 알아낸 것을 바로 그림, 글 등으로 기록할 수 있도록 준비한다. 예를 들어, 음식물 쓰레기가 어떻게 처리되는지 궁금한 유아와 함께 지역사회의 음식물 처리센터를 견학 장소로 섭외할 수 있다. 환경 문제와 밀접한 현장학습을 통해 유아는 생각보다 훨씬 많은 양의 음식물 쓰레기와 악취를 경험하면서 환경 문제의 심각성을 인식하고, 자발적으로 음식물 쓰레기 줄이기를 실천할 것이다.

(3) 환경 보호의 실천

환경교육의 궁극적 목적은 환경 보호를 실천하려는 태도와 행동의 증진이다. 따라서 유아가 환경 문제의 심각성을 인식한 후, 유아 수준에서 할 수 있는 환경 보호 방법을 토론하고 실천해 나가도록 지도한다. 자원 보존의 경우, 자원 사용과 보존, 재활용 전후의 결과를 수량으로 비교하면 유아에게 더욱 구체적으로 지도할 수 있다. 예를 들어, 일회용품 사용이 지구 환경에 미치는 영향을 알아보기 위해 플라스틱 컵과 종이컵, 녹말로 만들어진 일회용품을 땅 속에 묻어 두고 일주일 단위로 관찰하여 비교하게 한다면 오랫동안 썩지 않는 일회용품의 위험성에 대해 더욱 실감하면서 일회용품 사용 자제하기를 실천하도록 지도할 수 있다.

또한 한정된 자원으로서 물 절약에 대해 이야기할 때에도 유아가 조사한 방법을 실제 실천하기 전과 후로 나누어 물의 사용량을 측정하며 비교할 수 있다.

함께해 봅시다 1일 1 환경 보호 실천하기

1. 환경 보호를 위한 실천 방안을 생각해 본다.
2. 생각해 낸 환경 보호 방안을 실천해 본다(예: 구내식당에서 식사하며 음식물 쓰레기 남기지 않기, 귀가하며 도로 위 쓰레기 줍기, 가까운 거리는 걸어다니기).
3. 인증샷을 찍어 SNS 등을 활용하여 반 전체 학생들과 공유한다.

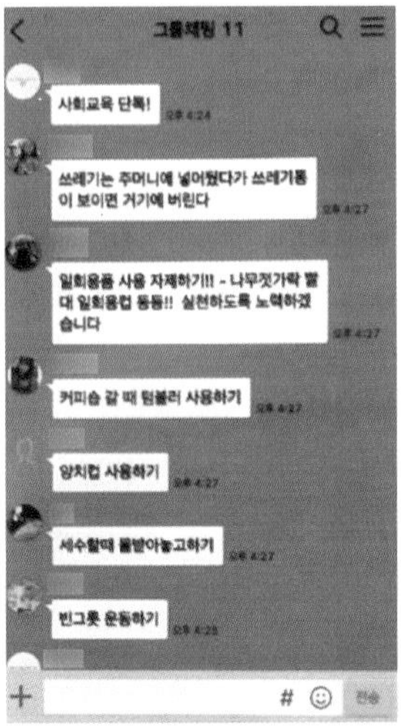

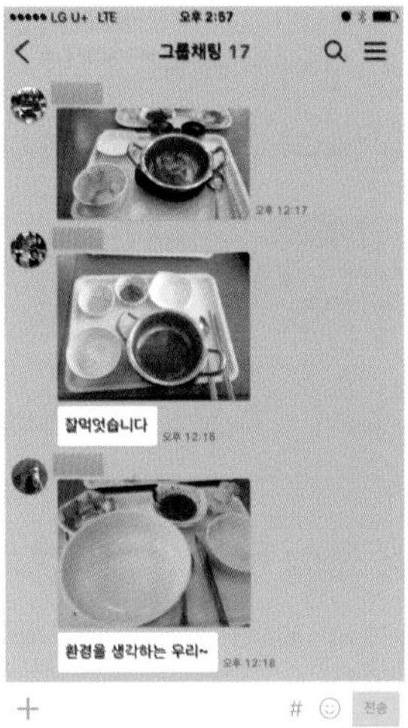

4. 가장 시급하게 해결해야 하는 환경 문제와 해결 방안이 무엇인지 토론해 본다.

4. 경제

우리의 일상생활은 경제 활동의 연속이다. 즉, 매일 반복되는 의식주에서부터 문화생활을 비롯한 정신적 활동에 이르기까지 끊임없이 재화와 용역을 생산하거나 소비하며 살아간다. 특히 경제 활동에서 누구나 자신이 원하는 만큼 가지고 싶은 것을 가질 수 있다면 아무런 문제가 없겠지만, 인간의 무한한 욕구에 비해 자원은 한정되어 있기에 경제 문제가 시작된다(교육과학기술부, 2011). 이에 영유아기부터 필요한 물품을 생각해 보고, 이를 얻기 위한 과정에 대해 생각하도록 하는 경제교육이 필요하다.

1) 유아 경제교육의 개념과 목표

(1) 유아 경제교육의 개념

경제란 인간의 생활에 필요한 재화나 용역을 생산 및 분배, 소비하는 모든 활동을 가리킨다. 광의의 경제교육은 소비자교육을 포함하지만, 경제교육이 희소성에서 시작하여 개인과 집단의 선택 모두에 관심을 두고 있다면 소비자교육은 효율성을 중심으로 개인의 선택에 관심을 둔다. 이에 유아기 경제교육은 생산자지향적 교육보다는 소비자지향적 교육의 성격을 갖는 것이 적합하다.

교육과학기술부(2011)에서는 유아 경제교육의 개념 요소를 '기회비용, 희소성, 의사결정, 선택, 생산, 소비, 분배, 절제, 재활용'으로 두고, '자원' '시장' '공유'의 세 가지 차원에서 유치원 생활주제와 관련지어 유아가 경험할 수 있는 교육 내용을 구성하였다.

시펠트(Seefeldt, 2005: 조순옥 외, 2013에서 재인용)는 유아기 경제 개념의 발달 특징을 피아제의 발달단계에 따라 〈표 4-7〉과 같이 제시하였다.

표 4-7 유아의 경제 개념 발달 특징

연령		경제 개념 발달 특징
0~2세(감각운동기)		• 동전의 모양과 크기를 관찰하고 주의를 기울임
3~6세 (전조작기)	3세	• 가게에서 물건이나 놀잇감을 살 수 있지만 돈이 상품과 교환됨을 인지하기는 어려움(예: 가게에서 사탕과 장난감을 가져오지만 돈과 교환된다는 것은 알지 못한다.)
	4~6세	• 동전 이름을 구분하지는 못하지만 돈이 물건을 사는 데 필요하다는 것은 인식함. • 돈이 교환 수단으로 이용됨을 인식함. • 가게 놀이에서 소비와 구매 개념이 나타나기 시작함. • 돈과 돈이 아닌 것을 구분하지만 동전의 종류는 구분하기 어려움.
7~10세 (구체적 조작기)		• 9세 이후, 동전 간에 가치가 다름을 인식함. • 사람들이 돈을 벌기 위해 일한다는 것을 인식함. • '신용'의 개념을 이해함.

(2) 유아 경제교육의 목표

유아 경제교육은 이미 일상생활에서 경제 활동을 경험하고 있는 유아가 책임 있는 경제 주체로서 역할을 다하는 민주시민으로 성장할 수 있도록 경제 및 소비 생활에 대한 올바른 습관을 형성하는 것을 목적으로 한다. 이에 교육과학기술부(2011)와 서울특별시 유아교육진흥원(2013)이 제시한 유아 경제교육의 목표를 정리하면 다음과 같다.

첫째, 유아가 기초적인 경제 현상을 이해하도록 한다. 즉, 기초적인 경제 현상으로 자원이나 물건의 희소성, 생산과 소비, 분배와 절약, 협력 등이 나타남을 안다.

둘째, 경제 활동 시 나타날 수 있는 경제 상황에 대해 다양한 문제 해결을 위한 지식, 기술, 태도를 형성한다. 유아가 생활 속에서 경험하는 희소성과 어려움, 생산과 소비의 유기적 과정, 분배와 절약, 합리적 소비에 대한 지식을 익히고, 절약과 합리적 소비의 실천 방법에 대해 토론하고 실천해 보려는 태도를 지닌다.

셋째, 합리적인 소비를 위한 의사결정 능력을 형성하도록 하여 궁극적으로 유아가 성숙한 경제소양인으로 성장할 수 있게 한다. 유아가 합리적 소비의 필요성을 인식하고 갖고 싶은 것과 필요한 것을 구분해 봄으로써 자신의 삶 속에서 책임 있는 경제 주체로서 성장하도록 한다.

2) 유아 경제교육의 내용

교육과학기술부(2011)와 서울특별시 유아교육진흥원(2013)은 유아 경제교육의 내용으로 자원, 시장, 공유의 차원을 제시하고, 희소성과 선택, 기회비용, 의사결정, 화폐 가치, 생산, 소비, 분배, 절제, 재활용의 아홉 가지 개념을 익히도록 제안하였다. 이를 유아가 이해할 수 있는 경제 현상에 기초하여 교육 내용을 제시하면 〈표 4-8〉과 같다.

표 4-8 유아 경제교육의 내용

주요 개념	하위 내용
화폐의 가치와 기능	• 모든 경제 활동의 기본이 되는 화폐의 기능 이해 • 화폐의 종류 이해 • 화폐로 살 수 있는 재화와 용역의 양 이해 • 교환과 분배의 의미 경험
생산 과정	• 다양한 상품이 유아에게 오기까지의 생산 과정 이해 • 자신이 생산자인 동시에 소비자가 될 수 있음을 이해 • 사용 제품을 다시 자원으로 만들어 새로운 제품의 원료로 이용하는 재활용(recycling)과 재생산 과정 이해

합리적 소비	• 계획적이고 합리적인 소비 행위 실천 • 소비자의 권리와 책임 이해 • 계획적인 소비 생활을 위한 절약과 저축의 필요성 이해 • 한정된 재화 안에서 자신에게 가장 필요한 것이 무엇인지를 심사숙고하여 구매하는 합리적인 의사결정이 필요함을 이해 • 선택을 해야 하는 상황에서 되도록 기회비용이 작은 것을 선택해야 하는 기회비용의 이해
희소성과 분배	• 사람마다 필요로 하는 것이 다름을 이해 • 사람들이 필요로 하는 재화나 서비스가 부족한 현상 이해 • 희소한 것일수록 가격이 비싸지는 현상 이해 • 생산된 재화와 용역이 그 사회구성원 개개인 또는 집단에서 일어나는 현상 이해

(1) 화폐의 가치와 기능

유아기 경제교육을 위해 화폐의 가치와 기능에 대해서는 다음과 같은 내용을 다룰 수 있다.

첫째, 돈은 기본적인 경제적 개념으로서 사람들은 물건을 구매하거나 서비스를 얻기 위해 돈을 사용한다는 것을 이해하도록 지도한다. 예를 들어, 과거 돈(화폐)은 교환의 매개체로서 생겨났다는 내용과 관련된 동화나 이야기나누기 자료, 실물 자료 등을 통해 지도할 수 있다. 유아가 가게 놀이를 하거나 성인이 물건과 자료를 구매할 때 돈이 교환되는 것을 직접적으로 보고 물건과 돈이 구별되어 사용됨을 경험하도록 한다. 돈은 일을 함으로써 벌 수 있음을 알고 돈과 직업의 관계를 이해하도록 한다.

둘째, 교사는 유아가 화폐의 다양한 유형을 이해하도록 구체적 사례를 들어 설명한다. 즉, 돈이 은행에서 무한정 나온다고 생각하는 유아에게 돈을 벌어 저축하는 이유와 은행의 역할에 대해 알아보도록 할 수 있다. 유아는 서비스와 신용카드 사용 등 추상적인 경제 활동과 산물의 개념을 이해하기 어렵다. 따라서 대형 마트에서 물건을 살 때 신용카드를 사용하면 돈은 나중에 지불한다는 과정을 이해하도록 돕는다. 유아의 연령이 높아지면 부모와 다른 사람들이 내는 세금과 관련된 서비스를 이해하는 내용을 다룰 수 있다. 즉, 소방관, 교사, 도서관 사서, 경찰관, 환경미화원 등이 하는 공공서비스에 대한 지불은 세금으로 이루어진다는 것을 이해하도록 돕는다.

(2) 생산 과정

유아가 생산 개념을 이해하도록 하기 위해 다음과 같은 내용을 다룰 수 있다.

첫째, 생산은 소비자가 원하는 것을 충족시키고자 하는 것으로부터 나온다는 내용을 다룬다. 예를 들어, 유아는 가게 주인이 가게에서 파는 물건을 즉석에서 만들거나 재배하는 것으로 생각하는 경향이 있으므로(이기숙, 2000), 공장에서 물건을 제조하고 이를 소매상이 가져와 가게 주인에게 판매하는 거래 과정을 이해하도록 지도한다.

둘째, 사람들이 생산자인 동시에 소비자가 될 수 있음을 이해하도록 지도한다. 생산자인 동시에 소비자가 될 수 있음을 이해시키기 위하여 유아 스스로 텃밭 가꾸기 등을 통해 생산자가 되어 보거나, 물건을 팔거나 일을 한 대가로 받은 돈으로 필요한 것을 구입하는 소비자가 되는 과정을 경험해 보도록 할 수 있다.

셋째, 생산 과정에서 분업이 필요하며, 서로 협력해야 함을 알도록 지도한다. 생산된 물건의 유통 과정에 대해 알도록 동영상 등을 활용하여 지도하고, 주변에 있는 제과점 또는 공장 견학을 통해 상품과 서비스를 만들어 내는 데 많은 사람의 노동과 수고가 필요함을 알도록 지도할 수 있다. 교실에서도 분업을 통해 서로 다른 일의 필요와 즐거움을 알도록 지도한다.

넷째, 유아가 물건의 유통 과정에 대해 알아보도록 한다. 지역사회 사람들이 어떻게 생산물을 얻는지, 생산된 물건이 어떻게 상점에 오게 되는지, 사람들이 어떻게 물건과 서비스를 이용할 수 있는지 등을 알아본다.

(3) 합리적 소비

합리적 소비란 원하는 것과 필요한 것을 결정하고 이용 가능한 자원을 적절하게 사용하는 것으로, 유아가 원하는 것과 필요한 것의 차이를 알고 구매해 보는 경험을 하도록 한다. 소비 개념에 대한 이해는 유아 개인의 경험, 가치관, 그리고 사회경제적 요인의 영향을 받으므로 유아가 자신이 갖고 있는 돈에 맞고, 꼭 필요한 가장 좋은 것을 선택하도록 한다.

다음으로 유아가 소비자의 권리와 책임을 이해하도록 지도한다. 소비자의 권리와 책임은 그들이 원하는 상품과 서비스를 선택하기, 정확한 정보를 얻기, 안전한 곳에서 사기, 상품을 보호하기, 손님으로서 다른 사람의 권리 보호하기, 바람직한 구매 태도와 부적절한 구매 태도 관찰하기 등을 포함하므로 마트에서 직접 요리재료를 고르는 등 관련 내용을 다루는 활동을 통해 지도할 수 있다. 또한 유아가 물건을 구매하고 영수증 받기를 생활화하는 것도 합리적 소비 태도를 기르는 데 도움이 된다.

(4) 희소성과 분배

희소성은 경제 개념에서 가장 핵심이 되는 개념으로, 부족한 자원을 어떻게 사용하며, 제한된 자원으로 어떻게 요구되는 수요를 잘 공급할 수 있는지가 경제 활동의 시작임을 유아가 알게 하도록 지도한다. 희소성의 개념과 관련해서는 유아에게 부족한 에너지와 에너지 보전과 관련한 내용을 다룰 수 있다. 부족한 자원이나 물건이 생기면 어떻게 분배하는지에 따라 모두가 사용하는 양이나 사용 기한이 달라질 수 있음을 생각해 보게 한다.

절약 개념은 원함 및 필요의 경험과 쉽게 연결되므로 절약을 알려 주기 위해 유아에게 자원이 제한되어 있음을 인식시키고, 생활 속에서 자신이 아낄 수 있는 것을 실천해 보게 한다. 예를 들어, 수돗물과 전기 절약, 음식 남기지 않기에 관해 이야기 나누기를 하고, 사회극 놀이 주제(은행, 레스토랑, 주유소, 여행사 등)를 통해 거래의 기회를 제공하면서 번 돈을 은행에 저축하는 경험을 하도록 함으로써 실제 생활에서 견학이나 특별 활동을 위해 돈을 저축하는 경험을 해 보게 한다.

유아에게 희소성에 따른 선택의 개념으로 기회비용에 대해 알려 줄 수 있다. 기회비용이란 어느 한 선택이 이뤄지면서 포기할 수밖에 없는 가장 높은 가치의 대안으로서 사람들은 원하는 모든 것을 동시에 가질 수 없으므로 상품이나 서비스를 선택할 때마다 기회비용이 생기게 된다는 것을 알려 준다. 즉, 각자 처한 상황과 가치관에 따라 눈에 보이는 돈보다 더 중요한 어떤 것을 선택할 수 있음을 알려 준다.

3) 유아 경제교육의 방법

(1) 생산과 소비의 체험 활동

생산과 소비에 대한 체험 활동은 원함과 필요 간의 차이를 구분하는 기회를 주고,

다양한 생산(직업)에 대해 이해하는 데 효과적인 교수 · 학습 방법이 된다. 예를 들어, 유아교육기관 근처의 다양한 가게를 비롯하여 시장, 마트 등으로의 견학을 계획하고 유아와 장보기 목록을 만들어 구매를 계획해 보는 경험을 한다. 구매하기 전에 자신이 어떤 종류의 물건을 가지고 있는지 조사하여 목록을 만들고 다음에 구매할 물건의 목록을 만든다. 어디에서 살 것인지, 어느 정도의 가격으로 살 것인지도 대략 생각하며 합리적 소비 태도를 기르도록 한다.

가정에서도 물건을 고르는 과정에서 부모 자신이 물건을 잘 비교해 보고 고르는 모습을 보여 주거나(예: 예쁜 디자인보다 튼튼함을 기준으로 가구 사기) 부모 혼자 결정하기보다 유아의 의견을 듣고 함께 결정하도록 안내할 수 있다. 또한 유아가 직접 돈을 지불하는 기회를 제공하면서 거스름돈 받기와 영수증 주고 받기 등의 구체적인 소비 경험을 해 보도록 한다.

(2) 극화 놀이

사회극 놀이 영역에서의 구체적인 경험은 경제적 개념 학습에 효과적인 교수 · 학습 방법이 된다. 따라서 교사는 역할놀이 영역에 생산, 서비스, 직업 등의 개념을 촉진시킬 수 있는 사회극 놀이를 할 수 있도록 다양한 소품을 제공한다. 경제생활과 관련한 극놀이 주제는 시장 놀이 외에도 도서관 놀이, 우체국 놀이 등 다양한 주제로 일어날 수 있다.

이를 위해 연간 생활 주제에 따라 극놀이 주제를 바꾸고 관련 소품과 자료, 책 등을 제공한다. 유아는 자신이 알고 있는 것을 역할놀이 영역의 소품을 사용하여 실제 행동으로 나타내 보고 탐색하는 기회를 가짐으로써 경제 개념을 보다 용이하게 이해할 수 있다.

(3) 토론 활동

합리적 소비를 위한 토론 활동을 유아의 일상에서 경제 활동을 해 본 경험, 즉 물건을 사 본 경험 발표하기, 원하는 것과 필요한 것 등의 이야기나누기를 통해 시작할 수 있다. 이외에도 합리적인 소비자가 되기 위한 방법에 대한 토론 활동으로 광고 분석하기, 사고 싶은 물건이 많을 때의 갈등 상황에 대한 이야기나누기, 절약하는 방법에 대해 소개하기 등으로 실시할 수 있다.

예를 들어, 구매를 하기 전에 유아가 다음과 같은 질문을 해 보도록 한다. '얼마나 오랫동안 쓸 수 있나?' '여러 가지 방법으로 사용할 수 있나?' '정말 필요한 것인가? 아니면 단순히 갖고 싶은 것인가?' '이 돈을 써 버리면 남아 있는 것이 무엇인가?' '이 사탕은 다른 것보다 더 맛있는가?' '이 인형은 TV 광고대로 움직이는가?' '어느 비누가 더 손을 부드럽게 하나?' 등에 대해 토론할 수 있다.

유아는 물건과 서비스 구매 시 소비자의 구매 욕구를 높이는 TV 광고의 영향을 많이 받으므로 허위광고에 대해 알고 합리적인 평가를 하도록 지도한다. 즉, 유아는 TV 프로그램과 광고의 차이를 구분하지 못하고, 물건을 팔려는 광고의 상업적 의도를 모르기 때문에 광고와 실제 물건의 가치를 비교하여 건전한 구매를 할 수 있도록 다음 사항을 염두에 두고 지도하여야 한다.

먼저 유아가 선호/비선호를 분명히 하도록 돕는다. 선호 혹은 비선호하는 내용을 토의하고 확인한 후, 선호하는 물건을 결정할 수 있도록 돕는다. 이때 유아가 차선의 물건을 선택하지 않는 이유를 설명하도록 하는데, 학교, 집, 이웃에서 좋아하는 물건을 나타내는 책자, 목록, 차트 만들기를 통해 선호를 명확히 할 수 있다.

함께해 봅시다 합리적 쇼핑리스트 만들기

1. 현재 자신이 갖고 싶은 물건의 쇼핑리스트를 적어 본다.
2. 작성한 쇼핑리스트가 필요한 이유를 적어 본다.
3. 각자 인터넷 검색으로 최적의 사양을 가진 모델을 찾아보고, 해당 모델의 장점과 단점을 조사한다.
4. 조사한 결과를 바탕으로 쇼핑리스트 중에서 꼭 사야 할 것을 세 가지 골라 본다. 그것을 고른 이유는 무엇인지 친구들에게 이야기하고, 친구들의 반응을 들어 본 후 우선순위를 결정한다.

5. 다문화

유아교육기관에서의 다문화교육은 유아가 각기 다른 인종과 성, 언어, 계층 등을 이해하고 존중하도록 하는 데 주 목적이 있다. 유아기의 다문화교육을 통해 유아와 가족의 삶을 긍정적으로 변화시킴으로써 다변화 사회에서 공동의 목표를 향해 생활하고, 의사소통할 수 있는 지식, 기술, 태도를 가질 수 있도록 준비시키는 교육이 다문화교육이다.

1) 유아 다문화교육의 개념과 목표

(1) 유아 다문화교육의 개념

다문화교육은 다양한 문화, 민족, 성, 사회적 계층의 배경을 가진 유아들이 공평한 교육적 기회를 가질 수 있도록 교육과정의 변화를 시도하는 총체적인 노력이다. 동시에 인종, 윤리, 언어, 종교, 정치, 고용, 사회 계층, 경험, 정신적 · 육체적 능력, 성, 기호, 연령 등에 의해 다르게 나타나는 인간의 행동에 대한 이해를 돕는 노력이다. 따라서 다문화교육이란 다양한 문화와 사고방식이 존재함을 당연한 것으로 간주하고, 서로 다른 문화로 인한 행동의 차이나 사고방식의 차이를 수용하고 이해할 것을 강조하는 교육이라고 할 수 있다.

유아의 다문화 개념이 다양성의 이해와 존중에서 시작한다는 측면에서 볼 때, 다문화 개념을 이해하는 발달단계는 〈표 4-9〉와 같이 제시할 수 있다(교육인적자원부, 2007).

표 4-9 다문화 개념의 발달단계

0~6개월	피부색의 차이에 주목함.
6개월~2세	신체적 특징, 의복, 언어, 정치적 성향에 기초하여 사람 사이의 차이점과 유사점을 인식하기 시작함.
2~3세	성이나 신체적 장애, 인종적인 측면에서 초보적인 편견이 나타나기 시작함.
3~5세	성 역할 고정화와 인종적인 편견, 자신과 다른 사람들에 대한 두려움이 나타나기 시작함.

(2) 유아 다문화교육의 목표

유아기는 인종이나 성, 사람들의 신체적 특징 등을 구분하기 시작하고, 특정 문화에 대한 인식을 그대로 받아들이기 쉬운 시기이므로 다양한 문화에 대한 편견을 가지지 않도록 교육해야 하는 시기이다.

따라서 유아기에 습득해야 하는 다문화교육의 목표를 교육인적자원부(2007)의 자료에 기초하여 제시하면 다음과 같다.

첫째, 인간은 민족, 인종, 성 등에 관계없이 평등함을 안다.

둘째, 문화적 다양성과 공통성을 이해하고 존중한다.

셋째, 공동체 안에서 서로를 존중하고, 협동하는 역할을 이해하며, 다문화 사회에서 함께 살아가는 데 필요한 긍정적인 태도를 길러 준다.

넷째, 겉모습이나 생활 방식은 달라도 인간으로서의 마음은 같음을 안다.

다섯째, 유아교육기관에 재원하고 있는 다문화 가정 유아의 적응과 학습을 돕는다.

2) 유아 다문화교육의 내용

유아 다문화교육의 내용을 살펴보면, 첫째, 자신의 정체성에 대한 긍정적인 이해를 돕고, 둘째, 서로 다른 문화적 차이를 인식하고 다양성을 존중하며, 셋째, 긍정적으로 상호 교류하고 협력하는 내용을 포함한다(최현정, 2011). 이에 여러 학자가 제시하는 다문화교육 내용을 정리하면 〈표 4-10〉과 같다(교육인적자원부, 2008; 김영옥, 2014; 조순옥 외, 2013).

표 4-10 유아 다문화교육의 내용

주요 개념	하위 내용
다문화 인식	• 다양한 개인과 집단의 인식과 다양성 존중 [거주(가옥 등), 음식, 직업, 언어, 문학, 음악, 춤, 기념일(축제), 종교, 예식, 문화유산, 일상생활, 가족 구조 등] • 다양한 문화 간의 유사점과 차이점 인식

평등성 이해	• 국가, 민족, 인종, 성, 신체적 능력, 사회계층은 다르지만, 인간은 모두 평등하다는 가치 이해 • 공동선에 대한 공통 가치 존중 • 다양한 개인과 집단에 대한 이해와 존중을 바탕으로 긍정적인 태도와 가치 형성
정체성 존중	• 유아의 문화 정체성에 대한 긍정적인 자아개념과 자아정체감 형성 • 유아가 속한 집단 정체성 형성
반편견교육	• 선입견, 편견, 고정관념 및 차별에 관한 비판적인 사고 형성 • 편견의 문제에 직면했을 때 대처할 수 있는 능력 함양
상호 의존성과 협력	• 공동체를 유지하기 위한 사람들의 노력과 일에 대한 이해 • 다양한 사람들과의 상호작용 능력과 협동 능력 함양

(1) 다문화 인식

유아교육기관에서는 유아가 주변 상황에서 만나게 되는 다양한 문화와 그 문화에 속한 사람들을 통하여 다양성을 이해하고 인식할 수 있도록 교육과정을 구성하고 전개한다. 사람마다 피부색과 머리색 등 생김새가 다를 수 있으며, 생김새가 모두 다르다는 사실 또한 인간의 특성임을 인식하도록 한다. 이 과정에서 특정 문화와 그 문화권의 사람들에 대하여 선입견이나 편견 없이 있는 그대로 이해하고 받아들일 수 있어야 한다.

이미 유아들에게 편견이 형성되어 있다는 것을 알게 된 경우에는 반편견 교육과정을 통하여 적극적으로 대처함으로써 다문화에 대해 올바른 시각을 가지도록 교육과정을 적절히 운영한다.

(2) 평등성 이해

유아는 다양한 문화적·인종적 배경을 가진 사람들의 차이점에 대해 찾아내고, 나와 다르다는 이유로 다른 문화와 그에 속한 사람들에 관하여 두려움을 가질 수 있다. 따라서 유아교육기관에서는 다양한 문화와 그에 속한 사람들의 유사점에 초점을 맞춰 교육 활동을 실시할 필요가 있다. 즉, 눈에 보이는 국가, 민족, 인종, 성, 신체적 능력, 사회계층은 다르지만, 인간은 모두 평등하다는 가치를 이해하도록 지도

한다. 무엇보다 모든 사람을 존중하고 소중하게 대해야 한다는 공동선에 대한 가치를 이해하고 모든 사람이 함께 지켜 나가는 것은 동일하다는 점을 이해시킨다. 공동선은 모든 사람이 공통적으로 추구하는 바른 선(善)에 대한 인식이다. 사람들 사이의 공동선과 유사점을 인식하고 있는 유아는 다른 사람들을 편견 어린 시선으로 보지 않게 되므로 다양한 사회에 속한 사람들을 예술, 집단 규칙, 사회적 조직, 기본적 욕구, 의사소통의 수단 등에서 서로 공유할 수 있는 공동체로 이어가도록 지도한다. 예를 들어, 피부색이 달라 보여도 인간이 희로애락의 감정을 느끼는 상황은 유사함을 알고 서로 평등한 상황에서 함께 행복하게 살아가야 하는 존재임을 이해시킨다. 다양한 개인과 집단에 대한 이해와 존중을 바탕으로 긍정적인 태도와 가치를 형성하도록 돕는다.

(3) 정체성 존중

유아는 자신의 인종, 국적 등에 대해 알고 문화에 대한 자랑거리를 찾아보며 긍정적인 자아개념을 형성한다. 따라서 유아가 속한 집단에 대해 긍정적인 면을 찾아보고 긍정적인 정체성을 형성하도록 돕는다. 그러나 유아가 자신의 문화집단이 최고라는 우월주의에 빠지지 않도록 다양성에 대한 존중과 함께 평등성의 개념을 동시에 지니도록 지도한다.

(4) 반편견교육

광의의 개념으로서 다문화교육은 각기 다름에 대한 선입견, 편견, 고정관념 및 차별에 대해 부당함을 인식하고 비판적인 사고를 형성하도록 돕는 것이다. 따라서 유아들이 문화가 다른 경우뿐만 아니라 개인의 외모와 능력, 성별 등에 대해서도 편견을 갖지 않도록 다루어야 한다. 특히 장애인에 대한 편견이나 성별에 대한 편견 등도 다문화교육에서 다룰 수 있다. 편견의 문제 상황이 어떠한 상황인지, 그런 상황에 직면했을 때 느끼는 부당함을 이해하고 대처할 수 있는 능력을 함양하도록 지도한다. 이는 매일의 일상생활에서 문제 상황에 대한 토론 등을 통해 문제점을 인식하고, 해결 방안을 유아들 수준에서 찾아가도록 지도한다.

무엇보다 교사 자신이 특정 문화에 대한 편견을 갖지 않도록 유의하고, 다양한 문화에 대해 지도할 때 관광하듯이 단편적 자료나 제시하기 등 표면적인 모습만 다루지 않는지 항상 체크하고 조심하도록 한다.

(5) 상호 의존성과 협력

효과적인 다문화교육의 방법으로는 사람은 모두 혼자 살 수 없으며 서로 함께 도움을 주고받으면서 살고 있다는 점을 인식시키는 것이다. 유아들은 유아교육기관에서 다양한 활동을 통하여 우리 사회의 모든 사람은 서로 도움을 주고받으면서 생활하고 있음을 알게 되고, 다양한 상호 의존성을 경험하게 된다. 유아들이 다른 사람에게 도움을 줄 수도 있고 동시에 기꺼이 도움을 받을 수도 있는 경험을 하며 서로 도울 수 있는 능력을 기른다.

나아가 지구상에 사는 모두가 하나의 공동체로서 전 지구적으로 일어나는 기후변화 등 위기 상황을 해결해 나가며, 이를 위한 사람이나 단체에 대해 알아보고 그들의 노력이 하나의 목표를 가지고 협력해 나가는 과정을 알도록 한다.

3) 유아 다문화교육의 방법

(1) 조사 활동과 현장학습

문화적 다양성은 각기 다른 문화에서 나타나는 서로 다른 점을 찾아봄으로써 인식할 수 있으며, 각 유아의 고유한 문화를 반영하는 문화적 정체성에 관한 활동을 연계하여 실시한다. 예를 들어, 유아들과 여러 문화권에 사는 사람들의 의식주에 대한 그림 자료나 서로 다른 점과 같은 점을 찾는 수학교구를 만들어 제공할 수 있다. 혹은 벤다이어그램 등을 활용하여 차이점과 유사점을 동시에 생각해 보도록 할 수 있다. 이는 좀 더 연령이 높은 유아들에게 적절하나 교사의 구체적인 상호작용과 함께 인간이 느끼는 감정은 인종이나 사회경제적 배경에 상관없이 모든 인간이 똑같다는 점 등에 대해 찾아내도록 상호작용할 수 있다.

문화적 다양성에 대한 관심은 구체적이며 실제적인 경험으로 이루어질 때 증폭되므로 옷과 음식, 춤과 음악 등을 조사할 수 있는 다문화박물관으로 현장학습을 다녀올 수 있다. 현장학습을 통한 조사 활동 시 교사는 유아들이 흥미 위주의 체험으로 끝나지 않도록 유의하여 상호작용하고, 모든 사람에게는 고유한 민족문화가 있다는 원리 안에서 문화적 다양성을 탐색하도록 한다.

또는 다문화 가족이나 지역사회의 구성원을 자원인사로 초대하여 유아들이 흥미있어 하는 문화에 대해 질문하고 긍정적으로 이해하는 분위기를 조성한다. 문화적 다양성에 대한 소개는 학급에 있는 유아 및 교사와 관련된 것부터 시작하여 지역사회에서 초청된 가족까지 다양하게 이루어질 수 있다. 다문화 가족의 좋은 점과 힘든 점 등에 대한 이야기를 들음으로써 유아들이 미처 인식하지 못한 점까지 생각해 볼 수 있는 기회를 마련한다.

(2) 반편견 토론 활동

다문화의 개념은 갈등 상황을 야기하는 반편견교육을 포함한다. 이는 교실 상황에서의 갈등 상황에 대한 토론 활동으로 연계할 수 있다. 즉, 교실에서는 서로의 생각이 다름으로써 다양한 갈등 상황이 수시로 일어나므로 유아들은 갈등 상황에 대처하면서 개인으로서의 존재에서 집단 안에서 기능할 수 있는 사회적 존재로 변화되어 가므로 편견과 해결 방안을 다룰 수 있는 토론 활동을 다음과 같이 수시로 실시한다.

첫째, 갈등의 원인에 대해 토론한다. 갈등의 원인은 다른 유아와의 관계에서 생기는 것이 대부분으로, 예를 들면 놀잇감이나 교재를 서로 먼저 하겠다고 갈등하거나 놀이 상황에서 혹은 문제를 해결하는 방안을 놓고 서로 갈등을 일으킬 때 일단 마음을 가라앉히도록 돕는다. 이후 갈등의 원인에 대해 서로 생각해 보도록 지도한다.

둘째, 다른 사람과의 관계에서 갈등이 생기는 근본적인 원인은 유아 내부에서 어려움을 해결할 수 없는 경우에도 생기는 것임을 인식하도록 돕는다. 예를 들어, 그림을 그릴지 점토놀이를 할지 결정하는 과정에서 다른 유아가 먼저 점토를 가져가 버려서 갈등이 생긴 경우, 사과를 받은 후에도 화가 안 풀린다면 유아 자신만의 방법으로 화를 조절하는 방안도 생각해 보도록 돕는다. 공격적인 감정이 증가하지 않고 자신의 감정을 다스릴 수 있는 방법과 갈등을 최소화할 수 있는 다양한 방안에 대해 유아들과 함께 토론해 보고, 갈등이 생겼을 때에는 평화적으로 문제를 해결할 수 있는 방법을 토론 내용에 포함시켜야 한다.

셋째, 교실 밖에서 일어나는 갈등 상황, 즉 부모의 다툼, 대중매체를 통하여 접하게 되는 다툼, 전쟁 등도 유아들이 경험하는 갈등 상황이라고 볼 수 있으므로 이에 대해 유아들이 평화적 해결 방안을 생각해 보는 조사 및 토론 활동을 실시할 수 있다.

(3) 협력 체험 활동

상호 의존성의 필요성을 알도록 유아들이 서로 함께 도움을 주고받으며 협력하는 체험 활동의 기회를 제공한다. 예를 들어, 함께 공 나르기, 눈 가리고 길 인도해 주기 등의 협동게임을 준비하여 유아들이 직접 상호 의존성을 체험하도록 한다. 이와 같은 실제적 활동 체험을 통해 유아는 협력의 필요성과 가치에 대해 느끼고, 협력하는 다른 상황에 대해 생각해 볼 수 있으며, 다른 사람에게 도움을 줄 수도 있고 동시에 기꺼이 도움을 받을 수도 있는 능력을 길러 준다.

또한 어려움을 느끼는 친구들에게 실제적인 도움을 줄 수 있는 방안에 대해 생각해 보는 기회를 제공하고 해결 방안을 직접 실천해 보도록 한다. 예를 들어, 유아 주변에서 혹은 다른 지역이나 나라의 어려운 상황에 처한 아이들에 대한 뉴스 혹은 동영상 자료를 준비하여 유아와 함께 보면서 자신이 그 상황이라면 어떨지 생각해 보고 상호작용해 보도록 한다.

이때 교사가 준비한 자료가 유아들에게 특정 문화나 인종에 대해 편견이 생기지 않도록 유의하여 준비하고 상호작용한다. 예를 들어, 교사는 유아들에게 구호 활동을 벌이고 있는 사회복지단체에 대한 소개를 하고, 어려움에 처한 친구들을 돕는 구체적이고 실질적인 해결 방안을 논의하도록 한다. 이때 유아들이 현재 돈을 버는 경제 활동을 하지 않으므로 돈을 직접 모아 보내는 방법보다는 유아들이 캠페인을 준비하고 포스터나 엽서 제작 등으로 기금을 마련하는 생산 과정을 경험하도록 돕는다. 무엇보다 어려움에 처한 아동들을 지속적으로 도울 수 있는 장기적이고 지속가능한 기부를 생각해 보게 한다. 예를 들어, 빈곤지역 주민들에게 염소 한 마리를 제공하는 기부를 통해 지역 주민들이 스스로 염소 젖을 짜고 치즈를 만들어 생산 활동을 하는 지속가능한 기부 활동을 소개하고 이에 대한 유아들의 아이디어를 모아 본다.

함께 해봅시다 벤다이어그램을 이용한 차이점과 공통점 찾기

1. 여러 인종의 사람들을 찍은 사진을 보여 준다.
2. 2인 1조로 벤다이어그램이 그려진 활동지를 나누어 주고, 사진 속 사람들의 공통점과 차이점을 찾아 목록을 적도록 한다.
3. 조별로 찾은 공통점을 발표하고, 인간이 살아가는 데 공통적으로 추구하는 공동선이 무엇인지 토의한다.

6. 통일

유아기는 도덕적 가치판단이나 자아개념, 타인에 대한 인식 및 이해가 발달하는 시기로서 남북한 사회의 동질성과 이질성을 편견 없이 받아들이는 태도를 가지고 통일 후 북한 주민들과 더불어 생활할 수 있는 태도를 형성하는 중요한 시기라는 점에서 통일교육을 시작하기에 효과적인 시기라고 할 수 있다(교육과학기술부, 2012). 특히 최근 남북평화와 화해의 분위기 속에서 유아는 미래의 통일된 나라에서 삶을 살아가야 할 통일세대이므로 이들을 위한 통일교육은 필요하다.

1) 유아 통일교육의 개념과 목표

(1) 유아 통일교육의 개념

교육과학기술부(2012)에서는 유아 통일교육 프로그램 개발 자료에서 통일의 개념은 분단 이전 상태로의 회귀가 아닌 자유, 민주, 인권 존중, 복지가 보장되는 발전된 민주국가 건설을 의미하는 것으로, 전쟁이 아닌 평화적인 방법으로 이루어져야 한다고 제안하였다. 이에 따라 통일의 개념은 외형적 통일뿐만 아니라 사회체제의 내면적 통합, 즉 구성원 간의 가치관의 통합과 합의를 토대로 하며 평화적, 자율적으로 보다 큰 사회체제로의 통합을 의미한다고 제시하였다.

이에 우리나라 통일교육의 방향은 「통일교육지원법」 제2조에 명시된 바와 같이 통일시대를 주도할 학생들에게 자유민주주의에 대한 신념과 민족공동체 의식 및 건전한 안보관을 바탕으로 통일을 이룩하는 데 필요한 가치관과 태도를 기르도록 하기 위한 교육을 지향하고 있다(통일교육지원법, 2012). 통일교육 지도 자료에 의하면, 통일교육은 통일시대를 주도할 학생들에게 민족공동체 의식과 민주시민 의식을 바탕으로 북한 사회에 대한 올바른 이해와 통일에 대한 합리적인 인식을 함양하고, 평화적인 방법으로 통일을 실현할 수 있는 의식과 태도를 기르는 것이라고 명시되어 있다(교육인적자원부, 2012).

따라서 유아 통일교육은 자유와 민주시민 의식에 대한 이해를 기초로 분단국가의 현실을 알고, 민족의 동일성을 이해하고 수용하는 민족공동체 의식을 함양하여 통일에 대해 합리적인 인식과 실천적 태도를 기르는 교육으로 정의할 수 있다.

(2) 유아 통일교육의 목표

이원영 등(2004)은 통일교육의 목표로 자유민주주의에 대한 신념과 건전한 안보관 형성, 한민족의 동질성과 이질성 이해, 평화 공존과 남북 화해 협력의 필요성 인식, 통일국가에 대한 상상력과 민주시민의 자질 함양을 제시하였다. 최근의 관점은 남북한 주민이 지금보다 더 평화롭고 풍요로운 환경 속에서 인간다운 삶을 누리기 위함이라고 보고 통일교육의 목적을 평화지향적 교육으로 본다(통일교육원, 2016).

따라서 통일교육원(2016)의 통일교육의 목표에 기초하여 유아 통일교육의 목표를 제시하면 〈표 4-11〉과 같다.

표 4-11 유아 통일교육의 목표

목표 범주	유아 통일교육의 목표
미래지향적 통일관 형성	• 자유의 의미와 민주시민 의식의 가치에 대해 이해하도록 함. • 민족의 동질성과 이질성을 인식하고, 민족공동체 의식에 대해 이해하도록 남북이 상호 조화롭게 융해될 수 있는 열린 마음의 통일관을 제시하여야 함.

건전한 안보관 형성	• 분단국가의 의미를 알고 남북한의 군사적 대치, 북한의 핵문제와 국제적 안보환경에 대해 생각해 보도록 함. • 국가안보는 한반도의 위협으로부터 우리 가족과 삶의 터전을 지키고 대한민국의 자유와 번영을 보호하기 위한 것임을 이해하도록 함. • 건전한 안보관을 바탕으로 안보 역량을 튼튼히 키울 때 우리의 통일 노력이 생산적인 결과를 가져올 수 있음을 인식하도록 해야 함.
균형 있는 북한관 형성	• 변화하는 북한의 실상을 있는 그대로 이해하면서 북한을 장차 민족공동체로 통합하기 위한 상대로 인식하도록 함. • 평화적인 통일을 위한 현실적인 정책 대안이 무엇인지 관심을 가지고 판단할 수 있는 안목을 갖출 수 있도록 해야 함.

2) 유아 통일교육의 내용

통일교육원(2016)은 통일교육의 이해를 대한민국 국민으로서의 정체성을 확립하는 데 필요한 것으로 인정하고, 남북한 간의 화해를 바탕으로 한 평화통일이어야 한다는 입장에서 남북한 간의 화해와 평화통일을 분리하여 정리하였다. 2016년『통일교육 지침서』에서는 통일시대를 이어 나갈 학생들에게 올바른 통일의식을 심어 주고 통일 문제를 객관적으로 판단할 수 있는 능력과 평화통일을 누릴 수 있는 능력을 갖추도록 하기 위하여 통일교육 내용범주를 통일 문제 이해, 북한 이해, 통일환경 이해로 제시하였다.

유아 통일교육 내용에 대해 교육과학기술부(2012)의 유아 통일교육 프로그램 자료에서는 남북한 간의 화해와 평화통일을 분리하여 네 가지 범주로 제시하였고, 이봉자(2014)는 평화지향적 유아 통일교육 프로그램을 구성하여 유아 통일교육의 내용으로 통일 이해, 북한 이해, 민족공동체 의식 함양, 집단 간의 공존, 세계와의 공존으로 내용범주를 확장하여 제시하였다.

이에 유아를 위한 통일교육 내용은 유아의 발달 수준에 맞추어 〈표 4-12〉와 같이 네 가지의 내용 요소를 다룰 수 있다.

표 4-12 유아 통일교육 내용

내용 범주	하위 내용
통일 이해하기	• 6 · 25 전쟁과 분단 현실 인식 • 대한민국의 자유민주주의와 시민의식 이해 • 통일을 위한 비용과 통일국가의 이익 이해 • 통일의 필요성 인식 • 우리나라의 통일 방안 인식
북한 이해하기	• 북한의 문화와 언어 이해 • 북한의 생활 이해 • 자유민주주의와 북한 주민의 인권 이해 • 북한 핵무기 개발 등이 남북한 관계 개선과 통일에 미치는 영향 인식
민족공동체 의식 함양하기	• 자랑스러운 한민족으로서의 역사적 정체성 인식 • 우리나라 고유의 전통 문화에 대한 관심 • 민족공동체 의식 증진을 위한 노력
평화적인 세계관 인식하기	• 남북 간 화해를 통한 평화의 의미 이해 • 갈등 상황에 대한 평화적 문제 해결 방법 이해 • 국가 간의 상호 협력적 관계에 대한 이해

(1) 통일 이해하기

통일 문제는 분단의 이해에서 시작하므로 유아들에게 6 · 25 전쟁이 일어난 배경에 대해 소개하고, 현재 우리나라는 휴전 상태의 분단국가라는 현실을 인식하도록 이야기 나눌 수 있다. 6 · 25 전쟁이 일어난 배경을 소개하면서 자유민주주의와 공산주의의 개념에 대해 자유경제에 대한 동화나 공동분배에 대한 경제적 개념을 다루는 이야기나누기 자료를 활용하여 유아 수준에서 이해할 수 있는 예시를 들고 장단점에 대해 토론하는 등의 노력이 필요하다.

무엇보다 유아가 통일에 대해 긍정적인 인식을 가질 수 있도록 대한민국 발전을 위해서는 통일이 필요하며, 통일을 이루기 위해 드는 비용과 추후 얻게 되는 이익 등을 생각해 보도록 한다. 예를 들어, 현재 휴대전화 개발에 필요한 희토류라는 희귀광물이 북한에 매장되어 있으며, 이를 남한의 테크놀로지와 결합할 때 부강한 자원과 기술국가로 성장할 수 있음을 소개할 수 있다.

(2) 북한 이해하기

통일 문제는 북한 사회에 대한 이해에서 시작한다. 무엇보다 남한과 북한이 분단되기 전에 같은 민족이었다는 점을 이해시키기 위해 북한과 남한에서 하는 같은 놀이와 풍습, 음식 등을 알아보는 것으로 교육 내용을 구성한다. 50년 넘게 다른 체제 속에서 생활하면서 남북한에는 다르게 사용하는 듯이 보이지만 같은 뜻을 지닌 언어를 사용하는 한민족임을 인식하고, 다양한 어휘를 익혀 보며 북한에 대해 친밀감을 형성하는 기회를 가질 수 있다.

무엇보다 북한 주민의 인권에 관심을 가지고 새터민이 생겨나는 이유를 다루며 인권보호에 대한 교육 내용을 다룬다. 나아가 북한 핵무기 개발 문제 등이 남북한 관계 개선과 통일에 영향을 미침을 인식하도록 한다.

(3) 민족공동체 의식 함양하기

통일의 필요성에 대한 이해를 위하여 유아들이 북한과 남한 주민이 모두 한민족으로서 민족공동체임을 인식하도록 전통과 문화의 동질성을 다루도록 한다. 북한 사회의 특성에 대해 유아들이 편견을 가지지 않도록 북한의 문화나 생활상이 현재 달라 보이지만 역사적 배경은 동일한 뿌리를 가지고 있다는 점을 인식하도록 북한의 문화재와 역사 이야기를 다룬다.

이에 하나의 민족공동체로서 자랑스러운 문화재와 자랑거리를 가진 남북한의 통일을 위해 이산가족 상봉, 남북정상회담 개최, 금강산 관광과 개성공단 개발 등 우리나라 사람들이 지속적으로 노력해 왔음을 알도록 하고, 과거 우리 정부와 현 정부의 통일정책을 소개하고 현실적인 통일 방안을 인식하도록 한다.

(4) 평화적인 세계관 인식하기

통일 문제를 갈등 상황에 대한 평화적 문제 해결의 측면에서 생각해 보도록 다양한 평화지향적 교육, 공존과 협력의 내용을 다룬다. 이를 위해 교실 내 갈등 상황 시 평화적으로 해결하는 방안에 대해 토론하는 활동부터 시작하여 전쟁의 의미와 전쟁이 사람들에게 미치는 영향에 대해 토론하기까지 평화지향교육의 내용을 확장할 수 있다.

3) 유아 통일교육의 방법

(1) 이야기나누기

유아들과 통일 문제를 다루기 위한 교육 방법으로는 관련 미디어자료 등을 활용한 이야기나누기를 다음과 같이 실시할 수 있다.

첫째, 분단국가가 된 배경과 통일의 필요성에 대해 사진, 그림, 동영상 자료 등을 활용하여 정보를 제공하고 유아의 궁금증에 대해 함께 알아가는 이야기를 나눈다. 유아들이 6 · 25 전쟁발발일, 전쟁이 일어난 배경, 분단국가의 의미 등에 대해 인식하도록 한다. 전쟁과 휴전 문제는 유아들에게 다소 어려울 수 있는 개념이므로 다양한 멀티미디어 자료를 활용하여 분단 문제를 인식하도록 이야기를 나눈다.

둘째, 통일의 필요성이나 북한 주민의 생활에 대해 유아들이 편견을 가지지 않도록 민족적 동질감을 인식하고 통일된 미래 사회에서 희망을 찾는 교육이 되도록 지도한다. 교사는 북한 주민들의 모습이 담겨 있거나 탈북 주민들의 인터뷰가 포함된 TV 프로그램 등을 활용하여 북한 주민의 생활이 남한 주민의 생활과 유사하며 행복을 추구하는 가치관을 가지고 있음을 이해하도록 이야기를 나눈다.

(2) 조사 활동

유아들과 함께 우리나라의 자랑스러운 역사와 문화에 대한 조사 활동을 해 봄으로써 역사적 정체성을 형성하고 문화에 대한 자긍심을 갖도록 할 수 있다. 예를 들어, 분단이 되기 전과 후의 우리나라 지도를 비교하며 지도의 모양은 같으나 휴전선이 생겨난 이유를 조사하고, 통일 방안을 생각해 보도록 하는 활동을 게임 등으로 진행할 수 있다. 역사적으로 우리나라를 빛낸 인물들에 대해 조사하고, 자랑스러운 문화재를 조사함으로써 자랑스러운 문화유산이 남한과 북한에 고르게 분포되어 있음을 인식하도록 할 수 있다. 남한에서 사용하는 단어 중 뜻은 같으나 다른 형태로 사용하는 북한말을 조사하면서 북한의 문화에 대해 관심을 가지도록 한다. 또한 유아가 관심 있는 음식이나 놀이가 북한의 음식이나 놀이와 어떻게 유사하게 나타나는지 조사하도록 함으로써 남한의 음식이나 놀이와 크게 다르지 않다는 민족적 동질감을 가질 수 있도록 상호작용한다.

또한 북한의 자연 특성과 그들이 가진 자원 등의 장점을 파악하도록 하면서 남한이 가진 자원의 한계와 북한이 가진 자원의 장점을 비교하도록 하는 탐구 활동을 하는 등 통일의 필요성을 보다 구체적으로 이해하도록 지도할 수 있다. 나아가 새터민의 인권침해 사례를 알아보고, 이들을 지원하는 방안이나 구호단체 등을 알아보며, 유아 수준에서 함께 협력할 수 있는 방법을 모색해 보도록 시도한다.

(3) 평화교육에 대한 토론과 체험 활동

교사는 유아에게 다소 어려운 개념인 민주주의의 가치에 대한 확신 및 민주시민의식 함양을 위해 동화를 활용한 토론 활동을 할 수 있다. 즉, 민주주의의 가치 등을 다룬 동화를 유아 수준에 맞추어 제작하거나 통일부 홈페이지에 탑재된 유아 대상 플래시 동화 자료 등을 활용하여 모든 인간이 추구하는 자유의지의 소중함 등에 대해 알아보고, 장점에 대해 토론해 보도록 연계한다.

무엇보다 우리 학급에서 일어나는 갈등 상황에 대해 평화적 해결 방안을 제안하고, 실제 체험하면서 긍정적인 결과를 느끼도록 지도한다. 이때 교사는 각 상황에 대한 그림 자료나 사진 자료 등을 활용하여 갈등 상황에서 민주시민적인 방식으로 해결하지 않을 경우 나타나는 문제점 등을 예측하도록 하거나 역할극 등으로 체험하도록 함으로써 유아들이 자유민주주의의 가치를 느껴 볼 수 있도록 지도한다.

나아가 남한과 북한의 협력 방안을 이해하기 위해 또래 협동 활동을 신체게임, 보드게임, 미술 활동 등으로 다양하게 체험하도록 함으로써 지구촌 모든 사람은 서로 도우며 함께 살아가는 존재임을 인식하는 평화지향적 세계관을 형성하도록 지도한다.

함께해 봅시다 통일의 필요성에 대한 토론

1. 새터민이 출연하는 TV 프로그램(예: 채널A의 〈이제 만나러 갑니다〉)을 시청하며 새터민의 인권이 존중되지 않는 사례를 조사한다.
2. 국제 사회에 북한 주민의 인권보호를 알릴 수 있는 방안을 조사한다.
3. 조사한 방법 중 예비교사들이 직접 도움을 줄 수 있는 방안에 대해 토론한다.

제3부

유아 사회교육의 운영

제5장

유아 사회교육과정 이해

1. 2019 개정 누리과정

1) 2019 개정 누리과정의 이해

2019 개정 누리과정은 3~5세 유아를 위한 국가 수준의 공통 교육과정으로 2020년 3월 1일부터 시행된다. 유치원 교육과정 고시문(교육부 고시 제2019-189호)의 내용을 바탕으로 2019 개정 누리과정의 성격, 인간상, 목적과 목표, 구성의 중점 내용을 정리하면 다음과 같다.

(1) 성격

개정 누리과정의 성격은 초등 교육과정과 연계하고 유아기의 고유한 특징을 반영하여 '유아 중심 및 놀이 중심'을 강조하고 있다. 누리과정은 3~5세 유아를 위한 국가 수준의 공통 교육과정이다(교육부, 보건복지부, 2019).

첫째, 국가 수준의 공통성과 지역, 기관 및 개인 수준의 다양성을 동시에 추구한다.

둘째, 유아의 전인적 발달과 행복을 추구한다.

셋째, 유아 중심과 놀이 중심을 추구한다.

넷째, 유아의 자율성과 창의성 신장을 추구한다.

다섯째, 유아, 교사, 원장(감), 학부모 및 지역사회가 함께 실현해 가는 것을 추구한다.

(2) 인간상

누리과정은 3~5세의 모든 유아에게 적용할 수 있도록 하였으며, 추구하는 인간상 구현을 위한 지식, 기능, 태도 및 가치를 반영하여 구성되었다. 2019 개정 누리과정에서 추구하는 인간상은 건강한 사람, 자주적인 사람, 창의적인 사람, 감성이 풍부한 사람, 더불어 사는 사람이다. 추구하는 인간상은 유아가 일상에서 놀이하며 배우는 현재의 모습에서 발견할 수 있으며 동시에 유아가 앞으로 배우며 성장해 가야 할 모습이기도 하다(교육부, 보건복지부, 2019). 누리과정이 추구하는 인간상은 다음과 같다.

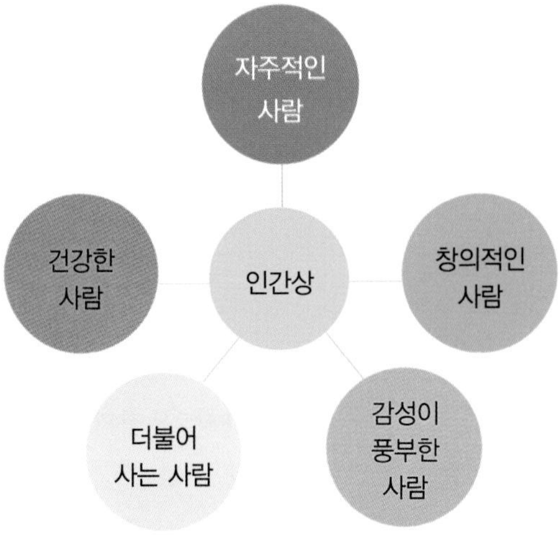

[그림 5-1] 추구하는 인간상

(3) 목적과 목표

2019 개정 누리과정의 목적은 유아가 놀이를 통해 심신의 건강과 조화로운 발달을 이루고 바른 인성과 민주시민의 기초를 형성하는 데에 있다. 이를 실현하기 위한 목표는 다음과 같다(교육부, 보건복지부, 2019).

첫째, 자신의 소중함을 알고, 건강하고 안전한 생활 습관을 기른다.

둘째, 자신의 일을 스스로 해결하는 기초 능력을 기른다.

셋째, 호기심과 탐구심을 가지고 상상력과 창의력을 기른다.

넷째, 일상에서 아름다움을 느끼고 문화적 감수성을 기른다.

다섯째, 사람과 자연을 존중하고 배려하며 소통하는 태도를 기른다.

(4) 구성의 중점

2019 개정 누리과정은 유아교육의 기본인 놀이를 중심으로 유아들의 배움을 지원하는 유아 놀이 중심 교육과정으로 제시되었다. 신체운동 · 건강, 의사소통, 사회관계, 예술경험, 자연탐구의 5개 영역을 중심으로 3~5세 유아가 경험해야 할 내용이 구성되었으며, 0~2세 보육과정 및 초등학교 교육과정과의 연계성이 고려되었다. 2019 개정 누리과정 구성의 중점은 다음과 같다(교육부, 보건복지부, 2019).

첫째, 3~5세의 모든 유아에게 적용할 수 있도록 구성한다.

둘째, 추구하는 인간상 구현을 위한 지식, 기능, 태도 및 가치를 반영하여 구성한다.

셋째, 신체운동 · 건강, 의사소통, 사회관계, 예술경험, 자연탐구의 5개 영역을 중심으로 구성한다.

넷째, 3~5세의 유아가 경험해야 할 내용으로 구성한다.

다섯째, 0~2세 보육과정 및 초등학교 교육과정과의 연계성을 고려하여 구성한다.

3~5세 연령별 누리과정에는 각 영역별 내용이 연령별로 소개되었으나, 2019 개정 누리과정에는 신체운동 · 건강, 의사소통, 사회관계, 예술경험, 자연탐구의 5개 영역별 목표 및 내용으로 제시되었다. 구체적인 사회교육과 관련한 목표와 내용은 사회관계 영역에서 보다 자세히 제시하고 있다.

2) 2019 개정 누리과정의 사회관계 영역

사회관계 영역은 유아가 자신에 대해 긍정적으로 생각하고, 자신과 함께 생활하는 사람들과 원만한 사회적 관계를 맺고 더불어 생활할 수 있는 능력과 태도를 다루는 영역이다. 사회관계 영역의 목표는 자신을 존중하고 더불어 생활하는 태도를 가지는 것이며, 세부 목표는 다음과 같다(교육부, 보건복지부, 2019).

(1) 목표

자신을 존중하고 더불어 생활하는 태도를 갖는다.

첫째, 자신을 이해하고 존중한다.

둘째, 다른 사람과 사이좋게 지낸다.

셋째, 우리가 사는 사회와 다양한 문화에 관심을 갖는다.

(2) 내용

사회관계 영역은 유아가 자신을 알고 소중하게 여기며 가족, 또래와 함께 원만하게 지내는 방법뿐 아니라 공동체에서 더불어 생활하는 방법을 익히고 사회에 관심을 갖는 것을 주요 내용으로 다루는 영역이다. 사회관계 영역의 목표와 내용범주는 유아가 자신을 이해하고, 존중하며, 친구와 가족 또는 다른 사람들과 사이좋게 지내며, 유아가 속한 지역사회와 우리나라의 다양한 문화에 관심을 갖는 내용으로 구성하였다(교육부, 보건복지부, 2019). 누리과정의 사회관계 영역의 내용은 〈표 5-1〉과 같다.

표 5-1 사회관계 영역의 내용

내용범주	내용
나를 알고 존중하기	나를 알고 소중히 여긴다.
	나의 감정을 알고 상황에 맞게 표현한다.
	내가 할 수 있는 것을 스스로 한다.
더불어 생활하기	가족의 의미를 알고 화목하게 지낸다.
	친구와 서로 도우며 사이좋게 지낸다.
	친구와의 갈등을 긍정적인 방법으로 해결한다.
	서로 다른 감정, 생각, 행동을 존중한다.
	친구와 어른께 예의 바르게 행동한다.
	약속과 규칙의 필요성을 알고 지킨다.
사회에 관심 가지기	내가 살고 있는 곳에 대해 궁금한 것을 알아본다.
	우리나라에 대해 자부심을 갖는다.
	다양한 문화에 관심을 갖는다.

출처: 교육부, 보건복지부(2019).

2019 개정 누리과정 해설서에서는 사회관계 영역의 세부 내용을 다음과 같이 제시하였다.

① 나를 알고 존중하기

유아가 자신을 나타낼 수 있는 것과 자신의 감정을 알고 상황에 맞게 적절하게 표현하며, 자신이 할 수 있는 것을 스스로 해 봄으로써, 긍정적인 자아존중감과 자율성을 경험하는 내용이다(교육부, 보건복지부, 2019).

표 5-2 '나를 알고 존중하기'의 내용이해 및 유아 경험의 실제

내용범주: 나를 알고 존중하기

목표 자신을 이해하고 존중한다.

내용 • 나를 알고 소중히 여긴다.
• 나의 감정을 알고 상황에 맞게 표현한다.
• 내가 할 수 있는 것을 스스로 한다.

내용 이해	유아 경험의 실제
나를 알고 소중히 여긴다. 유아가 자신을 나타내는 나이, 성별, 모습 등에 대해 알고, 자신을 소중히 여기며 가치 있는 존재로 느끼는 내용이다.	5세 반 유아들이 숨바꼭질을 하려고 모여든다. 유아가 "나는 진짜 잘 숨을 수 있어."라고 말하자, 다른 유아들이 "나도 잘하거든. 나는 몸이 작아서 아무 데나 숨을 수 있어." "나도 잘 숨거든!"이라고 말한다.
나의 감정을 알고 상황에 맞게 표현한다. 유아가 자신의 감정에 대해 알고 다양한 상황에서 자신의 감정을 적절하게 표현하는 내용이다.	이때 다른 유아가 "나도 할래." 하며 다가온다. 먼저 숨바꼭질을 하던 유아가 "너는 늦게 왔으니까 먼저 술래 해!"라고 말한다. 늦게 온 다른 유아는 "그런 게 어딨어! 네가 하기 싫어서 그런 거잖아. 가위바위보로 정해. 나도 술래하기 싫다고!"라고 말한다.
내가 할 수 있는 것을 스스로 한다. 유아가 자신이 할 수 있는 일을 알고 자신감을 가지며 자율적으로 실천해 가는 내용이다.	유아가 등원하자마자 선생님에게 오늘 자신이 도우미인 것을 확인하며 말한다. "저는 도우미하는 날이 좋아요. 저는 화분에 물주는 것도 잘하고, 친구들에게 간식을 나눠 주는 것도 잘할 수 있어요."라고 말한다. 선생님이 "그럼 오늘의 도우미는 제일 먼저 무엇을 할 생각이야?"라고 웃으며 묻자, "화분에 물 주러 가야지."라고 말하며 물을 뜨러 화장실 쪽으로 간다.

출처: 교육부, 보건복지부(2019), p. 84.

② 더불어 생활하기

유아가 가족의 의미와 소중함을 알며, 친구와 서로 돕고 양보, 배려, 협력하며 사이좋게 지내고, 사람들마다 감정, 생각, 행동이 각기 다름을 알고 존중하여, 친구와의 갈등을 여러 가지 긍정적인 방법으로 해결하는 내용이다. 또한 친구와 어른께 예의 바른 태도로 말하고 행동하며, 사회 공동체의 일원으로서 약속과 규칙의 필요성을 알고 지키는 내용이다(교육부, 보건복지부, 2019).

표 5-3 '더불어 생활하기'의 내용 이해 및 유아 경험의 실제

내용범주: 더불어 생활하기	
목표 다른 사람과 사이좋게 지낸다. 내용 • 가족의 의미를 알고 화목하게 지낸다. • 친구와 서로 도우며 사이좋게 지낸다. • 친구와의 갈등을 긍정적인 방법으로 해결한다. • 서로 다른 감정, 생각, 행동을 존중한다. • 친구와 어른께 예의 바르게 행동한다. • 약속과 규칙의 필요성을 알고 지킨다.	
내용 이해	**유아 경험의 실제**
가족의 의미를 알고 화목하게 지낸다. 유아가 자신의 가족 구성원을 알고, 가족과 함께 생활하며, 가족은 서로 돕고 살아간다는 것을 경험하는 내용이다. 가족구성원이 다양함을 이해하고 존중하는 내용이다.	4세 유아는 가족과 지냈던 일에 대해 그림을 그리며 웃으면서 말한다. "엄마, 아빠랑 캠핑을 갔는데 정말 재미있었어요. 아빠가 밥을 하고 고기를 구웠고, 엄마는 식탁을 차렸어요. 저는 물컵을 꺼냈어요. 밥을 다 먹고 나서, 같이 공놀이도 하면서 놀았어요."
친구와 서로 도우며 사이좋게 지낸다. 유아가 친구들과 함께 놀이하는 즐거움을 느끼고 친구와 서로 도우며 배려하고 협력하며 더불어 살아가는 내용이다.	유아들이 도화지에 물감을 흘리면서 무늬를 만들고 있다. 4세 수연이가 높은 위치에서 물감을 흘러내리게 하다가 물감이 현우의 팔에 튄다. 현우가 얼굴을 붉히며 "야! 내 팔에 물감이 튀었잖아!"라고 말하자 수연이는 "미안해, 이제 작게 뿌릴게."라고 말하며 아까보다 낮은 위치에서 물감을 흘러내리게 한다.

친구와의 갈등을 긍정적인 방법으로 해결한다. 유아가 친구와 갈등이 생겼을 때 자신의 감정과 생각을 제대로 표현하고, 배려, 양보, 타협 등을 통해 해결하는 내용이다.	유아들이 고무줄뛰기를 하고 있다. 고무줄뛰기를 하고 싶은 유아들이 많아지자 서로 먼저 뛰겠다고 큰소리로 이야기한다. 5세 유아들이 누가 먼저 할지 순서를 정해야 한다고 말한다. 이때, 우재가 “우리 먼저 온 순서대로 여기 이름을 적으면 되잖아.” 라고 말하더니 3세 도하 손을 잡아 이끈다. “도하야, 아까 네가 제일 먼저 왔지? 여기에 네 이름을 적어 봐. 못 적으면 형아가 적어 줄까?”라고 말한다.
서로 다른 감정, 생각, 행동을 존중한다. 유아가 다른 사람들의 감정, 생각, 행동에 관심을 갖고 감정, 생각, 행동이 서로 다를 수 있음을 이해하고 존중하는 내용이다.	5세 유아가 ‘가위바위보’하여 이긴 사람이 한 계단씩 올라가는 놀이를 한다. 먼저 계단을 올라간 두 유아가 계단을 다 오르지 못한 유아를 남겨 두고 미끄럼틀로 뛰어간다. 혼자 남은 유아가 “나 혼자만 여기 있잖아.” 하며 울먹이자, 미끄럼틀로 뛰어가던 유아가 되돌아와 친구의 어깨를 두어 번 토닥이며 “같이 가자.”라고 말한다. 그리고 손을 잡고 함께 계단을 올라 미끄럼틀 쪽으로 달려간다.
친구와 어른께 예의 바르게 행동한다. 유아가 친구와 어른께 배려, 존중, 공경하는 마음을 담아 예절을 실천하는 내용이다.	실내 놀이를 마친 뒤 5세 반의 몇몇 유아들이 놀이할 때 불편한 점이 있었다고 말한다. 하선이가 “우리끼리 약속 좀 만들어야겠다.”라고 말하자 유아들이 매트 위에 모여 앉았고, 진지하게 이야기를 나누며 놀이 약속을 정한다.
약속과 규칙의 필요성을 알고 지킨다. 유아가 다른 사람과 더불어 살아가기 위해 필요한 약속과 규칙이 있음을 이해하는 내용이다. 상황에 따라 필요한 약속과 규칙을 의논하여 정하고 지키는 내용이다.	다음날, 유아들끼리 정한 약속을 교사는 색종이에 적어 칠판에 붙여 준다. 한 유아는 놀이 약속 옆에 손가락 도장을 찍으며 “내가 지킬 수 있는 약속이 이거야.”라고 말한다.

출처: 교육부, 보건복지부(2019), pp. 85-87.

③ 사회에 관심 가지기

유아가 사회구성원으로서 자신이 사는 지역에 관심을 가지고 탐구하며, 우리나라의 상징, 언어, 문화를 알아 가면서 대한민국 국민으로서 긍지와 자부심을 가지는 내용이다. 그리고 다른 나라의 다양한 문화에 관심을 가지고 존중하는 경험을 담고 있다(교육부, 보건복지부, 2019).

표 5-4 '사회에 관심 가지기'의 내용 이해 및 유아 경험의 실제

내용범주: 사회에 관심 가지기	
목표 우리가 사는 사회와 다양한 문화에 관심을 가진다. 내용 • 내가 살고 있는 곳에 대해 궁금한 것을 알아본다. • 우리나라에 대해 자부심을 가진다. • 다양한 문화에 관심을 가진다.	
내용 이해	**유아 경험의 실제**
내가 살고 있는 곳에 대해 궁금한 것을 알아본다. 유아가 자주 접하는 가까운 주변 지역과 이웃에 대해 관심을 가지고, 궁금한 것을 알아 보며, 지역 구성원으로서 유대감과 소속감을 느끼는 내용이다.	유아들이 함께 블록으로 동네를 만든다. 유아들은 도서관을 만들면서 이야기를 나눈다. "여기는 도서관! 우리 도서관 가 봤지? 우리 동네에 도서관이 있으니까 좋다. 그치?" "응, 선생님한테 내일 또 도서관 가자고 말씀드리자."
우리나라에 대해 자부심을 가진다. 유아가 우리나라의 전통에 친숙해지고, 우리나라의 상징, 언어, 문화 등을 경험하면서, 우리나라에 대해 자랑스러운 마음을 가지는 내용이다. 다양한 문화에 관심을 가진다. 유아가 다른 나라의 다양한 문화와 생활양식에 대해 관심을 가지고, 문화의 다양성을 이해하며 존중하는 내용이다.	바깥 놀이터에서 유아들과 선생님이 이야기를 나눈다. 우재: 너희는 우리나라에서 누가 제일 좋아? 유아들: 이순신 장군! 세종대왕! 교사: 왜 좋아하는데? 시연: 한글을 만들었잖아요. 나는 한글을 진짜 못 쓰는데, 한번 보세요. (모래 바닥에 나뭇가지로 자신의 이름을 쓴다.) 유아들: 나도 내 이름 써야지, 아! 맞다. 내일 한글날이라 했지.

출처: 교육부, 보건복지부(2019), p. 88.

3) 누리과정 사회관계 영역의 신구 비교

2019 개정 누리과정의 사회관계 영역의 개정 내용에서 '나'와 관련된 세부내용은 '나를 알고 존중하기'로 통합하여 제시되었으며, 기존에 있던 자연을 소중히 여기는 내용은 자연탐구 영역으로 편성되었다. 또한 인성교육 내용이 강화되었으며, 문화의 다양성을 강조하는 내용으로 개정되었다. 3~5세 연령별 누리과정(2013)의 내용 중 편성 부분을 일부 수정한 2015 개정 누리과정의 사회관계 영역의 내용과 2019 개정 누리과정 사회관계 영역의 목표 및 내용을 비교하여 살펴보면 다음과 같다.

(1) 목표

2015 누리과정 사회관계 영역	2019 개정 누리과정 사회관계 영역
자신을 존중하고 다른 사람과 더불어 생활하는 능력과 태도를 기른다. 1. 자신을 소중히 여기며 자율성을 기른다. 2. 자신과 타인의 감정을 알고, 자신의 감정을 적절하게 표현하고 조절한다. 3. 가족과 화목하게 지내며 서로 협력한다. 4. 친구, 공동체 구성원과 서로 돕고, 예의 · 규칙 등 사회적 가치를 알고 지킨다. 5. 우리 동네, 우리나라, 다른 나라에 관심을 갖는다.	자신을 존중하고 더불어 생활하는 태도를 갖는다. 1. 자신을 이해하고 존중한다. 2. 다른 사람과 사이좋게 지낸다. 3. 우리가 사는 사회와 다양한 문화에 관심을 갖는다.

(2) 내용

<table>
<tr><th colspan="5">2015 누리과정 사회관계 영역</th><th colspan="2">2019 개정 누리과정 사회관계 영역</th></tr>
<tr><th rowspan="2">내용범주</th><th rowspan="2">내용</th><th colspan="3">세부 내용</th><th rowspan="2">내용 범주</th><th rowspan="2">내용</th></tr>
<tr><th>3세</th><th>4세</th><th>5세</th></tr>
<tr><td rowspan="5">나를 알고 존중하기</td><td rowspan="3">나를 알고 소중히 여기기</td><td>나에 대해 관심을 갖는다.</td><td>나에 대해 알아본다.</td><td>나에 대해 알아본다.</td><td rowspan="5">나를 알고 존중하기</td><td rowspan="2">나를 알고 소중히 여긴다.</td></tr>
<tr><td>나와 다른 사람의 차이에 관심을 갖는다.</td><td>나와 다른 사람의 차이점을 알아본다.</td><td>나와 다른 사람의 신체적 · 사회적 · 문화적 차이를 존중한다.</td></tr>
<tr><td>나를 소중하게 여긴다.</td><td>나에 대해 긍정적으로 생각하고, 나를 소중하게 여긴다.</td><td>나에 대해 긍정적으로 생각하고, 나를 소중하게 여긴다.</td><td>나의 감정을 알고 상황에 맞게 표현한다.</td></tr>
<tr><td rowspan="2">나의 일 스스로 하기</td><td>내가 할 수 있는 일을 알아본다.</td><td>내가 할 수 있는 일을 해 본다.</td><td>내가 할 수 있는 일을 스스로 한다.</td><td rowspan="2">내가 할 수 있는 것을 스스로 한다.</td></tr>
<tr><td>내가 하고 싶은 일을 선택해 본다.</td><td>하고 싶은 일을 계획하고 해 본다.</td><td>하고 싶은 일을 계획하고 해 본다.</td></tr>
<tr><td rowspan="3">나와 다른 사람의 감정 알고 조절하기</td><td rowspan="2">나와 다른 사람의 감정 알고 표현하기</td><td>자신에게 여러 가지 감정이 있음을 안다.</td><td>자신의 감정을 알고 표현한다.</td><td>자신의 감정을 알고 표현한다.</td><td colspan="2" rowspan="3"></td></tr>
<tr><td>다른 사람의 감정에 관심을 갖는다.</td><td>다른 사람의 감정을 안다.</td><td>다른 사람의 감정을 알고 공감한다.</td></tr>
<tr><td>나의 감정 조절하기</td><td>자신의 감정을 조절해 본다.</td><td>자신의 감정을 조절해 본다.</td><td>자신의 감정을 상황에 맞게 조절한다.</td></tr>
</table>

가족을 소중히 여기기	가족과 화목하게 지내기	가족의 소중함을 안다.	가족의 소중함을 안다.	가족의 의미와 소중함을 안다. 가족과 화목하게 지낸다.	더불어 생활하기	가족의 의미를 알고 화목하게 지낸다.
	가족과 협력하기	가족 구성원을 알아본다.	가족 구성원의 역할에 대해 알아본다.	다양한 가족 구조에 대해 알아본다.		
		가족을 위하여 내가 할 수 있는 일을 알아본다.	가족을 위하여 내가 할 수 있는 일을 알아보고 실천한다.	가족은 서로 도와야 함을 알고 실천한다.		친구와 서로 도우며 사이좋게 지낸다.
다른 사람과 더불어 생활하기	친구와 사이좋게 지내기	친구와 함께 놀이한다.	친구와 협동하며 놀이한다.	친구와 협동하며 놀이한다.		
		나와 친구의 의견에 차이가 있음을 안다.	친구와의 갈등을 긍정적인 방법으로 해결한다.	친구와의 갈등을 긍정적인 방법으로 해결한다.		친구와의 갈등을 긍정적인 방법으로 해결한다.
	공동체에서 화목하게 지내기	교사 및 주변 사람과 화목하게 지낸다.	도움이 필요할 때 다른 사람과 도움을 주고받는다.	다른 사람과 도움을 주고받고, 서로 협력한다.		
			교사 및 주변 사람과 화목하게 지낸다.	교사 및 주변 사람과 화목하게 지낸다.		서로 다른 감정, 생각, 행동을 존중한다.
	사회적 가치를 알고 지키기	다른 사람의 소유물을 존중한다.	정직하게 말하고 행동한다.	정직하게 말하고 행동한다.		
			다른 사람의 생각, 행동을 존중한다.	다른 사람을 배려하여 행동한다.		일상에서 예의를 지켜 행동한다.
		약속과 규칙을 지켜야 함을 안다.	친구와 어른께 예의 바르게 행동한다.	친구와 어른께 예의 바르게 행동한다.		
			다른 사람과 한 약속이나 공공규칙을 지킨다.	다른 사람과 한 약속이나 공공규칙을 지킨다.		약속과 규칙의 필요성을 알고 지킨다.
			자연과 자원을 아끼는 습관을 기른다.	자연과 자원을 아끼는 습관을 기른다.		
사회에 관심 갖기	지역사회에 관심 갖고 이해하기	우리 동네의 이름을 안다.	우리 동네에 대해 알아본다.	우리 동네에 대해 알아본다.	사회에 관심 가지기	내가 살고 있는 곳에 대해 궁금한 것을 알아본다.
		우리 동네 사람들에 관심을 갖는다.	우리 동네 사람들이 하는 일에 관심을 갖는다.	다양한 직업에 관심을 갖는다.		
			물건을 살 때 돈이 필요함을 안다.	일상생활에서 돈의 쓰임에 대해 안다.		
	우리나라에 관심 갖고 이해하기	우리나라를 상징하는 것에 관심을 갖는다.	우리나라를 상징하는 것을 안다.	우리나라를 상징하는 것을 알고 예절을 지킨다.		우리나라에 대해 자부심을 갖는다.
		우리나라의 전통놀이와 풍습에 관심을 갖는다.	우리나라의 전통놀이와 풍습에 관심을 갖는다.	우리나라의 전통, 역사, 문화에 관심을 갖는다.		
			우리나라에 대해 자부심을 갖는다.	우리나라에 대해 자부심을 갖는다.		
	세계 여러 문화에 관심 가지기		세계 여러 나라에 대해 관심을 갖는다.	세계 여러 나라에 대해 관심을 갖고, 서로 협력해야 함을 안다.		다양한 문화에 관심을 갖고, 문화의 다양성을 존중한다.
			다양한 인종과 문화에 관심을 갖는다.	다양한 인종과 문화를 알아보고 존중한다.		

출처: 육아정책연구소(2019).

2. 어린이집 표준보육과정

1) 어린이집 표준보육과정의 이해

제4차 어린이집 표준보육과정은 0~5세 영유아를 위한 국가 수준의 보육과정으로 2020년 4월 9일에 고시되어 2020년 9월 1일부터 시행된다. 어린이집 표준보육과정은 0~1세 보육과정, 2세 보육과정, 3~5세 보육과정(누리과정)으로 구성된다.

(1) 목표

어린이집 표준보육과정의 목적은 유아가 놀이를 통해 심신의 건강과 조화로운 발달을 이루고 바른 인성과 민주 시민의 기초를 형성하는 데에 있다. 이를 실현하기 위한 목표는 다음과 같다(보건복지부, 2020).

• 0~2세 보육과정 목표

첫째, 자신의 소중함을 알고, 건강하고 안전한 환경에서 즐겁게 생활한다.

둘째, 자신의 일을 스스로 하고자 한다.

셋째, 호기심을 가지고 탐색하며 상상력을 기른다.

넷째, 일상에서 아름다움에 관심을 가지고 감성을 기른다.

다섯째, 사람과 자연을 존중하고 소통하는 데 관심을 가진다.

• 3~5세 보육과정 목표

첫째, 자신의 소중함을 알고, 건강하고 안전한 생활 습관을 기른다.

둘째, 자신의 일을 스스로 해결하는 기초 능력을 기른다.

셋째, 호기심과 탐구심을 가지고 상상력과 창의력을 기른다.

넷째, 일상에서 아름다움을 느끼고 문화적 감수성을 기른다.

다섯째, 사람과 자연을 존중하고 배려하며 소통하는 태도를 기른다.

(2) 구성의 중점

어린이집 표준보육과정 구성의 중점은 다음과 같다(보건복지부, 2020).

첫째, 영유아는 개별적인 특성을 지닌 고유한 존재임을 전제로 구성한다.

둘째, 0~5세 모든 영유아에게 적용할 수 있도록 구성한다.

셋째, 추구하는 인간상 구현을 위한 지식, 기능, 태도 및 가치를 반영하여 구성한다.

넷째, 표준보육과정은 다음의 영역을 중심으로 구성한다.

- 0~1세 보육과정과 2세 보육과정은 기본생활, 신체운동, 의사소통, 사회관계, 예술경험, 자연탐구의 6개 영역을 중심으로 구성한다.
- 3~5세 누리과정은 신체운동·건강, 의사소통, 사회관계, 예술경험, 자연탐구의 5개 영역을 중심으로 구성한다.

다섯째, 0~5세 영유아가 경험해야 할 내용으로 구성한다.

여섯째, 초등학교 교육과정과의 연계성을 고려하여 구성한다.

0~1세 보육과정과 2세 보육과정은 기본생활, 신체운동, 의사소통, 사회관계, 예술경험, 자연탐구의 6개 영역을 중심으로 구성되었다. 표준보육과정에서 사회교육의 목표와 내용은 사회관계 영역에서 구체적으로 제시하고 있다. 이 장에서는 0~1세, 2세 표준보육과정을 중심으로 사회관계 영역의 목표, 내용 등을 살펴보고자 한다.

2) 0~1세 표준보육과정의 사회관계 영역

(1) 목표

0~1세 표준보육과정의 사회관계 영역의 목표는 다음과 같다.

나를 인식하고, 친숙한 사람과 관계를 맺는다.

첫째, 나를 고유한 존재로 안다.

둘째, 안정적인 애착을 형성하고, 또래, 교사와 함께 지낸다.

2) 내용

0~1세 표준보육과정의 사회관계 영역의 내용은 다음과 같다(보건복지부, 2020).

표 5-5 0~1세 표준보육과정의 사회관계 영역의 내용

내용범주	내용
나를 알고 존중하기	• 나를 인식한다. • 나의 욕구와 감정을 나타낸다. • 나와 친숙한 것을 안다.
더불어 생활하기	• 안정적인 애착을 형성한다. • 또래에게 관심을 가진다. • 다른 사람의 감정과 행동에 관심을 가진다. • 반에서 편안하게 지낸다.

3) 2세 표준보육과정의 사회관계 영역

(1) 목표

2세 표준보육과정의 사회관계 영역의 목표는 다음과 같다.

나를 알고, 다른 사람과 더불어 생활하는 경험을 한다.
첫째, 나를 알고 긍정적으로 여긴다.
둘째, 다른 사람과 즐겁게 지내기 위한 태도를 기른다.

(2) 내용

2세 표준보육과정의 사회관계 영역의 내용은 다음과 같다(보건복지부, 2020).

표 5-6 2세 표준보육과정의 사회관계 영역의 내용

내용범주	내용
나를 알고 존중하기	• 나와 다른 사람을 구별한다. • 나의 감정을 표현한다. • 내가 좋아하는 것을 한다.
더불어 생활하기	• 가족에게 관심을 가진다. • 또래와 함께 놀이한다. • 다른 사람의 감정과 행동에 반응한다. • 반에서의 규칙과 약속을 알고 지킨다.

생각해 봅시다

• 2019 개정 누리과정의 사회관계 영역과 3~5세 연령별 누리과정의 사회관계 영역'의 내용을 비교해 보고, 어떠한 차이점과 유사점이 있는지 이야기 나누어 봅시다.

제6장

유아 사회교육의 교수 · 학습 방법

유아 사회교육은 유아의 발달 수준이나 흥미, 문화적 배경 등을 고려해야 하며, 유아를 둘러싸고 있는 친구, 가족, 지역사회, 세계에 이르기까지 다양한 사회관계를 포함한다. 이러한 사회교육의 내용을 보다 효과적으로 전달하기 위해 영유아기에 적합한 다양한 교수 · 학습 방법이 필요하다. 이 장에서는 유아 사회교육의 운영을 위한 교수 · 학습의 원리, 교수 · 학습의 운영, 교수 · 학습의 방법, 교사의 역할 등에 대한 내용을 포함하였다. 이를 위해 2019 개정 누리과정(교육부 고시 제2019-189호)에서 제시하고 있는 편성 · 운영과 교수 · 학습을 살펴보고, 그에 기반하여 유아 사회교육의 교수 · 학습 방법을 제시하고자 한다.

편성 · 운영은 유치원과 어린이집에서 유아 · 놀이 중심 교육과정을 편성하고 운영하기 위해 고려해야 할 공통적 기준을 안내한 것이다. 다음 사항에 따라 누리과정을 편성 · 운영한다(교육부, 보건복지부, 2019).

첫째, 1일 4~5시간을 기준으로 편성한다.

둘째, 일과 운영에 따라 확장하여 편성할 수 있다.

셋째, 누리과정을 바탕으로 각 기관의 실정에 적합한 계획을 수립하여 운영한다.

넷째, 하루 일과에서 바깥놀이를 포함하여 유아의 놀이가 충분히 이루어지도록 편성하여 운영한다.

다섯째, 성, 신체적 특성, 장애, 종교, 가족 및 문화적 배경 등으로 인한 차별이 없도록 편성하여 운영한다.

여섯째, 유아의 발달과 장애 정도에 따라 조정하여 운영한다.

일곱째, 가정과 지역사회와의 협력과 참여에 기반하여 운영한다.

여덟째, 교사 연수를 통해 누리과정의 운영이 개선되도록 한다.

교수 · 학습은 유아가 즐겁게 놀이하며 스스로 배울 수 있도록 교사가 지원할 때 고려해야 할 사항으로 교사는 다음과 같은 사항에 따라 유아를 지원한다(교육부, 보건복지부, 2019).

첫째, 유아가 흥미와 관심에 따라 놀이에 자유롭게 참여하고 즐기도록 한다.

둘째, 유아가 놀이를 통해 배우도록 한다.

셋째, 유아가 다양한 놀이와 활동을 경험할 수 있도록 실내외 환경을 구성한다.

넷째, 유아와 유아, 유아와 교사, 유아와 환경 간에 능동적인 상호작용이 이루어지도록 한다.

다섯째, 5개 영역의 내용이 통합적으로 유아의 경험과 연계되도록 한다.

여섯째, 개별 유아의 요구에 따라 휴식과 일상생활이 원활히 이루어지도록 한다.

일곱째, 유아의 연령, 발달, 장애, 배경 등을 고려하여 개별 특성에 적합한 방식으로 배우도록 한다.

1. 교수 · 학습의 원리

유아 사회교육이 이루어지기 위해서는 효과적인 교수 · 학습 방법을 모색하여 교육이 이루어질 수 있도록 해야 한다. 2019 개정 누리과정에서는 교수 · 학습에 대한 내용으로 유아의 흥미에 따른 자유로운 놀이 참여, 놀이를 통한 배움, 놀이 경험 중심의 실내외 환경 구성, 능동적인 상호작용, 경험과 연계된 영역 간 통합, 개별 유아의 요구를 고려한 휴식과 일상생활, 개별 특성을 고려한 교수학습 등을 강조하고 있다. 2019 개정 누리과정에서 제시하고 있는 교수 · 학습 내용에 기초하여 사회교육의 원리를 제시하면 다음과 같다.

1) 흥미의 원리

유아가 자신의 흥미와 관심에 따라 놀이에 자유롭게 참여하고 즐기도록 하여 흥미 중심의 놀이가 이루어질 수 있도록 한다. 유아는 자신이 흥미 있는 활동에 보다 더 적극적이고 능동적으로 활동에 참여한다. 유아의 흥미를 중심으로 하는 사회교육은 교육의 자발성을 촉진하며 유아 주도적인 활동으로 이어질 수 있다. 개정 누리과정에서도 유아가 자신의 흥미와 관심에 따라 자유롭게 참여하고 주도하는 놀이를 강조하며 교사는 놀이에 대한 이해를 바탕으로 유아가 주도하는 놀이를 지원할 수 있어야 한다고 하였다(교육부, 보건복지부, 2019). 따라서 사회교육은 주변 환경이나 관심 정도에 따른 유아의 흥미를 고려하여 활동을 선택하고 지속할 수 있도록 하며, 유아의 흥미 정도를 알기 위해서는 교사의 지속적인 관찰을 통해 유아의 흥미나 관심 분야를 파악하고 다양한 기회를 제공해야 한다. 유아의 흥미가 지속적으로 유지되어 활동이 의미 있게 확장되기 위해서는 여러 활동을 단편적으로 경험하기보다는 흥미 있는 활동을 반복하고, 자신이 한 경험에 대해 생각할 기회를 제공하는 것이 필요하다.

2) 놀이의 원리

유아는 놀이를 통해 배우고 즐길 수 있도록 해야 한다. 2019 개정 누리과정은 유아교육의 기본정신인 '놀이'를 중심으로 유아들의 배움을 지원하는 유아 · 놀이 중심 교육과정을 제시하고 있다. 개정 누리과정의 목적도 유아가 놀이를 통해 심신의 건강과 조화로운 발달을 이루고 올바른 인성과 민주시민의 기초를 형성하는 데 있다고 제시하고 있으며, 유아 · 놀이 중심의 교육과정임을 강조하고 있다. 유아는 자신이 놀이를 선택하고 주도적으로 놀이에 참여할 수 있다. 능동적인 유아 사회교육이 이루어지기 위해서는 유아들이 자발적으로 놀이를 통해 배우고 이해할 수 있는 경험을 제공해 주어야 한다. 특히 영유아기 사회교육에서 놀이를 통한 교수 · 학습 방법은 효과적으로 이해될 수 있다. 예를 들어, 사회적 약속을 역할놀이를 통해 경험할 수 있도록 함으로써 자연스럽게 사회의 약속을 이해하는 데 도움이 된다. 성역할 등에 대한 내용도 역할놀이를 통해 경험될 때 보다 자연스럽게 이루어질 수 있다.

개정 누리과정에서도 놀이를 통한 유아의 배움을 강조하고 있다. 유아의 놀이는 교사의 지원을 통해 더욱 유의미한 배움이 될 수 있으며 교사는 다양한 방식으로 유아가 놀이를 통해 배우고 성장할 수 있도록 돕고 지원하는 역할을 해야 한다. 개정 누리과정은 유아가 놀이를 통해 경험하는 배움을 5개 영역과 연결 지어 이해할 수 있도록 안내하고 있다. 또한 놀이와 연계한 활동과 자율성을 바탕으로 유아의 놀이 배움 지원을 강조하고 있다(교육부, 보건복지부, 2019).

3) 경험의 원리

유아 사회교육은 생활 속의 다양한 경험을 통해 자연스럽게 습득될 수 있다. 유아는 생활 속의 다양한 경험을 통해 사회생활에 필요한 지식과 기술, 태도를 이해하고, 경험을 바탕으로 사회적 지식을 배워 나가고 활용한다. 예를 들어, 초록 불에 횡단보도를 건너야 하는 것은 학습적으로 배우는 것보다 생활 속에서 경험하여 사회의 약속을 이해하고 필요성을 인식해 나가는 과정이 중요하다. 유아가 생활 속에서 하는 경험은 유아에게 가장 가깝고 친숙하며 구체적이고 직접적이다. 따라서 유아는 가장 가까운 곳에서 일어나는 일상을 중심으로 지식, 기능, 태도 및 가치를 배워 나가는 것이 바람직하다(교육과학기술부, 보건복지부, 2013a). 특히 유아 사회교육은 유아 자신과 주변에서 발생하는 익숙한 것으로부터 시작하는 것이 좋다. 예를 들어, '황사'라는 어려운 소재의 내용도 아침에 황사 때문에 마스크를 하고 온 유아에게는 황사가 어려운 개념으로만 이해되는 것이 아니라 생활 속에서 유아와 관련 있는 내용인 것이다. 이처럼 유아는 자기 주변에서 일어나는 일들에 관심을 가지고 다양한 경험을 통해 사회 현상에 관심을 갖게 된다.

이에 교사는 자율성을 바탕으로 유아의 놀이상황과 맥락에 따라 다양한 방식으로 융통성 있게 유아의 경험과 연계하여 지원할 필요가 있다(교육부, 보건복지부, 2019).

4) 상호작용의 원리

유아 사회교육의 교수 · 학습을 위해서는 유아와 교사, 유아와 유아, 유아와 환경 간에 능동적인 상호작용이 이루어지도록 한다. 개정 누리과정에서도 유아는 놀이에서 또래 친구와 교사, 자연 환경 등과 적극적으로 상호작용하면서 세상을 이해하고 배움을 이루어 간다고 하였다. 교사는 유아가 놀이에서 만나는 다양한 관계에 관심을 기울이고 함께 상호작용을 하며 배움을 지원해야 한다(교육부, 보건복지부, 2019). 또한 교사가 유아에게 일방적으로 질문하고 답하는 방식은 상호작용이 아니므로 유아와 교사, 유아와 유아가 서로 생각을 나누면서 함께 교육할 수 있도록 하는 것이 중요하다. 유아는 교사나 또래와 개별적으로 또는 집단으로 상호작용하면서 새로운 지식과 기능을 습득하고 태도를 형성해 간다(교육과학기술부, 보건복지부, 2013a). 예를 들면, 유아들은 친구와 가게 놀이를 하며 물건을 사고파는 것에 관심을 가지고 생활 속에서도 활용할 수 있게 된다. 또래나 교사와의 상호작용은 유아의 사고를 확장시키고, 새로운 개념에 대한 이해를 높일 수 있게 한다.

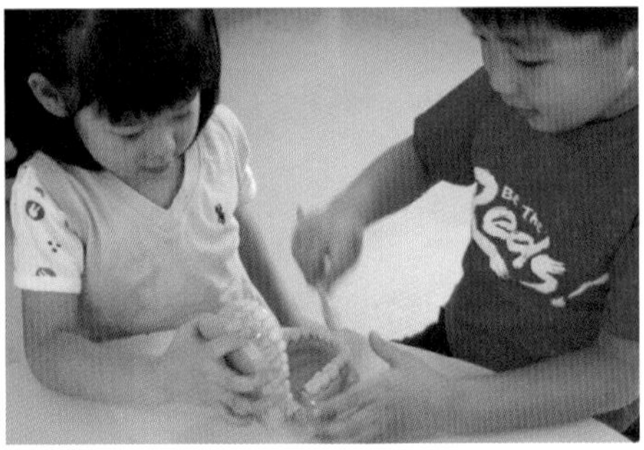

5) 통합의 원리

5개 영역의 내용이 통합적으로 유아의 경험과 연계되도록 한다. 또한 사회교육은 주제를 중심으로 통합적으로 이루어져야 하며 영역 간의 통합적인 교수 · 학습이 되도록 해야 한다. 주제를 탐구하기 위해 유아는 여러 활동을 하게 되는데, 이 활동들은 서로 연관됨으로써 주제에 대해 효과적이고 깊이 있게 이해할 수 있게 된다(교

육과학기술부, 보건복지부, 2013a). 예를 들어, '우리 동네'라는 주제에서 지도 활동을 통해 우리 동네에 대한 이해를 높이고 미술과 통합하여 지도 그리기 활동, 수과학과 통합하여 공간 개념에 대한 내용을 다룰 수 있다. 과거의 지도와 오늘날의 지도를 보며 우리 동네의 역사에 관심을 갖고 우리 동네 구성원으로서의 자부심과 역할에 대한 내용으로도 심화될 수 있다.

개정 누리과정에서는 5개 영역의 내용이 유아가 놀이를 하며 통합적으로 경험하는 것임을 강조하며, 5개 영역의 내용은 정해진 주제 이외에도 유아의 관심과 흥미에 따라 다양하게 통합할 수 있다고 하였다(교육부, 보건복지부, 2019). 사회교육은 주제와 영역 간의 통합적인 접근을 통하여 유아들의 교수 · 학습이 더욱 촉진될 수 있다. 통합적인 교수 · 학습 과정에서 사회교육의 주제를 포괄적으로 다룰 수 있는 내용의 범위와 수준을 결정하고 유아가 익숙한 것으로부터 활동이 이루어지도록 한다. 또한 구체적이고 직접적인 경험을 통해 유아의 흥미를 살릴 수 있도록 한다.

6) 개별화의 원리

유아는 같은 연령이라도 각자 경험의 내용과 범위, 관심사, 학습 능력, 발달 수준, 가정의 문화 등 많은 부분에서 서로 차이가 있다. 그러므로 유아의 연령, 발달, 장애, 배경 등을 고려하여 개별 특성에 적합한 방식으로 배우도록 하며, 개별 유아의 요구에 따라 휴식과 일상생활이 원활히 이루어지도록 한다(교육부, 2019). 유아는 서로 다른 관심과 능력을 가지고 있으며 다양한 맥락 속에서 자신만의 방식으로 놀이

하고 배운다. 따라서 교사는 유아의 특성에 적합한 지원을 위해 발달적 특성이나 장애 정도, 문화적 배경을 우선적으로 파악해야 한다(교육부, 보건복지부, 2019). 그러므로 유아의 관심 정도와 발달 수준을 고려한 다양한 수준의 활동을 제공하여 유아들이 적절한 활동을 선택하도록 해야 한다. 유아들의 개별적인 요구를 수용하여 유아의 자율성과 다양성이 촉진될 수 있도록 구성한다.

2. 교수 · 학습의 운영

유아 사회교육은 계획하고 실행하고 평가하는 교수 · 학습 과정에 따라 이루어지며, 이 과정은 순환적 구조를 지닌다. 유아들의 흥미와 발달 수준에 맞는 유아 사회교육 활동을 계획하고, 사회교육에 대한 실제적 방안을 이해하며, 다양한 적용 방안을 모색해 볼 수 있다. 이러한 사회교육은 유아의 놀이를 지원하고 확장하기 위한 활동으로 운영된다. 평가를 통하여 유아 사회교육의 계획 및 실행에 반영하고, 지속적으로 사회교육 수업이 잘 이루어질 수 있도록 구성한다.

1) 내용 선정

사회교육의 내용을 선정하기 위해서는 교사가 일상생활 속에서 유아들을 관찰하고 유아들의 흥미와 관심이 무엇인지를 파악할 수 있어야 한다. 이를 위해 유아들이 일상생활에서 다양한 경험을 할 수 있도록 돕고, 유아의 발달 수준이나 흥미를 고려하여 내용을 선정한다. 또한 유아 사회교육의 내용을 선정할 때에는 사회의 요구나 관심, 유아가 속한 인적 · 물적 환경을 고려하여야 한다. 지역사회의 지리적 특징이나 사회적 관심사, 운동경기, 선거, 축제 등과 같이 유아가 특별히 관심을 보이는 내용이 포함될 수 있다. 이와 같은 내용으로 유아 사회교육을 위한 내용 선정 시 포함해야 할 점을 정리하면 다음과 같다.

첫째, 유아가 흥미와 관심을 보이는 유의미한 내용을 선정한다.

둘째, 3~5세 유아가 경험해야 할 내용으로 구성한다.

셋째, 유아의 수준이나 발달 정도에 적절한 내용을 선정한다.

넷째, 유아와의 상호작용을 촉진할 수 있는 내용을 선정한다.

다섯째, 유아의 일상생활과 관련이 있는 내용을 선정한다.

여섯째, 지역사회나 특별한 사회 현상들이 포함될 수 있다.

유아 사회교육은 유아들에게 적합한 수준의 내용인지, 유아들이 능동적으로 참여할 수 있는 내용인지를 확인하여야 한다. 유아 사회교육이 효과적으로 잘 운영되기 위해서는 유아에게 구체적이고 친근한 내용에서부터 시작될 수 있도록 하며, 계열성을 고려하여 접근하도록 한다. 유아 사회교육의 교수 · 학습의 운영 시 고려해야 할 점을 구체적으로 살펴보면 다음과 같다.

첫째, 유아들에게 익숙하고 친근한 내용부터 접근한다. 유아들에게 처음부터 너무 낯설거나 어려운 내용을 제시하면 내용을 어렵게 느끼거나 나와 관련이 없는 내용으로 여길 수 있다. 따라서 유아들이 일상생활에서 경험하였거나 친숙한 내용으로 유아 사회교육 내용을 구성한다. 예를 들어, 다양한 가족에 대한 내용을 선정할 때 나의 가족, 친구의 가족, 이웃의 가족 등으로 확장하면 익숙한 가족으로부터 점차 다양해지는 가족의 유형을 보다 쉽게 이해하는 데 도움이 된다. 활동내용을 친근한 것부터 점차 낯선 것으로 구성하여 유아들이 자연스럽게 활동에 흥미와 관심을 가질 수 있도록 한다.

둘째, 구체적인 내용부터 추상적인 내용으로 구성한다. 유아들은 실제로 볼 수 있거나 만질 수 있는 구체적인 내용을 통해 보다 쉽게 이해하게 된다. 예를 들어, 과대 포장에 대해 이야기를 나눌 때 환경 문제를 바로 제시하기보다는 과대 포장이 된 물건을 사 본 경험부터 전개한다면 보다 쉽게 과대 포장 문제에 대한 접근이 이루어질 수 있다. 이렇게 구체적인 경험이나 실물의 활용은 유아의 이해를 돕고 흥미를 높일 수 있다. 다양한 실물 자료를 활용하고, 유아들이 직접적이고 구체적인 경험을 할 수 있는 기회를 많이 제공하도록 한다.

셋째, 쉬운 내용부터 어려운 내용으로 구성한다. 사회 현상과 사회과학 지식에 대한 내용을 유아 수준에 맞는 내용으로 구성하되, 쉬운 내용부터 어려운 내용으로 심화 있게 이루어져야 한다. 예를 들어, 지도를 활용하여 사회교육을 할 때 주변의 간단한 지도부터 다른 지역의 복잡한 지도로 점차적으로 구성되도록 한다. 또한 지나치게 어려운 내용은 유아들의 흥미를 잃게 할 뿐만 아니라 유아들의 능동적인 참여를 어렵게 한다. 예를 들어, 지역의 특산물에 대한 이야기를 나눌 때 단순히 특산물과 지역을 연결해 보는 활동은 유아들에게 어려운 활동이 될 수 있다. 주변에서 흔히 볼 수 있는 익숙한 ○○김, ○○쌀 등과 같이 지역명이 있는 포장 상자를 탐색해 보고 관심 있는 지역을 지도에서 찾아보는 활동은 특산물을 보다 쉽게 이해하는 데 도움이 된다.

넷째, 유아 사회교육의 지식을 반복하고 확장시킨다. 이것은 내용의 위계를 고려하여 유아 사회교육의 내용을 반복하고 심화하는 것이다. 예를 들면, 3세에는 다른 사람의 감정에 관심을 갖는 내용을 이해하고, 4세가 되면 다른 사람의 감정을 인식에 대한 내용으로 확장한다. 5세에는 다른 사람의 감정을 알고 공감하는 내용으로 심화한다. 이와 같은 연령의 위계성을 고려하여 적절한 교육내용이 선정될 수 있도록 해야 한다.

2) 활동 구성

(1) 도입

교육 활동을 운영하는 데 있어서 도입은 유아들의 동기를 유발하고 흥미를 끌 수 있는 중요한 단계이다. 도입은 유아들에게 주제에 대한 관심을 높여 수업에 대해 호기심을 높일 수 있게 하는 과정이다. 사회교육 활동 시 적절한 도입은 유아들이 활동에 대한 관심과 흥미를 높일 수 있고, 활동을 보다 쉽게 접근할 수 있도록 한다.

시펠트(Seefeldt, 2005)는 유아 사회교육의 도입에서 토론, 경험, 시청각 자료, 준비된 환경 등을 통해 유아의 호기심을 높일 수 있다고 하였다. 유아 사회교육 활동은 계획되고 준비된 내용만으로 시작되는 것이 아니라 일상생활 속에서 우연히 발생하는 경험부터 유아 사회교육이 시작될 수 있다. 예를 들면, 감기에 걸린 유아의 이야기가 건강 주제의 시작이 될 수 있으며, 떨어진 쓰레기를 보고 환경 주제로 활동이 이어질 수 있다. 또는 유아의 생활 속 경험을 통해 토론 주제를 정할 수 있다. 예를 들면, 쌓기 영역을 이용하는 방법에 대한 문제가 발생했을 때 유아들을 쌓기 영역의 이용에 대한 토의로 이끌 수 있다.

유아 사회교육 활동의 도입 시 다양한 방법이 활용될 수 있다. 유아 사회교육 운영에서 활용될 수 있는 도입 방법으로는 실물 자료, 시청각 매체, 인형, 도서의 활용 등이 있으며, 이외에도 경험 회상이나 수수께끼 등 다양한 방법이 활용될 수 있다. 유아 사회교육 활동의 도입 방법을 정리하면 다음과 같다.

① 실물 자료

도입에서 일상생활에서 흔히 볼 수 있는 친숙한 실물 등을 활용하여 활동에 대한 흥미와 관심을 높일 수 있다. 예를 들면, 황사에 대한 수업을 실시할 때 황사에 대한 이야기를 바로 전개하는 것보다 교사가 실물 자료인 마스크를 제시하면서 왜 아침에 마스크를 쓰고 왔는지 혹은 감기에 걸리지 않았는데 마스크가 필요한 이유 등에 대해 이야기를 나눈다. 마스크라는 실물을 통해 유아들에게 황사에 대한 이야기에 쉽게 접근할 수 있도록 돕는다. 도입에서 실물을 적절히 활용하면 주제에 대한 관심을 높이고 보다 쉽게 내용을 이해하는 데 도움을 준다.

② 경험 회상

도입에서 자신이나 타인의 경험을 활용하면 활동의 친근함을 높일 수 있다. 경험에 대한 접근은 사회 현상의 일들이 나와 우리의 삶에 밀접한 관련이 있음을 인식하게 하는 데 유용하다. 예를 들면, 화폐에 대한 이야기를 전개하기 전에 가게에서 물건을 사 보았던 경험에 대해 이야기를 나누고 물건을 사는 데 필요한 것들을 회상해 볼 수 있다. 경험에 대한 이야기는 전개에서 다루어지게 될 내용을 이해하고, 유아의 경험을 통한 능동적인 활동 전개를 도울 수 있다.

③ 짧은 이야기나 사연이 있는 인형

유아 사회교육 운영 시 유아가 일상생활 속에서 접하기 어려운 내용에 대해 인형이나 편지, 이야기를 활용할 수 있다. 예를 들면, 아프리카 지역의 날씨에 대한 이야기를 나눌 때 도입에서 아프리카에서 온 편지글이나 인형을 소개함으로써 흥미를 끌 수 있다. 이와 같은 방법은 유아들에게 이야기 전달을 보다 쉽게 할 뿐 아니라 감정이입 효과를 줄 수 있다.

④ 미디어 활용

최근에는 인터넷을 통한 다양하고 풍부한 자료 활용이 용이해졌다. 사회의 문제나 관심거리를 보다 쉽게 접근하기 위해 인터넷 자료, 신문이나 잡지와 같은 여러 미디어를 사용할 수 있다. 미디어를 도입에 활용하는 예로는 유아들이 관심을 가지고 있는 사회적 이슈 주제와 관련된 뉴스나 신문 기사를 소개함으로써 전개로 이어질 수 있도록 하는 방법이 있다.

이외에도 다양한 방법이 활용될 수 있으며, 도입뿐 아니라 전개, 마무리 단계에서도 활용될 수 있다. 효과적인 방법을 활용하면 사회교육 활동을 유아들이 보다 쉽게 접근할 수 있도록 도울 수 있다.

(2) 전개

유아 사회교육의 활동을 전개할 때에는 이야기나누기 및 토의 활동, 지역사회 견학, 다른 영역과의 통합 등 다양한 활동을 통하여 이루어지게 된다. 유아 사회교육 활동을 전개할 때에는 교육목표가 적절하게 수립되어 있는지, 유아들의 사회적 지식, 기술, 태도를 확장시켜 줄 수 있는 내용인지 등을 고려하고, 내용에 맞는 적절한 매체를 사용하도록 한다. 또한 유아의 학습 동기를 높이고 흥미가 지속될 수 있도록 유아의 학습 참여의 기회를 다양하게 제공하는 것이 필요하다.

사회교육의 전개는 내용에 따라 다양한 방법과 과정으로 운영될 수 있다. 특히 유아 주변의 문제를 인식하고 문제를 제기하여 해결해 가는 과정을 통해 유아 사회교육이 이루어질 수 있다. 이러한 과정을 전개할 때에는 문제 인식, 문제 제기, 문제 해결의 과정을 통해 전개될 수 있다. 문제 인식은 일상생활의 경험을 통해 발견된 문제나 어려운 점 등에 대해 인식하는 단계이다. 문제 제기는 유아들이 인식한 문제의 이유나 다양한 사례를 통해 문제를 제기하고 문제점을 찾아내는 단계이다. 문제 해결은 제기된 문제를 해결하기 위한 다양한 방법을 모색하는 단계이다.

예를 들면, '과대 포장'에 대한 내용을 전개할 때 생활 속에서 과대 포장을 경험했던 일에 대해 이야기해 보고, 실제 과대 포장이 된 실물 자료를 살펴보면서 문제점과 해결 방법에 대해 이야기를 나눌 수 있다.

표 6-1 문제 해결을 위한 수업과정

문제 인식		문제 제기		문제 해결
일상생활의 경험을 통해 인식된 문제나 어려운 점	⇨	문제의 이유나 다양한 사례를 통한 문제 제기	⇨	문제를 해결하기 위한 다양한 방법 모색

[글상자 6-1] 과대 포장 활동의 예

놀이경험

추석을 지내고 한 유아가 가져온 선물 포장 상자에 유아들이 관심을 보이며 다양한 포장 상자를 탐색하였다. 유아들은 포장 크기에 대한 다양한 의견 차이를 보였다. 이에 대한 해결 방안 모색을 위해 이야기나누기 활동이 제안되었다.

① 문제 인식: 과대 포장의 문제점에 대해 이야기 나눈다.
(같은 내용물이 들어 있는 포장이 큰 상자와 작은 상자 제시)
–물건을 살 때 이것들 중 어떤 것을 사고 싶니?
–왜 그렇게 생각하니?
–물건은 작은데 왜 이렇게 포장을 크게 한 것일까?
–이렇게 포장만 컸던 다른 물건을 보거나 산 경험이 있니?

② 문제 제기: 과대 포장을 하는 이유에 대해 이야기 나눈다.
–포장이 크다고 다 좋은 걸까?
–왜 이렇게 포장을 크게 한 것일까?
–포장이 너무 크면 어떤 점이 좋을까?
–포장이 너무 크면 어떤 점이 좋지 않을까?
–큰 상자에서 나온 포장 쓰레기는 어떻게 될까?

③ 문제 해결: 불필요한 포장을 줄일 수 있는 방법에 대해 이야기 나눈다.
–포장은 왜 필요한 걸까?
–물건들을 어떻게 포장하는 것이 좋을까?
–포장을 하지 않거나 간단히 하여 물건을 사고파는 방법은 무엇일까?

(3) 마무리

마무리 활동은 주제에 관해 어떤 내용을 다루었는지 돌아보고 평가해 보는 시간이다. 유아들이 무엇을 경험하였고, 수업을 통해 느낀 점 등을 평가할 수 있으며, 다음 활동에 대한 제안이 이루어질 수 있다. 또한 추가적으로 포함하고 싶은 내용이나 더 알고 싶은 내용에 대해서도 마무리 활동으로 포함할 수 있다. 이러한 마무리 활동을 통해 다음 활동에 대한 계획을 제공하며, 확장된 활동을 전개해 나갈 수 있게 된다. 유아와의 상호작용이나 행동 관찰을 통하여 활동에 대한 평가가 이루어질 수 있다.

또한 활동과정을 담은 사진이나 영상을 수집하여 마무리 활동에 활용함으로써 유아들에게 활동과정에 대한 이해를 높이고 평가에 대한 흥미를 높일 수 있다. 활동 결과를 전시하여 유아들이 활동을 지속적으로 확장할 수 있도록 도울 수 있다. 전시는 유아들이 자연스럽게 관련 활동을 공유할 수 있도록 하며, 시각적인 효과로 활동 결과에 대한 관심을 지속할 수 있도록 한다.

주제와 관련된 도서나 자료를 영역에 비치하여 유아들의 활동이 보다 확장될 수 있도록 돕고, 지난 활동을 회상해 볼 수 있도록 지원할 수 있다. 유아에게 관련 자료를 제공해 줌으로써 개별적인 흥미에 따른 활동을 지속할 수 있도록 한다.

3. 교수 · 학습의 방법

1) 교수 전략

유아의 사회교육을 위한 다양한 교수 전략들을 적절히 활용하여 유아 사회교육의 효과적인 방안이 모색될 수 있도록 한다. 코스텔닉 등(Kostelnik et al., 1993)은 유아의 사회관계 증진을 위해 대인관계 기술을 활용할 수 있는 기회, 사회적 기술을 표현할 수 있는 기회, 문제 해결의 기회 등을 제공해 주는 것이 필요하다고 하였다. 또한 유아의 사회관계 증진을 위한 방안으로 감정 표현, 긍정적 반응, 시범, 논리적 결과, 규칙 만들기, 협동에 대한 촉진, 타협의 기술 등을 강조하였다. 이와 같은 사회적 기술을 풍부하게 적용하여 유아들이 경험할 수 있는 기회를 제공함으로써 유아의 사회관계 증진이 효과적으로 이루어질 수 있다. 유아 사회교육을 위한 교수 전략으로 자기 표현, 설명, 모델링, 추론, 협동, 문제 해결 등의 방법을 보다 구체적으로 살펴보고자 한다.

(1) 자기 표현

자신에게 여러 가지 감정이 있음을 알고, 자신의 감정을 적절하게 표현할 수 있도록 한다. 사회적 관계나 지식에 대해 자신이 느끼는 바를 자발적으로 표현하는 것은 자신의 생각과 느낌을 인식할 수 있도록 도와준다. 즉, 문제 상황의 당사자들이 서로의 입장에 대해 언어적으로 표현하는 것이다. 예를 들어, 친구의 행동으로 인해 자신에게 어떤 문제가 생겼을 때 마음속으로만 친구에 대한 불만을 품고 속상해하기보다는 친구에게 지금 어떤 상황인지를 이야기하고 자신의 감정을 스스로 표현할 수 있도록 한다. 친구와의 관계에서 화가 났을 때에도 왜 화가 났는지 이야기를 하지 않으면 적절하게 도움을 줄 수 없다는 것을 알려 주어야 한다. "지금 왜 화가 났는지 이야기해 줄 수 있니?" 등의 방법으로 유아에게 상황을 설명하도록 할 수 있다. 그렇게 함으로써 상대 유아와 함께 문제 상황을 파악하고, 원인을 찾고, 적절한 해결점을 찾는 일련의 사회관계를 경험하게 된다. 유아가 자신의 감정을 타인에게 긍정적으로 표현할 수 있는 방법을 알 수 있도록 도와주어야 한다. 예를 들어, "기분이 좋아 보이는구나." "슬퍼 보이는구나." 등의 방법으로 유아의 감정을 표현해 줄 수 있다(Kostelnik et al., 1993).

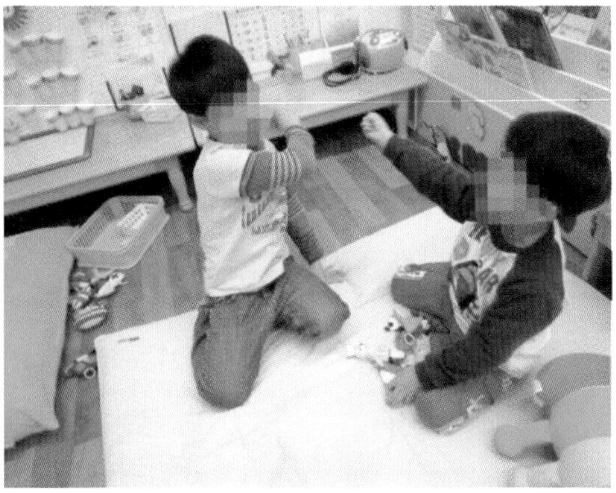

• 유아가 잘 관찰할 수 있는 장소에 남녀노소가 다양한 감정을 표현하고 있는 사진이나 그림들을 게시해 주어 유아가 다양한 감정의 종류에 대하여 관심을 가질 수 있는 기회를 제공한다. • 교사는 유아가 슬프고, 기쁘고, 행복하고, 화나고, 속상하고, 실망하는 등 자신의 감정을 알고 이를 말로 표현할 수 있도록 한다. 또한 교사가 다양한 감정을 적절하게 표현하는 본보기를 유아에게 보여 주어서 유아가 다양한 감정 상태를 알고 적절하게 표현하도록 한다.	【예】 "많이 속상할 때에는 '정말 속상해요'라고 말하는 거야!" "친구를 때려서 아프게 하면 선생님도 화가 나고 속상하구나."

출처: 교육과학기술부, 보건복지부(2013b), p. 82.

(2) 설명

설명은 유아가 개념을 획득하기 위해 사용하는 방법 중 하나로, 유아가 일반적인 원리를 이해하도록 한 다음 이 원리를 구체적인 사례에 적용하여 개념의 구조를 형성해 나가도록 하는 연역적 방법이다(박찬옥 외, 2010). 어떤 상황에서 왜 화가 났는지를 이야기하면 상대 유아가 화가 난 상황을 이해하여 사과를 하거나 오해를 풀 수 있도록 상황 설명을 해 줄 수도 있고, 교사가 적절하게 중재를 하는 등 다양한 방법으로 도움을 줄 수 있다는 것을 설명해 주어야 한다. 이러한 경험이 반복되면 친구와의 관계에서 문제가 생겼을 때 자기 스스로 그리고 친구와 의사소통을 하면서 문제를 해결하려는 시도를 하게 된다.

• 교사는 유아가 다른 사람의 감정에 관심을 갖도록 주의를 환기시켜 주고, 친구들의 감정은 모두 다를 수 있다는 것을 설명한다. 이때 성인이나 친구의 감정을 읽어 줌으로써 다른 사람의 감정의 차이를 구분하는 기회를 제공한다.	【예】 "친구가 쓰고 있던 가위를 네가 아무 말 없이 가져가서 정말 속상했대. 만약 네가 쓰던 가위를 다른 친구가 말없이 가져갔다면 어떤 기분이 들 것 같으니?"

출처: 교육과학기술부, 보건복지부(2013b), p. 82.

(3) 모델링

유아 사회교육에서 모델링은 긍정적인 행동을 따라하게 하고자 할 때 적절한 전략이다. 사회적으로 가치가 있거나 유용한 행동을 유아들이 따라할 수 있도록 함으로써 유아들에게 좋은 모델을 제시할 수 있다. 예를 들어, 바르게 인사하는 모습을 자주 보여 주어 유아들이 자연스럽게 인사를 바르게 할 수 있도록 도울 수 있다. 모델링은 유아들이 친밀하게 느끼고 좋아하는 대상이 제시할 때 더욱 효과적인 전략이 될 수 있다. 특히 교사의 말이나 행동은 일상생활에서 자연스럽게 유아에게 모델링이 되므로 교사가 모범이 되는 모습을 보일 수 있도록 해야 한다. 모델링을 제시하는 교사나 부모들은 유아들에게 일관성 있는 모습이 될 수 있도록 하며, 일상생활에서 좋은 모델링이 될 수 있도록 하여 유아들에게 긍정적인 영향을 미칠 수 있도록 한다.

• 유아가 다른 사람으로부터 이름이 불리거나 질문을 받으면 친절히 응대하고, 고마움이나 미안함을 상황에 맞게 행동으로 표현할 수 있도록 한다. 또한 말씨나 태도도 대상과 장소, 상황에 따라 알맞게 표현하도록 지도하며, 예의 바른 행동의 습관화를 위하여 교사의 모델링이 필요하며, 생활 속에서 꾸준히 실천할 수 있도록 지원한다.	【예】 "어른들께는 어떤 말을 사용해야 할까?" "친구에게는 어떻게 말해야 될까?" "선생님과 친구들에게 어떻게 인사를 하면 좋을까?"

출처: 교육과학기술부, 보건복지부(2013b), pp. 95-96.

(4) 추론

추론은 알고 있는 내용을 근거로 새로운 판단을 이끌어 내는 과정으로, 주어진 상황 속에서 유아가 어떻게 해야 할지와 왜 그렇게 해야 하는지를 이야기하도록 돕는 방법이다. 박찬옥 등(2010)은 사회적 추론을 논리적인 설명, 칭찬, 유아의 행동의 결과에 대한 예측 등을 통하여 유아가 자신이 한 행동의 원인과 결과의 관계를 판단하고, 사회에서 일반적으로 수

용되는 행동을 하도록 하는 교수 전략이라고 하였다. 이러한 추론과정을 통해 유아는 행동의 원인과 결과를 이해함으로써 타인의 입장에 대해 이해하고 공감할 수 있도록 돕는다. 예를 들어, 친구와 싸움이 일어나면 서로 화가 나서 다시는 놀지 않겠다고 말하는 경우가 있다. 이때 정말 둘이 서로 놀지 않으려고 그런 말을 한 것인지, 아니면 너무 화가 나서 그런 것인지에 대해 이야기하고, 친구와 정말 다시는 놀지 않을 수 있을까에 대해 함께 이야기하는 과정이 필요하다.

코스텔닉 등(Kostelnik et al., 1993)은 유아의 사회관계 증진을 위해 논리적 결과를 인식하도록 해야 한다고 하였다. 논리적 결과의 인식은 유아의 행동과 행동 결과로 나타난 훈련 행동 간의 명확한 연계성을 가지고 유아가 바람직한 행동을 재연하도록 하거나 보다 긍정적인 상태로 문제 상황을 해결하게 하는 것이다. 예를 들면, '뛰지 말고 걷자'라는 규칙이 있는데 철수가 복도를 뛰어다닌다면 논리적 결과는 철수에게 다시 걸어오게 하는 것이다. 유아에게 걷기를 하게 하는 것은 그것이 기대되는 행동과 유사하기 때문에 이러한 논리적 결과는 유아에게 효과적으로 뛰지 않고 걸어야 한다는 것을 인식하도록 돕는다(한국유아교육협회, 1995).

• 사회가 건강하고 질서 있게 유지되기 위해서는 약속과 공공 규칙을 지키는 노력이 필요함을 알게 하고, 이를 통해 유아 스스로 행동을 선택하고 통제하는 법을 습득하여 사회적 가치 규범의 중요성을 내재화할 수 있도록 지원한다. • 유치원이나 어린이집에서 지켜야 할 약속과 규칙을 직접 만들어 보게 하고, 약속과 규칙을 잘 지키는지, 잘 지키지 않는다면 그 이유는 무엇인지, 약속과 규칙이 잘 지켜지면 좋은 점은 무엇인지에 대해서 이야기를 나누어 본다.	【예】"약속은 왜 필요한 것일까?" "약속을 지키지 않으면 어떤 일이 생길까?"

출처: 교육과학기술부, 보건복지부(2013b), pp. 95-96.

(5) 협동

협동은 다른 사람과 함께 살아가는 사회에서 필요한 사회적 기술이다. 이러한 협동은 공동의 목표에 도달하기 위하여 둘 이상의 유아가 소집단 및 대집단으로 함께

하는 활동이다. 모든 영역이 통합적으로 이루어지는 유아교육의 특성상 협동하기는 다양한 내용과 방법으로 적용될 수 있다. 협동을 한다는 것은 자신이 속한 공동체를 인식하고 소속감, 결속력을 기르는 데 도움을 준다. 즉, 학급의 구성원과 협동하는 경험을 자주 가지면 가질수록 유아들은 자신이 속한 학급과 그 구성원인 친구들을 공동체로 인식하게 되어 협동의 필요성과 중요성을 이해하게 된다. 사회적 기술은 어떤 활동을 함께하거나 계획에 참여하는 학습 경험을 통해 신장될 수 있다. 유아의 협동 활동을 계획할 때에는 모든 유아가 참여할 수 있도록 하고, 협동 활동 구성 시 다양한 형태의 집단을 구성하여 활동하도록 한다.

박찬옥(2006)은 강화, 집단의 크기, 경쟁과 같은 유아 협동 능력의 요소들을 제시하였다. 즉, 강화는 협력이 잘 된 그룹에 보상을 해 주는 것으로, 칭찬 등의 인위적인 보상을 교사가 제공할 수도 있고 협력을 통해 어떤 일을 성공적으로 끝냈을 때 느끼는 성취감, 소속감 등은 자연스러운 보상이 되기도 한다. 집단의 구성원이 너무 많을 경우, 경쟁이 지나친 분위기에서는 협력이 일어나기가 어렵다. 코스텔닉 등(Kostelnik et al., 1993)은 유아의 사회관계 증진을 위해 협동에 대한 격려가 필요하다고 하였다. 유아에게 보다 친절하고 협동적인 어휘와 표현을 지속적으로 격려하고 협동적으로 행동할 수 있다고 지지하면서 도울 수 있다. 예를 들면, "이 활동은 너희가 서로 힘을 합치는 것이 필요해. 나는 너희가 협동을 잘할 거라고 생각해."라고 표현하는 것이다(한국유아교육협회, 1995).

다른 사람이 도움을 필요로 할 때에는 도와주기도 하면서 서로 협력하여 화목하게 지내면 모두가 행복한 생활을 할 수 있다는 것을 경험하도록 한다. 친구와 사이좋게 지내는 것은 유아가 친구의 소중함을 알며, 친구들과 바람직한 관계를 형성하고 유지하는 능력을 기른다(교육과학기술부, 보건복지부, 2013b).

유치원이나 어린이집 생활 속에서 유아-유아, 교사-유아 간에 자연스럽게 도움을 주고받으며 서로 협력할 수 있도록 지도한다. 또한 상대방의 어려움을 알아차리고 먼저 다가가 묻고 도움을 줄 수 있는 사회적 기술도 익히도록 한다.	【예】 "친구에게 도움을 받으면 어떤 기분이 들까?" "몸이 불편하거나 아픈 친구를 보면 어떻게 해 주겠니?"

출처: 교육과학기술부, 보건복지부(2013b), pp. 93.

(6) 문제 해결

유아의 사회관계 증진을 위해 생활 속에서 벌어지는 실제 상황뿐 아니라 구조적으로 제시된 주요 활동에 대하여 서로 협력하여 최상의 대안으로 문제를 해결해 보는 경험을 제시할 수 있다. 즉, 유아기에 다양한 문제 및 갈등 상황을 친구와 함께 해결하기 위해 다양한 방안을 모색하며 함께 생각해 낸 방안들을 적용하고 해결하는 과정을 지속적으로 경험할 수 있게 한다. 특히 사회적 문제 해결력은 실생활의 맥락 속에서 일어날 수 있는 문제들을 해결하는 능력으로, 이는 일상생활 속에서 우연히 마주칠 수 있는 특별한 문제적 상황을 위해 이를 발견하고 적용할 수 있는 개인의 인지적 · 정서적 · 행동적 과정이다(D'zurilla & Nezu, 1990). 이러한 사회적 문제 해결력은 사회 안에서 다양한 문제에 직면했을 때 유아가 문제를 해결해 가는 과정을 통해 합리적인 의사결정을 할 수 있도록 한다.

문제 해결은 유아 스스로 자신의 문제를 해결할 수도 있지만 다른 유아들과 상호 협력하여 공동의 문제를 해결해 가는 과정을 통해 상호 협력적인 관계를 형성할 수 있다. 다른 유아들과 문제 해결을 위해 다양한 상호작용을 나누며 새로운 아이디어를 공유하고 시도해 보도록 한다. 창의적이고 능동적인 문제 해결 과정을 통해 유아의 사회관계 증진을 위한 방안을 모색할 수 있다.

이러한 과정을 통해 서로 협동하여 놀이하고, 친구와의 갈등을 긍정적으로 해결하는 방법을 익히고, 다른 사람과 도움을 주고받고 화목하게 지내며 더불어 살아가는 능력을 기를 수 있다. 친구들에게 친밀감을 표현하고, 협동하면서 놀이하며, 갈등을 해결하는 과정을 통해 수용, 배려, 양보, 타협 등 친구와 사이좋게 지낼 수 있는 사회적 기술을 이해하도록 한다(교육과학기술부, 보건복지부, 2013b).

• 친구 간에도 서로 의견 차이와 갈등이 있음을 알고, 긍정적인 방법으로 문제를 해결하도록 한다. 갈등이 있을 때에는 서로 배려하고 양보하는 노력을 통하여 화해하고 협동하는 관계로 되돌아가는 긍정적인 경험을 할 수 있도록 지도한다.	【예】 "○○가 친구 때문에 속상했구나. 무슨 일이 있었는지 말해 줄 수 있겠니?" "그럴 때 친구의 마음은 어땠을까?"

출처: 교육과학기술부, 보건복지부(2013b), p. 91.

2) 교수 · 학습 유형

유아 사회교육을 위한 교수 · 학습 유형은 다양하게 이루어질 수 있다. 유아는 일상생활에서의 놀이와 경험을 통해 사회교육이 촉진될 수 있고, 관련 주제에 대한 이야기나누기나 다양한 소재의 동화를 통해서도 이루어질 수 있다. 여기에서는 토의, 극놀이, 현장학습, 인적 자원의 활용을 통한 교수 · 학습 유형을 소개하고자 한다.

(1) 토의

① 개념 및 의의

토의는 학습자들 간의 지식 경험을 언어적인 형태로 의견을 교환하고 정보를 공유하는 방법으로, 정해진 주제나 내용에 대해 서로 간의 의견을 공유하는 것이다. 두 사람 이상이 어떤 주제 또는 갈등 상황에 대하여 서로 의견을 나누고 이 의견 사이에서 유사점이나 차이점을 살펴보며, 궁극적으로 상황을 해결하기 위해서 어떻게 해야 하는지를 의논하는 과정을 말한다.

토의는 학습자와 교사 간의 관계를 증진시키고 협동적이고 보완적인 학습을 이루어 낼 수 있다(이칭찬, 이의길, 2008). 토의를 통해 유아 사회교육에 대한 자신과 타인의 관점을 인식하고 이해하는 기회를 마련해 줄 수 있으며, 유아가 실제 상황에서 갈등 해결 능력을 기를 수 있다. 유아에게 다양한 토의 활동을 경험할

수 있는 기회를 제공함으로써 자신의 생각을 표현하고 다른 사람의 생각을 존중할 수 있는 태도를 기를 수 있다. 또한 토의 활동은 유아가 집단 안에서 생활하면서 겪게 되는 문제나 갈등 상황을 해결할 수 있는 방안을 모색할 수 있는 기회를 제공한다.

② 운영 방안

유아들과의 수업에서 토의를 지도하기 위해서는 토의 주제의 선정과 집단 형태 등을 고려해야 한다. 토의 주제는 유아의 삶과 관련이 있으며, 토의에 참여하는 유아들이 관심을 가지고 있는 주제로 선정하는 것이 좋다. 유아교육기관에서 경험하게 되는 갈등 상황 등과 같이 유아들이 접하는 주변의 문제나 환경오염, 기아 문제, 세계 평화, 이상 기후 문제 등 각종 사회 문제뿐 아니라 도덕적 가치관에 관련된 문제들도 토의 주제로 다루어질 수 있다(구광현, 이희경, 김보현, 2012). 토의 활동이 원활하게 이루어지기 위해서는 되도록이면 소집단으로 이루어지도록 하며, 유아들의 참여 기회가 골고루 이루어지도록 한다. 토의 시 교사는 중립적인 입장에서 의견을 조율해 주거나 중재할 수 있는 역할을 한다. 토의를 위해 그림 자료나 도서 등의 자료를 준비하여 유아들의 이해를 돕고, 유아들이 충분히 생각할 수 있는 시간을 준다. 토의 활동은 무엇보다 자신의 의견을 이야기하고 다른 사람의 의견을 듣는 태도가 중요하므로 자유롭게 이야기하고 경청하는 분위기가 이루어질 수 있도록 한다.

코스텔닉 등(Kostelnik et al., 1993)이 제시한 '갈등 해결하기'와 '규칙 만들기'에 대한 토의 방안은 다음과 같다.

첫째, '갈등 해결하기'는 토의를 통해 유아가 실제 상황에서 갈등 해결을 학습할 기회를 갖도록 한다. 이러한 지속적인 경험은 계획된 활동에서만 타협의 가치를 활용하는 것이 아니라 실제 생활에서 갈등이 발생했을 때 자신의 의견을 제시하고 타인의 의견을 수용할 수 있도록 돕는다.

둘째, '규칙 만들기'는 유아가 규칙을 만드는 과정에 참여하도록 격려한다. 유아들이 학급 내의 규칙을 위한 아이디어를 내고 토의과정을 통해 제시된 규칙들을 게시한다. 이러한 과정을유아가 지속적으로 경험할 수 있게 해 주어 자신들이 스스로 생각해 내고 결정한 규칙에 대해 가치를 느낄 수 있게 해 준다.

(2) 극놀이

① 개념 및 의의

극놀이는 유아가 사회 내의 다양한 상황이나 역할을 상상적인 사고를 통해 이야기식의 가상 활동으로 전개하는 가작화 놀이를 의미한다(Garvey, 1977). 극놀이는 유아가 자신을 표현하는 가장 대표적인 형태 중의 하나로서 동화, 현장학습 등을 통해 듣고 보면서 느꼈던 자신의 감정을 실제로 표현해 보고 타인의 반응과 감정을 이해하는 활동이다(김영옥, 2014).

극놀이의 교육적 의의는 다음과 같다.

첫째, 정서를 이해하고 표현하는 능력을 신장시킬 수 있다. 극놀이를 통해 자신의 정서를 표현하고, 다른 사람과 공유하면서 정서적 안정감과 즐거움을 경험할 수 있다.

둘째, 사회적 기술이 발달할 수 있다. 다양한 극놀이를 통해 다른 사람의 입장을 이해하고 배려하는 태도를 형성하며, 친사회적 능력을 신장시킬 수 있다.

셋째, 사회를 이해하는 데 도움이 된다. 사회에 속해 있는 사람들의 생활을 이해하는 능력을 기르는 데 도움이 될 수 있다. 다양한 직업 활동을 극놀이를 통해 간접적으로 경험해 봄으로써 직업에 대한 이해를 높일 수 있다.

넷째, 창의적 문제 해결력을 기를 수 있다. 극놀이는 유아의 창의적인 사고를 촉진하여 다양한 문제 상황에서 새로운 해결 방법을 고안할 수 있도록 한다.

이러한 교육적 의의 외에도 극놀이는 유아에게 인지 · 언어 발달을 촉진하는 통합적인 놀이 활동이다. 특히 극놀이는 사회적 기술과 태도를 간접적으로 경험하는 유아 사회교육의 효과적인 방법이 된다.

② 운영 방안

유아교육기관에서의 극놀이는 역할놀이 영역에서 이루어지는 경우가 많으며, 그 외에도 동극이나 신체 활동, 동화 등에서 다양하게 활용된다. 극놀이가 효과적으로 이루어지기 위해서는 다음과 같은 점을 고려하여 운영하도록 한다.

첫째, 유아가 흥미 있어 하는 주제와 관련된 소품을 준비하고 충분한 자료를 준비한다. 극놀이와 관련된 소품들은 유아의 극놀이 활동을 돕고 의미 있는 상호작용을 촉진할 수 있다. 따라서 유아에게 필요한 놀잇감으로는 어떤 것들이 있는지를 확인하고, 주제나 흥미에 따른 다양한 놀잇감을 적절하게 제공해 주는 것이 좋다. 유아들이 필요한 극놀이 자료를 직접 만들 수도 있으며, 이러한 과정은 유아의 창의적 사고를 촉진시킨다. 주변의 다양한 물건은 극놀이 활동의 자료가 될 수 있으므로 실제 실물 자료를 적절하게 활용한다.

둘째, 충분한 시간과 공간을 제공한다. 극놀이를 지나치게 좁은 공간에서 하다 보면 분쟁이 발생하기 쉽고, 충분한 놀이를 즐기기 어려운 경우가 많으므로 놀이를 즐길 수 있는 공간을 마련하도록 한다. 또한 유아들이 충분히 극놀이를 즐길 수 있도록 놀이 운영 시간을 충분히 주도록 한다.

셋째, 유아가 능동적으로 참여하는 자발적인 극놀이가 되기 위해서는 유아가 극놀이 활동을 촉진하고 몰입할 수 있는 분위기와 환경을 지원해 주고 유아들의 창의적인 표현을 격려한다.

넷째, 교사의 적절한 지원이 필요하다. 극놀이 활동 시 갈등 상황이나 발생한 문제를 유아들이 해결할 수 있도록 하며 해결 과정을 관찰한다. 상황에 따라 교사는 적절히 참여하고 필요한 지원을 한다.

다섯째, 극놀이 활동이 다른 영역과 통합적으로 이루어질 수 있도록 한다. 예를 들어, 쌓기놀이 영역에서 극놀이 활동을 위한 가게를 만들 수 있고, 언어 영역에서 간판이나 메뉴판 등을 만들 수 있다.

(3) 현장학습

① 개념 및 의의

현장학습이란 교육 활동에 필요한 다양한 경험을 위해 장소를 방문하여 이루어지는 학습 형태를 말한다. 현장학습은 유아들에게 사실적이고 직접적인 경험을 제공하는 사회교육의 중요한 방법 중 하나이다. 이러한 현장학습은 유아들의 교육 활동과 연계되어 다양한 활동으로 전개될 수 있으며, 현장학습의 의의를 정리하면 다음과 같다.

첫째, 현장학습을 통해 우리가 살아가는 사회 현상에 대해 직접 경험하고, 정보를

수집하며, 사회에 관심을 갖게 된다.

둘째, 구체적인 경험을 통한 체험 활동은 유아에게 사회적 지식을 이해하고 확장할 수 있도록 돕는다.

셋째, 감각적이고 직접적인 체험 활동을 통해 대상에 대한 관심과 흥미를 높일 수 있다.

넷째, 지역사회에 관심을 갖고, 사회구성원의 역할을 이해하며, 감사하는 마음을 가질 수 있다.

이와 같은 현장학습은 유아에게 교실 안에서 경험할 수 없는 다양하고 풍부한 환경을 제공해 주며, 사회 현상에 대한 지식을 확장하고 경험할 수 있는 좋은 학습 환경을 제공한다.

② 운영 방안

현장학습이 효과적으로 이루어지기 위해서는 장소 선정이 중요하다. 현장학습을 위한 장소는 유아교육기관에서 이루어지는 생활 주제, 유아의 흥미, 지역사회와의 연계 등을 고려하여 선정하게 된다. 현장학습의 장소는 매우 다양하다. 물건을 사고파는 모습을 경험할 수 있는 다양한 형태의 가게, 미용실, 동물병원, 병원 등과 같은 유아가 주변에서 흔히 볼 수 있는 곳들도 좋은 장소가 될 수 있다. 경찰서, 소방서, 우체국, 도서관 등과 같은 지역사회의 공공기관을 견학할 수도 있으며, 주제에 따라 동물원이나 박물관 등 다양한 견학 활동이 이루어질 수 있다.

현장학습의 장소를 선정할 때에는 다음과 같은 점에 주의해야 한다.

첫째, 유아의 흥미나 발달 수준을 고려하여 적절한 장소인지를 파악한다. 아무리 좋은 장소일지라도 유아에게 어렵거나 맞지 않는 장소는 교육적 효과를 기대하기가 어렵다.

둘째, 이동시간이나 현장학습이 이루어지는 시간 등을 고려해야 한다. 장소가 너무 멀거나 이동하는 시간이 많이 소요되는 경우에는 유아가 힘들어 하거나 지루할 수 있으므로 피하는 것이 좋다.

셋째, 안전 문제를 고려한다. 유아교육기관 외의 장소에서 이루어지는 활동인 만큼 더욱 안전에 신경을 써야 한다. 교사가 사전답사를 통해 현장학습 장소에 대해 이해하고 점검하는 것이 좋다.

넷째, 유아의 현장학습을 지원해 줄 수 있는 인적 자원이 충분히 마련되는 것이 좋다. 최근 지역사회의 환경과 특색에 맞는 다양한 형태의 견학 장소가 많아지고 있으므로 사전에 견학을 위한 계획을 세워 유아들의 발달 수준이나 주제에 맞는 통합적인 활동으로 전개할 수 있는 견학 활동이 되도록 한다.

현장학습은 사전준비, 사전활동과 본활동, 사후활동으로 연계되어 이루어진다.

■ 사전준비

- 현장학습의 교육적 목표와 취지를 정확히 파악하고 장소를 선정한다.
- 선정된 장소에 대한 사전답사를 통해 현장학습의 내용, 소요시간, 부대시설, 안전 문제 등을 점검한다. 이때 안내 소개 책자 등을 가져와 사전활동에 활용하면 좋다.
- 현장학습을 위한 준비로는 가정통신문을 작성하여 부모님께 견학 일정, 장소, 준비물 등을 안내하고 현장학습 동의서를 통해 참여 의사를 확인한다.
- 현장학습을 지원할 수 있는 인적 자원을 활용한다.
- 현장학습에 필요한 준비물을 점검한다. 현장학습 장소에 따라 특별히 필요한 물품이 있는지를 확인한다.
- 교사는 현장학습지에 대한 정보를 파악하고 사전활동과 본활동, 사후활동을 위한 활동을 계획한다.

■ 사전활동

- 유아들에게 현장학습에 대해 관심을 가질 수 있도록 현장학습이 이루어지는 장소에 대한 사진이나 안내 소개 책자 등을 소개한다. 이때 인터넷 홈페이지 등을 활용하여 현장학습 장소에 대한 보다 자세한 정보를 알아볼 수 있다.
- 현장학습을 가서 알아보고 싶은 것이나 질문하고 싶은 내용을 사전에 작성해 본다.

- 필요시 조사나 탐구 활동을 계획한다.
- 현장학습에서 지켜야 할 약속을 정한다.

■ 본활동

- 현장학습이 어떤 과정으로 이루어지는지 활동순서를 소개한다.
- 현장학습이 잘 이루어질 수 있도록 충분한 탐색과 경험의 시간을 제공한다. 이때 사전활동에서 작성한 질문 목록 등을 활용하면 좋다.
- 다양한 조사나 탐구 활동이 이루어질 수 있도록 격려한다.
- 현장학습 과정에서 유아들의 반응을 살피고 결과물을 수집한다.
- 현장학습이 촉진적으로 이루어질 수 있도록 적절한 상호작용과 안내를 한다.

■ 사후활동

- 현장학습을 다녀온 후 다양한 방법으로 표현해 보고 활동이 확장될 수 있도록 한다.
- 현장학습에 대한 평가를 한다. 유아들과 하는 평가 외에도 교직원들과 전반적인 내용을 평가하도록 한다.
- 현장학습에 도움을 주신 분들께 감사의 마음을 전하는 활동을 할 수 있다.
- 현장학습지에서 수집된 자료나 사진을 전시하여 다양한 방법으로 활용한다.

(4) 인적 자원의 활용

① 개념 및 의의

인적 자원의 활용은 유아교육기관과 관련된 다양한 인적 자원을 활용하는 방법이다. 다양한 직업, 취미와 특기, 풍부한 경험 등을 가진 사람들은 유아 사회교육에서 중요한 인적 자원이 될 수 있다. 유아 사회교육에서 인적 자원의 활용은 사회교육의 내용을 보다 풍부하게 하며, 폭넓은 기회를 제공해 줄 수 있다. 또한 유아들의 관심이나 주제 전개에 따라 적절히 자원인사를 초대하여 사회적 경험의 기회를 다양하게 제공할 수 있다.

② 운영 방안

인적 자원의 활용에는 다양한 구성원의 참여가 이루어질 수 있다.

첫째, 가정과의 연계 활동으로 다양한 직업과 취미를 가진 부모가 참여하는 방법이다. 직업을 소개하거나 유아에게 직업과 관련된 활동을 제공해 줄 수 있다. 다양한 특기나 취미 활동을 소개하고 유아들과 직접 활동을 해 볼 수 있다. 최근에는 부모뿐 아니라 조부모의 참여도 늘어나고 있다. 예를 들어, 이들이 경험했던 옛이야기를 들려 주거나 동화나 노래 등을 알려 줄 수 있다.

둘째, 지역사회 인사를 활용하는 방법이다. 지역사회 내에서 도움을 받을 수 있는 기관에 대해 정보를 알아보고 활용하도록 한다. 예를 들어, 도서관, 경찰서, 미장원, 동물병원 등에서 일하는 분들을 통해 다양한 정보를 얻고 그 분야에 대한 관심을 확대할 수 있다. 직접 사회 안에서 살아가는 이야기를 듣고 궁금한 내용을 알아 나가는 과정을 경험할 수 있으며, 사회 안에서 살아가는 다양한 사람의 모습을 이해하는 데 도움이 될 수 있다.

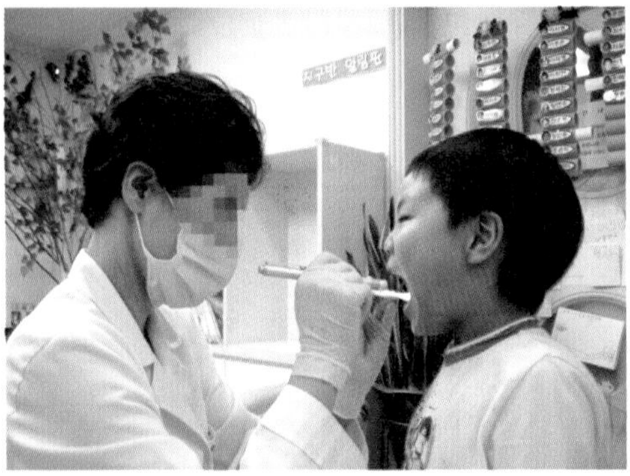

3) 교수매체

(1) 그림이나 사진

유아 사회교육에서 그림이나 사진은 중요하며 다양하게 활용될 수 있다. 유아들

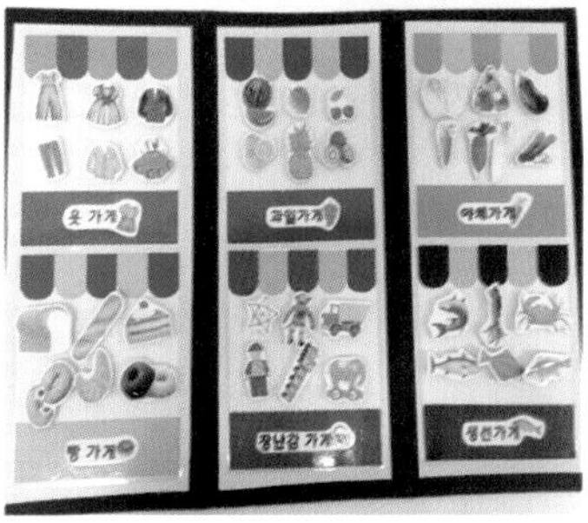
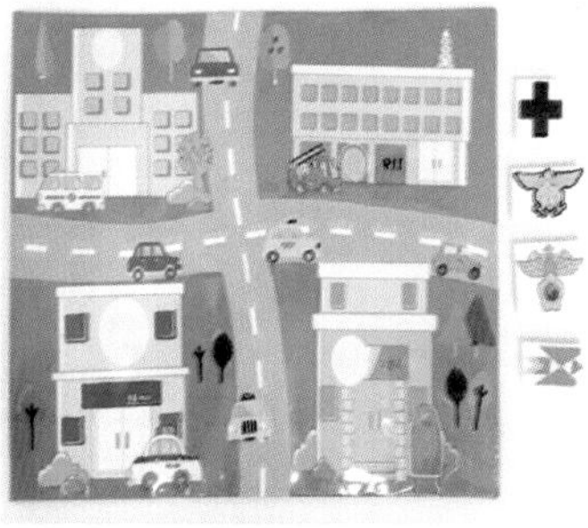

은 감각적인 경험을 통하여 보다 쉽게 내용을 이해하고 받아들이게 된다. 사진이나 그림을 활용한 이야기 자료나 교구 등의 자료를 활용하면 풍부하고 구체적인 내용을 제공해 주므로 유아의 흥미를 높일 수 있다. 그림이나 사진 자료 등을 적절히 활용하면 보다 쉽게 사회교육의 내용을 이해하고, 놀이를 통한 학습을 통해 자연스럽게 주제에 대해 관심을 갖게 된다. 최근에는 사회교육과 관련하여 활용할 수 있는 그림이나 사진 자료들이 많아지고 비교적 쉽게 구할 수 있다. 특히 유아 사회교육을 위한 교수 자료를 직접 생활 속에서 제작하여 활용하면 보다 호기심을 가지게 되고, 내용에 보다 흥미를 높일 수 있다. 예를 들면, 줄을 서야 하는 이유 등과 같이 사회적 약속에 대해 이야기할 때 실제 반 유아들의 모습을 찍어서 활용하면 유아들이 친근감을 느끼게 되어 활동에 관심을 나타낸다.

(2) 실물이나 모형

실물이나 모형은 유아 사회교육에 있어 효과적으로 활용될 수 있다. 실제 물건을 통해 유아들은 보다 감각적이고 직접적인 경험을 할 수 있게 된다. 모형을 통해 일상

생활에서 쉽게 볼 수 없거나 가지고 올 수 없는 것들을 보다 용이하게 경험할 수 있다. 예를 들어, 세계 여러 나라 인형을 통해 세계 여러 나라 사람들의 모습을 이해하는 데 도움이 된다. 실제 자료를 제시하여 유아 사회교육에 대한 이해를 돕고, 유아의 흥미와 호기심을 유발하여 유아 사회교육에 대한 관심과 실천력을 높일 수 있다.

유아 사회교육을 위한 매체로 일상생활에서 쉽게 볼 수 있는 실물 자료도 좋은 교수 매체가 될 수 있으므로 주변에서 구할 수 있는 매체를 활동에 맞게 구하도록 한다. 특히 여행지에서 수집된 지도나 사진, 안내 책자 등도 사회교육을 위한 매체가 될 수 있으므로 적절히 활용하도록 한다. 이렇게 실물이나 모형을 활용하는 것은 활동을 보다 쉽게 이해하는 데 도움을 주고 유아들의 흥미를 높일 수 있다. 활동내용이나 유아의 수준 등을 고려하여 매체를 선정하고 활용하도록 한다.

(3) 도서

도서는 사회에 대한 간접적인 경험을 제공하며, 사회 전반에 대한 다양한 소재의 이야기를 제공한다. 생활 속에서 경험하기 어려울 수 있는 내용도 책을 통하여 간접적인 경험을 할 수 있으며, 사회 전반의 다양한 정보를 제공할 수 있다. 책 읽기 활동을 통해 자연스럽게 다양한 주제에 관심을 갖게 되며, 주제의 도입이나 전개에서 심화 내용을 제공해 주기도 한다. 책은 유아가 가족, 직업, 휴일, 농촌과 도시생활 등 각종 사회교육의 기본 개념을 발달시키기 위한 영향력 있는 매체로서 중요한 기능을 한다(김영옥, 2014). 그러므로 관련 도서 중 주제 활동에 관련된 책을 언어 영역에 비치하여 교사가 개별적으로 읽어 주거나, 대집단 활동 시 읽어 주고, 개별적으

로 회상해 가면서 읽을 기회를 제공하는 것은 유아의 사회적 개념 이해에 도움이 된다(이영자 외, 2004). 예를 들어, 지리와 관련된 책읽기를 통하여 유아는 직접 경험해 볼 수 없는 지리 정보를 접하고 지리에 대한 관심을 확장해 나갈 수 있다. 사회교육에서 다루어지는 다양한 주제의 도서를 유아의 수준이나 흥미에 맞게 구비하며, 사회교육 내용에 맞는 적합한 내용의 도서를 선정하고 활용할 수 있도록 한다.

사회교육과 관련된 도서를 주제에 따라 비치하고, 유아가 관심을 보이는 주제의 도서를 비치해 두기도 한다. 도서를 비치할 때에는 유아가 쉽게 꺼내 볼 수 있도록 하며, 전시를 통해 책에 흥미를 높일 수 있다. 사회교육을 위한 도서를 선정할 때에는 책의 삽화나 글에 성 역할, 인종, 장애 등에 대한 고정관념이나 편견이 있지는 않은지 살펴본다. 다양한 가치를 포함하는 도서는 유아들에게 새로운 관점을 제시할 뿐 아니라 자연스럽게 편견이나 고정관념에 대응할 수 있도록 돕는다.

(4) 동영상 자료

동영상 자료를 활용하면 보다 생동감이 있고 사실적인 자료를 기반으로 사회교육 수업이 이루어질 수 있다. 최근에는 인터넷 자료를 쉽게 활용할 수 있어 동영상 자료의 활용이 더욱 용이하게 되었다. 동영상 자료의 활용은 우리 주변에서 쉽게 볼 수 없거나 직접 방문하기 어려운 곳의 내용을 사실감 있게 전달하여 수업 내용을 보다 풍성하게 하며, 다양한 상황을 볼 수 있다는 장점이 있다.

동영상 자료를 활용할 때에는 사전에 교사가 수업 내용에 맞는지, 유아의 발달 수준에 적합한 내용인지 등을 확인하고 활용하도록 한다. 동영상의 시간이 너무 길거나 화질이 좋지 않은 영상은 되도록 사용하지 않고 유아의 흥미 시간을 고려하여 자료를 준비한다. 기존에 나와 있는 영상을 활용하는 방법도 있지만 주제에 따라 직접 교사나 유아가 수업에 필요한 영상을 촬영하여 활용하는 방법도 있다. 이것은 유아들이 익숙하고 친근한 내용을 포함하게 되므로 동영상 자료에 대한 흥미가 더욱 높아질 수 있다.

그 외에도 유아교육기관의 환경을 활용하여 유아 사회교육 주제가 전개되는 기간에 관련 내용을 전시한다. 예를 들어, 우리 동네 주제가 전개되는 동안에 동네 지도를 벽면에 붙여 두거나 동네 유적지 등의 안내물을 전시하여 유아의 흥미를 높일 수 있다. 전시는 다른 사람들의 생각과 이해 정도를 공유할 수 있는 방법으로, 시각적인 효과로 활동에 대한 관심을 높일 수 있다. 전시를 통해 유아들이 자연스럽게 관련 경험을 공유할 수 있게 되며, 유아 사회교육에 대한 관심을 높이고, 관찰을 통한 학습이 이루어질 수 있도록 촉진할 수 있다.

4. 교사의 역할

유아 사회교육이 효과적으로 이루어지기 위해서는 무엇보다 교사의 역할이 중요하다. 교사는 유아 사회교육을 운영하기 위한 지식과 교수 · 학습 방법에 대한 이해, 긍정적인 태도 등을 통해 질 높은 사회교육이 운영될 수 있도록 노력해야 한다. 유아 사회교육에 대한 교사의 수용적이고 긍정적인 태도는 사회교육을 실천하는 데 있어 중요한 역할을 담당한다. 따라서 교사는 편견이나 고정관념을 담지 않은 의사소통과 허용적인 분위기를 조성하고, 유아들에게 긍정적인 태도를 지니는 것이 필요하다.

또한 사회교육을 운영하는 유아교사로서 사회 변화에 민감해야 하며, 사회에 대한 이해와 관심이 필요하다. 사회 현상에 대한 이해와 다양한 문화에 대한 관심은 단기간에 습득되기 어려우며, 교사의 신념이나 태도와도 관련된다. 따라서 교사는 지속적으로 사회 환경에 관심을 가지고 다양한 관점으로 이해할 수 있도록 노력해야 한다. 특히 문화적으로 다양한 유아의 발달과 요구 정도를 파악하여 적절한 방법을 모색하고 개별적인 요구에 맞는 교육이 이루어질 수 있도록 해야 한다. 또한 교사는 자기 성찰을 바탕으로 자신이 가지고 있는 관점이나 신념에 대해 인식할 수 있어야 한다.

교육인적자원부(2007)에서는 사회적 탐구 중심의 유아 사회교육과정이 효율적으로 의미 있게 운영되는데 가장 중요한 요소는 교사라고 보고, 유아 사회교육과정을 운영하는 유능한 교사가 갖추어야 할 조건을 다음과 같이 제시하였다.

첫째, 일반적인 유아 발달의 원리에 대해 알고 있어야 한다. 또한 교실에서 발달의 개념을 적용하는 방법에 대해 알고 있어야 하며, 유아들의 특별한 요구를 수용하는 방법을 알고 있어야 한다.

둘째, 유아에 대한 이해뿐 아니라 유아가 살고 있는 직접적인 환경과 직면한 이슈들에 대해 관심을 가지고 정확히 알고 있어야 한다.

셋째, 교육과정 이론에 대한 올바른 지식을 지니고 있으며, 통합 교육과정의 진행을 이해하고 있어야 한다. 기본적으로 발달에 적합한 실제에서 표방하는 교육과정을 따르지만 경험에 의한 구성과 계획을 유아 발달의 원리에 적용할 수 있어야 한다.

넷째, 유아 사회교육의 취지와 목적에 대한 식견을 가지고 사회교육의 특성이 다양하고 세계적이라는 것을 이해하고 있어야 한다.

2019 개정 누리과정에서는 유아와 교사가 주체가 되어 만들어 가는 교육과정을 강조하고 있다. 이를 위해 2019 개정 누리과정에서 제시하는 교사의 역할은 유아・놀이 중심 교육과정을 이해하고 실천하기, 유아의 놀이를 통한 배움을 지원하기, 놀이와 배움을 기록하고 평가하기, 함께 배우며 성장하기 등이다. 이를 바탕으로 유아 사회교육을 위한 교사의 역할을 놀이 실천가로서의 교사, 놀이 지원자로서의 교사, 놀이 관찰자로서의 교사, 놀이 협력자로서의 교사 등으로 정리하고자 한다.

(1) 놀이 실천가

교사는 유아가 활동에 능동적으로 참여하고 흥미를 느낄 수 있도록 놀이를 기반으로 한 다양한 사회교육이 이루어질 수 있도록 해야 한다. 유아・놀이 중심의 사회교육이 잘 이루어지기 위해서는 유아・놀이 중심 교육과정에 대해 잘 이해하고 적용할 수 있어야 한다. 그러므로 자율성과 다양성을 반영한 효과적인 교수 방법의 이해가 필요하다. 교사는 현장 상황에 적합한 다양한 교수 전략을 활용하여 실제 유아 사회교육 활동을 극대화할 수 있어야 한다. 또한 유아・놀이 중심의 사회교육이 효과적으로 이루어지기 위해서는 민감하고 반응적인 교사의 역할이 필요하다. 교사는 다양한 유아・놀이 중심의 사회교육의 실제를 적용하고 평가를 해야 한다. 교사는 자신의 신념과 태도를 가지고 교육과정을 계획하고 실행하며, 유아와의 풍부한 상호작용을 통해 유아와 함께 만들어 가는 교육이 이루어질 수 있도록 해야 한다.

(2) 놀이 지원자

유아에게 놀이를 통한 배움을 지원하는 교사의 역할이 중요하다. 교사는 유아의 놀이를 이해하려는 민감성을 갖추고 유아의 놀이를 지원할 수 있어야 한다. 특히 사회교육을 실천하는 교사는 지지자로서 유아들에게 적절한 지원과 지지를 할 수 있어야 한다. 교사의 지지는 유아들에게 활동의 원동력이 되며 활동을 촉진하는 데 도움이 된다. 유아가 어릴 적부터 민주시민으로의 자질을 육성하기 위해서는 사회적 탐구 능력을 촉진할 수 있도록 지원해 주는 교사의 역할이 중요하다.

지원자로서 교사의 역할을 수행할 때 상호작용을 통해 유아의 사회교육이 촉진적으로 이루어질 수 있다. 따라서 교사는 유아를 위한 사회교육을 실행할 때 활동에 적합한 활동을 제공하고, 효과적인 상호작용자로서 적절한 의사소통을 할 수 있도록 한다.

(3) 놀이 관찰자

교사는 유아의 놀이와 배움을 기록하고 평가할 수 있어야 한다. 유아가 실행하는 다양한 놀이 활동을 다양한 방법으로 기록하고 기록된 내용을 고려하여 평가한다. 유아의 놀이를 통한 사회교육의 결과보다는 과정에 대한 평가를 실시하기 위해 교사는 상황에 맞는 다양한 방법으로 유아의 놀이를 관찰하고 기록하도록 한다.

교사는 평가를 통해 사회교육의 방향과 내용을 수정하고 보완하면서 유아들에게 적합한 사회교육을 구성할 수 있게 된다. 사회교육 활동과정 안에서 나타나는 유아들의 반응, 흥미, 난이도, 관심의 변화 등을 관찰하고 평가하여 적절한 지원과 평가가 이루어질 수 있도록 한다.

(4) 놀이 협력자

긍정적인 관계 형성은 교사와 유아, 교사와 학부모, 교사와 다른 교사들 간의 관계에서 서로의 다름을 인정하고 존중하고 협력하는 관계를 형성하게 한다. 교사는 주변 사람을 존중하고 수용하는 태도를 통해 유아가 사회교육을 이해하고 확장할 수 있도록 협력자로서의 역할을 할 수 있다. 교사는 점차 다양해지는 학급환경 내에서 다양성을 발견하고, 차이에 대한 존중과 수용을 통해 상호 간의 협력과 이해를 도울 수 있어야 한다.

교사는 유아와 함께 조사 활동에 참여하여 유아의 활동을 돕고 교사의 의견을 제안할 수 있다. 교사는 유아와 함께 활동을 계획하고 실천하는 과정에서 유아들의 탐구 및 조사 과정을 이해하고 적극적으로 참여할 수 있도록 돕는다. 교사는 유아들과 다양한 가치를 공유하면서 함께 토의 및 토론 활동에 참여할 수 있다.

교사는 유아의 놀이 협력자의 역할뿐 아니라 가정과 지역사회와 함께 유아의 놀이를 지원하고 다양한 자원을 활용할 수 있도록 해야 한다.

생각해 봅시다

유아 · 놀이 중심의 사회교육이 이루어지기 위한 놀이 실천가, 놀이 지원가, 놀이 관찰자, 놀이 협력자로서의 교사의 역할을 실제 사례를 들어 설명해 봅시다.

제7장

유아 사회교육 평가

교육의 내실을 기하고 교육의 질을 향상시키기 위해 평가는 중요한 영역이다. 유아 사회교육의 질적인 성장을 위해서는 신뢰롭고 적합한 평가를 통해 교육의 질을 높이고, 효과적인 유아 사회교육의 방안이 모색될 수 있도록 해야 한다. 이 장에서는 유아 사회교육 평가의 목적 및 내용, 평가의 종류와 방법에 대해 살펴보고자 한다.

1. 평가의 목적

평가(evaluation)란 어떤 목표를 세우고 활동을 한 결과 그것이 어느 정도 목표에 도달했는가에 대한 성과를 확인하고 다음 활동에 새로운 방향을 제시하는 것을 말한다(김혜금, 2002). 즉, 유아 사회교육에 대한 평가를 통해 성취 정도를 확인하고 유아들에게 무엇을 어떻게 가르쳐야 할 것인가에 대한 방법을 모색할 수 있다.

평가의 목적은 현재 유아들의 발달 정도를 파악하는 것일 뿐 아니라 평가를 통해 유아의 발달이 유아교육에서 추구하는 인간상과 연계되고 있는가를 검토하기 위한 것이다(교육인적자원부, 2007). 유아 사회교육에서의 평가를 통해 유아들의 사회성 발달 정도를 파악하고 유아 사회교육의 계획 및 실행의 전 과정을 점검해 봄으로써 보다 효과적인 방안을 모색할 수 있다.

이러한 평가는 교육과정에서 중요하게 다루어야 하며, 신뢰할 수 있는 평가를 통해 사회교육의 목표와 내용, 교수·학습 방법을 점검하고 유아들의 흥미와 발달 수준을 파악하도록 한다. 올바른 평가가 이루어지기 위해서는 평가의 의미를 잘 이해하고 적합한 평가 방법을 선정하여 활용하는 것이 필요하다. 특히 유아들을 대상으로 하는 평가에 있어서 유아의 연령이나 발달 정도 등을 고려하여 적합한 평가 방법을 선정하고, 형식적인 방법뿐만 아니라 비형식적인 다양한 방법을 통하여 평가가 이루어질 수 있도록 한다.

월시(Walsh, 1980)는 유아 사회교육에 대한 평가를 할 때 고려해야 할 점을 다음과 같이 제시하였다.

- 도달해야 하는 사회교육의 목표 범위를 결정한다.
- 교사는 유아 사회교육에 대한 포괄적인 견해를 갖추고 객관적으로 평가를 한다.
- 다양한 활동 장면을 통해서 나타나는 관찰 가능한 유아의 행동을 통해 평가가 이루어지도록 한다. 그림, 면담, 토의, 극화 활동을 통해서 보다 객관적으로 유아의 흥미, 태도, 견해, 사회적 기술을 평가한다.
- 학기 초, 학기 중간, 학기 말에 걸쳐 평가는 지속적으로 이루어져야 하며, 그 결과를 교수교육 활동에 반영한다.
- 가능한 한 평가는 객관적인 방법과 유아의 폭넓은 반응을 알아보는 주관적인 방법도 이용한다.
- 평가 결과는 유아의 발달에 대한 변화를 알아볼 수 있도록 기록으로 남긴다.

2. 평가의 내용

2019 개정 누리과정에서는 유아에 대한 이해와 누리과정 운영 개선을 위한 현장 중심의 자율적 평가가 실행될 수 있도록 지원하고자 다음과 같은 점에 중점을 두고 평가를 실시한다고 명시하였다(교육부, 보건복지부, 2019).

첫째, 누리과정 운영의 질을 진단하고 개선하기 위해 평가를 계획하고 실시한다.
둘째, 유아의 특성 및 변화 정도와 누리과정의 운영을 평가한다.
셋째, 평가의 목적에 따라 적합한 방법을 사용하여 평가한다.
넷째, 평가의 결과는 유아에 대한 이해와 누리과정 운영 개선을 위한 자료로 활용할 수 있다.

유아교육기관에서 평가는 크게 운영에 대한 평가와 유아에 대한 평가로 구분할 수 있다. 2019 개정 누리과정에서도 평가를 유아평가와 누리과정의 운영평가로 제시하고, 현장의 자율성을 강조하여 내용을 제시하였다. 유아평가와 누리과정 운영평가의 내용은 다음과 같다.

1) 유아평가

2019 개정 누리과정에서 유아평가는 궁극적으로 유아의 행복과 전인적 발달을 지원하는 데 그 목적이 있으며 교사는 유아의 놀이, 일상생활, 활동 속에서 유아의 배움과 성장을 돕기 위하여 평가를 할 수 있다고 하였다. 교사는 유아의 배움이 나타나는 놀이의 특성, 흥미와 관심, 친구관계, 놀이를 이어가기 위한 자료의 활용 등에 주목하여 유아 놀이를 관찰하고 이를 통해 유아의 특성과 변화를 이해하도록 한다(교육부, 보건복지부, 2019).

교육과학기술부와 보건복지부(2013a)에서 제시하고 있는 내용을 기초로 유아평가의 내용을 정리하면 다음과 같다.

- 유아의 특성과 변화 정도를 평가한다.
- 유아의 지식, 기능, 태도를 포함하여 평가한다.
- 유아의 일상생활과 누리과정 활동 전반에 걸쳐 평가한다.
- 관찰, 활동 결과물 분석, 부모 면담 등 다양한 방법을 사용하여 종합적으로 평가하고, 그 결과를 기록한다.
- 유아평가 결과는 유아에 대한 이해와 누리과정 운영 개선 및 부모 면담 자료로

활용할 수 있다.

유아평가의 결과는 유아가 행복감을 느끼고 전인적으로 발달하도록 도움을 주는 데 활용하며 누리과정이 추구하는 인간상과 목적 및 목표 등에 비추어 유아의 특성과 변화 정도를 이해하고 유아의 배움과 성장에 도움이 되도록 지원하는 데 활용한다(교육부, 보건복지부, 2019).

2) 누리과정 운영평가

2019 개정 누리과정에서는 누리과정 운영평가는 유치원과 어린이집의 교육과정이 유아 · 놀이 중심으로 적절하게 운영되고 있는지 평가하는 데 목적이 있다고 하였다. 누리과정 운영평가에서는 놀이시간을 충분히 운영하였는지 유아 주도적인 놀이와 배움이 이루어지고 있는지 놀이 지원이 적절한지 등을 평가할 수 있다. 이는 놀이 속에서 나타나는 유아의 특성 및 변화 정도와 연계하여 파악할 수 있으며 필요시 부모 협력, 행 · 재정 지원이 적절하게 이루어지고 있는지 등을 평가할 수 있다(교육부, 보건복지부, 2019).

또한 운영 내용 및 활동이 유아의 발달 수준과 흥미 및 요구에 적합한지를 평가한다. 유아 사회교육을 계획하고 운영할 때 유아나 유아교육기관, 지역사회의 특성을 잘 반영하고 있는지를 평가한다. 유아 사회교육의 운영 및 활동은 다양하게 이루어질 수 있으므로 유아의 흥미나 특성에 맞게 적합한 내용으로 운영되고 있는지를 평가한다(교육과학기술부, 보건복지부, 2013a). 유아교육기관에서 실시한 다양한 방식의 누리과정 운영평가의 결과는 유아 · 놀이 중심 교육과정의 운영을 보다 나은 방향으로 개선하는 데 활용할 수 있다. 특히, 유아 · 놀이 중심의 교육과정이 효과적으로 운영되기 위하여 누리과정 운영에 대한 지속적인 평가와 환류가 이루어져야 한다.

3. 평가의 종류

교사는 유아가 주제에 대하여 어떤 경험이 있는지, 어느 정도 알고 있는지에 대해 조사를 하는 진단평가를 함으로써 교육이 어디서부터 시작되어야 하는지를 판단할 수 있고, 방향도 설정할 수 있다. 교육 활동이 이루어지는 과정에서는 형성평가를 통해 교육의 효과 정도를 파악하면서 교육 과정 및 내용, 방법 등을 수정 또는 확대시킬 수도 있다. 교육 활동을 마무리하고 목표 달성이 어느 정도로 이루어졌는지를 알아보기 위해서는 총괄적인 평가를 한다. 총괄평가는 유아에게는 자신이 어떤 교육을 받았는지를 깨닫게 해 주는 좋은 기회가 되고, 교사에게는 적절한 교육 계획 방안과 효율적인 지도 방법을 모색하는 데 도움을 준다. 우혜진(2012)은 유아 사회교육에 대한 평가는 진단평가, 형성평가, 총괄평가로 나누어 실시하도록 제안하였으며, 각각의 평가에 대해 다음과 같이 진술하였다.

1) 진단평가

진단평가는 유아의 사회교육을 실행하기 전에 실시하는 평가이다. 교사는 유아가 또래와 활동하고 놀이하는 것을 관찰하여 사회교육의 범주에 대한 유아의 능력이 어느 정도인지를 평가한다. 진단평가를 통해 유아의 사회성 발달 정도를 파악하여 활동 계획 수립 시 반영한다. 또한 학기 초에 이루어지는 진단평가를 통해 또래 집단 내의 관계를 이해하고 유아의 사회적 관계를 파악하는 데 도움이 될 수 있다.

2) 형성평가

형성평가는 유아 사회교육이 적용되는 과정에서 이루어지는 평가이다. 형성평가는 사회적 합의 활동과 관련된 수업 및 활동 상황을 기록, 동영상 촬영, 녹음, 사진 촬영, 활동 결과물 등의 자료를 수집하고 분석하는 다양한 방법을 통해 이루어진다. 교사는 유아 사회교육이 이루어지는 과정에서 유아의 변화를 관찰하여 유아에게 적절한 피드백을 주고, 그 결과를 자신의 교수교육 방법을 반성적으로 평가하고 개선하는 데 활용한다. 이때 수정 및 보완해야 할 부분에 대한 반성과 협의를 거쳐 다음 활동을 계획하는 데 반영되도록 한다. 형성평가 내용의 예를 들면 다음과 같다.

- 유아 사회교육이 적절하게 수행되었는지를 평가하기 위해 실제 수업에서 계획했던 활동의 목표가 적절히 달성되었는가?
- 유아 사회교육을 위한 활동을 통해 유아의 흥미와 호기심을 자극하였는가?
- 유아 사회교육을 위한 활동이 유아의 발달에 적합하였는가?
- 교수교육 자료가 유아에게 적합하였는가?
- 유아 사회교육을 위한 활동이 진행되는 동안에 유아가 자발적으로 참여하고, 상호작용이 잘 이루어졌는가?
- 적절한 교수 전략을 사용하였는가?
- 교사의 역할과 발문이 유아 사회교육에 적절하였는가?

3) 총괄평가

총괄평가는 프로그램을 적용한 후에 프로그램의 목적과 목표가 달성되었는지를 평가하기 위해 실시한다. 총괄평가는 진단평가에서 사용한 것과 동일한 방법을 활용하고, 비교해 봄으로써 유아의 사회성이 얼마나 증진되었는지를 확인할 수 있다. 총괄평가 내용의 예를 들면 다음과 같다.

- 유아 사회교육의 목표, 내용, 방법이 효과적인가?
- 유아 사회교육이 개선해야 할 점은 무엇인가?
- 유아 사회교육을 통해 유아의 사회성이 어느 정도 증진되었는가?

4. 평가의 방법

2019 개정 누리과정에서 평가 방법은 평가의 목적과 대상에 따라 달라질 수 있다고 하였다. 유치원과 어린이집은 평가 목적에 가장 적합한 평가 방법을 자율적으로 정하여 활용할 수 있다(교육부, 보건복지부, 2019).

평가는 전통적으로 측정의 방법이나 심리 검사의 개념을 다루고 있으나 최근 보다 다양한 평가의 방법들이 모색되고 있다. 일반적으로 사회교육에서 평가는 관찰, 표준화된 검사, 포트폴리오, 면담, 체크리스트 등을 포함한다.

1) 관찰

유아를 평가할 때에는 여러 내용을 다양한 방법을 통해서 정보를 수집하고, 그것에 기초하여 결과를 분석하는 것이 바람직하다. 가장 많이 사용되는 방법은 유아를 관찰하는 것이다. 하루 일과에서 유아가 참여하는 놀이의 종류나 수준, 친구관계, 활동에 대한 몰입 정도, 일상생활 수행의 정도 등 관찰 가능한 여러 행동을 구체적으로 기록하고 그 자료를 기초로 유아를 평가한다(교육과학기술부, 보건복지부, 2013a). 유아의 행동을 관찰할 때에는 객관적으로 보여지는 사실에 입각하여 관찰하도록 한다. 관찰은 유아의 일상생활을 통해 지속적이고 반복적으로 이루어질 수 있다. 자유선택활동, 바깥놀이, 급 · 간식 시간, 대 · 소집단 활동, 등 · 하원 시 등 하루의 일과 전반에 걸쳐서 유아의 행동을 관찰하고 기록한다.

자유선택활동, 대 · 소집단 활동, 급 · 간식 및 정리 정돈, 등원 및 귀가 등 유아가 참여하게 되는 일상생활과 교육 활동을 모두 고르게 관찰하고 체계적으로 자료를 수집하여 평가한다. 또한 관찰을 할 때에는 학급의 모든 유아를 고루 포함하도록 한다(교육과학기술부, 보건복지부, 2013a).

교사는 유아의 특성과 변화 정도를 파악하기 위하여 유아들의 실제 놀이 모습을 계획안에 기록할 수 있고, 놀이 결과물과 작품 등을 일상적으로 수집할 수 있다. 유아들의 놀이를 관찰할 때에는 유아의 말, 몸짓, 표정 등에 드러나는 놀이의 의미와 특성에 주목하여 이 중 필요한 내용을 메모나 사진 등 교사가 할 수 있는 가장 용이한 방법으로 기록한다(교육부, 보건복지부, 2019).

(1) 일화기록

일화기록은 한 개인의 행동을 타인이 제3자의 입장에서 관찰하고 기록하는 방법이다. 관찰하고자 하는 유아의 행동을 종단적으로 연구하는 데 특히 유용한 것으로서, 유아에게서 관찰하고자 하는 행동이 있을 때마다 상세하게 기록한다. 행동이 일어나는 시간과 장소, 내용을 사실적으로 기록하고, 해석과 처리 방안은 사실과 구별되도록 제시해야 한다. 하나 하나의 일화는 각각 독립된 사건이 되도록 기록하는 것이 중요하다(한국교육심리학회, 2000).

일화기록을 할 때 절차와 주의사항은 다음과 같다.

첫째, 어떤 일화나 사건이 발생한 후 가능한 한 즉시 기록해야 한다.

둘째, 관찰대상 유아의 행동과 말을 구별해서 기록한다.

셋째, 일화기록지에 관찰날짜, 관찰시간, 관찰장면, 관찰아동의 이름, 생년월일, 관찰자 등을 꼭 기록한다.

넷째, 관찰대상 유아의 행동과 언어를 기록할 뿐 아니라 그 상황에 있는 다른 사람들의 반응도 기록한다.

다섯째, 일화가 일어난 순서대로 기록한다.

여섯째, 대상의 정확한 의미를 파악하기 위해 관찰대상 유아가 사용한 말을 그대로 인용한다.

일곱째, 관찰대상 유아가 한 행동을 기술할 때 동일한 용어로 일관성 있게 기록한다.

여덟째, 객관적이고 사실적이며 완전한 기록이어야 한다(전남련 외, 2009).

〈표 7-1〉은 일화기록을 작성한 예이다.

표 7-1 일화기록의 예

관찰 유아	○○○	생년월일	○○○○년 ○월 ○일	성별	(남, 여)
관찰자	□□□	관찰일시	○○○○년 ○월 ○일 ○시 ○분 ~ ○시 ○분		
관찰 장면	자유선택활동 시간에 ○○가 울고 있는 상황				
관찰 내용					

울고 있는 A에게 교사가 왜 우는지 물어보니 B가 놀렸다고 한다.
어떻게 놀렸냐고 물어보니 "나는 C를 안 좋아하는데 B가 자꾸 C 좋아하잖아, 결혼해."라고 놀렸다고 한다. 마침 B가 지나가고 있어서 교사가 "B야, A가 울고 있어서 물어보니까 니가 놀렸다고 하네."라고 하니까 "아니에요. 나 안 놀렸어요."라고 그러자 A가 "니가 아까 나 놀렸잖아. 난 C 안 좋아하는데 니가 결혼하라고 했잖아."라고 울면서 이야기한다.
"어… 그거 놀린 거 아닌데… 그냥 말한 건데……."
이때 교사가 "아~ 그러니까 B는 놀리려고 하는 말은 아니었구나. 그런데 A는 놀렸다고 느꼈네. 이 문제를 어떻게 해결하면 좋을까?"라고 말하자 B가 "미안해. 놀린 거 아냐."라고 했다.
A는 B의 사과를 받아주지 않고 계속 운다. 교사가 A에게 "A야, B가 놀린 게 아니라고 사과하네. B가 사과하는 말을 들으니 네 마음이 어떻니?" A는 아무 반응이 없다.
교사가 다시 A에게 말한다. "B가 그런 말을 하지 않았으면 좋겠다면 니가 그런 니 마음을 이야기해야 B가 다시 그러지 않을 것 같은데, 어때?"그러자 A가 고개를 끄덕인다.
교사가 다시 이야기한다. "B에게 니 마음을 이야기해 보겠니?"
"B야, 그런 말 하지마. 나 속상해." "알았어, 안 그럴게."
교사가 "A야, 혹시 다음에도 속상한 일이 있으면 친구에게 니 마음을 이야기하거나 선생님에게 도와달라고 하면 오늘처럼 쉽게 해결할 수 있어."라고 하자 A는 알겠다고 한다.
교사가 "자, 그럼 서로 화해의 악수를 하고 놀이를 계속 해 볼까?"라고 하자 두 유아는 악수를 하고 다시 활동을 한다.

관찰자의 분석	유아들이 친구로 인해 속상하거나 갈등 상황이 생겼을 때 유아들마다 표현하는 방법이 다양한 것 같다. A는 내성적이고 마음이 여려 이런 상황에서 다른 유아에게 화를 내지도, 교사에게 도움을 청하지도 않는 편이다. 오늘도 교사가 발견하지 못했다면 오래 울었을 것이다. 교사는 자신의 속마음—속상한 이유, 우는 이유, 화난 이유 등—을 상대 유아에게 정확하게 의사소통을 하는 것이 중요하다는 것을 A에게 알려 주었고, 비슷한 상황이 생겼을 때 스스로 친구에게 마음을 알리거나 교사에게 도움을 청하도록 다시 이야기하였다. 유아 간에 문제가 생겼을 때 형식적으로 '미안해, 괜찮아.'로 상황을 끝냈다면 A는 여전히 속상했을 것이다. 비슷한 상황이 생겼을 때 A가 오늘의 경험을 떠올렸으면 하는 바람이다.

(2) 평정척도법

평정척도법은 특정한 행동을 정해진 범주에 따라 평가하고자 할 때 사용하는 방법이다. 이 방법은 특정 행동이 나타나고 있는지의 여부에 대한 것뿐 아니라 행동의 특성을 1~3점 또는 1~5점으로 수량화하여 점수를 준다(박찬옥 외, 2010). 평정척도는 평가하고자 하는 행동을 점수로 수량화하여 활용이 용이하고 비교적 평가를 빠르게 할 수 있으나, 교사의 편견이나 고정관념이 반영될 수 있고 평가를 불성실하게 할 경우 큰 오류를 범할 수 있다. 따라서 교사는 객관적인 태도로 평정척도를 할 수 있도록 해야 한다. 〈표 7-2〉는 유아의 사회성 발달에 대한 평정척도(이순화, 2013)의 예이다.

표 7-2 유아의 사회성 발달 평정척도

관찰 유아	○○○	생년월일	○○○○년 ○월 ○일	성별	(남, 여)
관찰자	□□□	관찰일시	○○○○년 ○월 ○일		
평가 척도	1. 전혀 그렇지 않다 2. 약간 그렇다 3. 그렇다 4. 많이 그렇다 5. 정말 많이 그렇다				

항목	1	2	3	4	5
1. 다른 아이와 협동적인 놀이를 잘한다.					
2. 다른 아이들과 잘 어울린다.					
3. 자신의 놀이에 다른 아이가 끼어들어도 거부하지 않는다.					
4. 다른 아이들과 어울리기보다는 혼자 놀기를 좋아한다.					
5. 친구와 놀다가 자기 뜻대로 되지 않으면 화를 낸다.					
6. 누가 말할 때에는 그 사람에게 귀를 기울인다.					
7. 무엇이든지 좋은 것은 자기만 다 가지려고 한다.					
8. 다른 아이에게 공격적이다.					
9. 다른 아이들의 물건을 빌리면 되돌려 준다.					
10. 다른 사람이 자기를 필요로 하는 것을 인식하면 도와준다.					
11. 어려운 일이나 하기 싫은 일은 다른 사람에게 시킨다.					
12. 자기 차례나 규칙을 알고 하는 게임을 잘할 수 있다.					
13. 어떤 일이든지 자신 있게 하지 못하고 망설이다가 한다.					
14. 놀던 장난감을 제자리에 정돈해 둔다.					
15. 처음 보는 아이와 같이 놀기도 한다.					

16. 싫고, 좋은 것을 스스로 선택한다.
17. 다른 아이에 의해 놀이 친구로 잘 선택된다.
18. 다른 아이들에게 게임을 하는 방법을 가르쳐 준다.
19. 낯선 장소에 가면 불안해 하고 위축된다.
20. 새로운 것을 빨리 배운다.
21. 놀이나 작업에 즐거워하며 열심히 참여한다.
22. 자기 의사를 분명히 표현한다.
23. 주위의 돌아가는 상황을 잘 알아서 그에 맞게 행동한다.
24. 친구들에게 자기 집에 가서 놀자고 잘 청한다.
25. 놀이를 할 때, 스스로 새로운 것을 고안해 낸다.
26. 자기가 한 일에 스스로 책임을 지려고 한다.
27. 교사들에게 스스럼없이 대한다.
28. 교사들을 좋아하고 따른다.
29. 교사의 지시를 잘 수용한다.
30. 교사의 질문에 자기 마음대로 대답한다.
31. 유치원에서 안정감을 느낀다.
32. 배우는 것을 즐겁고 재미있어 한다.

(3) 행동목록법

행동목록법은 유아의 사회적 행동들을 사전에 준비하고 제시된 행동들이 나타나는지를 관찰하여 평가하는 방법이다. 행동목록법의 내용은 관찰이 가능한 내용으로 구성되어야 하며, 내용이 체계적으로 구성되어 있어야 한다. 목록의 내용을 관찰자가 잘 파악하고 인지하고 있어야 보다 객관적인 평가가 이루어질 수 있다. 행동목록법 이외에도 사건을 중심으로 평가를 하는 사건표집법과 시간을 중심으로 평가하는 시간표집법 등 다양한 평가가 이루어질 수 있다. 〈표 7-3〉은 사회성 발달 체크리스트(조순옥 외, 2013)의 예이다.

표 7-3 사회성 발달 체크리스트

관찰 유아	○○○	생년월일	○○○○년 ○월 ○일	성별	(남, 여)
관찰자	□□□	관찰일시	○○○○년 ○월 ○일		
평가 척도	다음의 행동이 나타나면 V로 표시한다.				

항목	예	아니요
1. 친구들과 함께 놀이를 한다.		
2. 다양한 놀이에 참여한다.		
3. 친하게 지내는 친구가 많다.		
4. 친구에게 놀이를 하자고 제안한다.		
5. 새로운 교구에 흥미를 보인다.		
6. 새로운 환경에 적응을 한다.		
7. 이미 진행되고 있는 놀이에 자연스럽게 끼어든다.		
8. 친구의 놀이나 행동을 방해하지 않는다.		
9. 문제 상황이 생기면 말로 해결한다.		
10. 다른 친구의 물건을 사용할 때 허락을 구한다.		
11. 자기보다 약한 친구를 도와준다.		
12. 친구가 도와주면 "고마워."라고 말한다.		
13. 집단 생활에서 여러 친구와 협동한다.		
14. 친구와 약속을 지킨다.		
15. 친구들이 좋아한다.		
16. 집단 생활에서 규칙을 지킨다.		
17. 새로운 활동에 적극적으로 참여한다.		
18. 차례를 잘 지키고, 잘 기다린다.		
19. 내 물건과 다른 사람의 물건을 구별하여 사용한다.		
20. 활동에 자신감을 갖고 참여한다.		
21. 교사와의 관계가 능동적이다.		
22. 교사와 상호작용을 잘한다.		
23. 친구들의 이름을 알고, 가끔 친구에 대해 이야기한다.		
24. 다른 유아와의 문제 해결을 위해 교사나 다른 성인들에게 도움을 요청한다.		

2) 포트폴리오

포트폴리오란 유아의 작업 결과나 작품 혹은 어떤 수행의 결과를 모아 놓은 자료집이나 서류철을 의미하며, 포트폴리오를 이용한 평가라 함은 이러한 포트폴리오에 담긴 자료를 기초로 평가하는 것을 의미한다. 이러한 포트폴리오 평가는 시간의 흐름에 따른 유아 개개인의 변화, 발달과정을 지속적·종합적으로 평가하는 방법이다(김혜금, 2002). 포트폴리오에는 유아의 작업물, 성장기록, 사진, 녹음 테이프 등을 수집할 수 있다. 시펠트(Seefeldt, 2005)는 유아의 사고표현 능력이 증가하면서 나타나는 새로운 단어 사용, 개념의 변화를 기록하여 분석함으로써 유아 사회교육 평가의 기초를 제공할 수 있다고 하였다. 또한 다음과 같은 내용이 유아 사회교육의 포트폴리오에 포함될 수 있다고 하였다.

- 유아가 그린 그림, 지도, 다른 작업의 샘플
- 읽은 책의 목록
- 단원 프로젝트나 활동 사진
- 유아의 면담 기록물
- 유아의 활동 결과물
- 유아의 이야기, 시낭송, 특별한 사건에 대한 녹음테이프
- 여행이나 특별한 사건의 비디오 기록물
- 사회나 유아 사회교육에 관한 기록물

포트폴리오 평가는 유아가 활동을 하는 과정과 결과를 통해 종합적인 평가가 이루어질 수 있다. 유아에 대하여 관찰하고 분석하여 유아 개개인의 지식이나 기술, 태도가 어떻게 변화하고 발달해 가는지를 종합적으로 판단할 수 있다. 〈표 7-4〉는 포트폴리오 양식의 예이다.

표 7-4 포트폴리오 양식의 예

관찰 유아	○○○	생년월일	○○○○년 ○월 ○일		성별	(남, 여)	
평가자	□□□	관찰일시	○○○○년 ○월 ○일				
활동명							
활동 결과물	〈그림이나 사진〉						
평가	새로 소개한 활동 ( )	내용 / 척도			1	2	3
	이전에 했던 활동 ( )						
	교사의 개입 정도 ├──┼──┤ 적음 보통 많음						
분석 및 추후 교육 계획							

3) 면담

유아 사회교육의 평가 방법 중 형식적인 면담과 비형식적인 면담이 있다. 면담을 통해 사회교육에 대한 유아의 사고 정도를 파악할 수 있다. 다양한 사회교육에 대한 내용을 형식적이나 비형식적인 방법으로 면담할 수 있으며, 면담을 위해 그림이나 사진 등의 자료를 활용할 수 있다. 교사는 면담 시 사고를 확장할 수 있도록 질문을 추가적으로 하거나 덧붙여서 할 수 있다. 응답을 촉진하는 질문을 통해 유아의 사고의 확대를 도울 수 있다.

면담을 할 때 유아가 응답을 일관성 있게 하는지를 살펴보고, 유아의 답변이 비교적 정확한지를 파악한다. 유아의 응답이 명료하게 나타날 수 있는 것인지를 확인하고, 유아가 관련한 개념에 대해 얼마나 응답할 수 있는지를 살펴본다(Seefeldt, 2005).

면담을 할 때 면담 내용을 그대로 적기에 어려울 수 있으므로 면담 내용을 녹음하거나 녹화한 후 그 내용을 전사하도록 한다. 유아를 면담할 때에는 편안한 분위기에서 면담이 이루어질 수 있도록 하며, 유아의 일상생활 속에서 자연스럽게 이루어질 수 있도록 한다. 면담을 위해서는 시간을 여유 있게 갖고, 유아가 생각할 수 있는 시간이나 대답할 시간을 충분히 제공해야 한다.

생각해 봅시다

- 유아나 성인(동료 교사나 친구)의 사회적 행동을 관찰하여 일화기록을 작성해 봅시다.

제4부

유아 사회교육의 실제

제8장

놀이 중심의 유아 사회교육 실제

1. 놀이 중심의 유아 사회교육 계획

2019 개정 누리과정은 각 기관의 실정에 적합한 계획을 수립하여 교육과정을 운영하도록 제안한다(교육부, 2019). 이에 따른 교수학습을 위해 교사는 무엇보다 유아들이 흥미 있어 하는 놀이에 자유롭게 참여하고 즐기면서 배우도록 해야 한다. 더불어 누리과정의 5개 영역의 내용이 통합적으로 유아의 놀이 경험과 연계되도록 점검하는 노력을 해야 한다.

따라서 유아 사회교육은 유아의 흥미와 상황, 시기별로 유아의 경험과 연계한 놀이를 관찰하고, 이와 연계한 주제 중심 통합 교육과정으로 운영할 수 있다. 이에 더하여 유아 사회교육의 내용 요소를 반영하여 추가 활동 혹은 심화 활동을 유아들과 협의하여 운영한다면 영유아기에 필요한 사회교육의 지식과 개념을 보다 깊이 있게 습득할 수 있다.

이 장에서는 유아 사회교육의 계획 및 운영 사례를 주제에 따른 놀이를 중심으로 통합하여 운영한 사례로 제시하고자 한다.

1) 교육내용 선정하기

유아의 관심사 및 놀이와 관련한 주제를 선정하고, 이에 따른 교육내용을 선정하기 위해서는 다양한 각도에서 유아의 관심사와 놀이를 관찰하고 파악하는 과정이 필요하다. 즉, 교사는 유아의 놀이를 관찰하고 유아와 대화하여 관심사를 파악하면서 자신의 교육과정을 평가하고 이를 반영하여 유아의 흥미와 수준에 따른 주제 선정을 할 수 있다. 특히 학기 말에는 기관의 교사들이 모두 모여 전년도의 주제 중심 통합 교육과정이 월별로 유아의 흥미와 수준, 요구에 부합했는지를 평가하고 다음 해에 유아들이 흥미 있어 할 만한 주제나 학기 초에 기관 적응을 위한 주제에 대해 협의하는 과정도 필요하다.

교사가 일상생활 속에서 담당 학급 유아들의 흥미와 관심, 사전 경험과 발달 수준을 파악하여 주제를 선정하고 난 후에는 해당 주제에서 다룰 보다 구체적인 교육내용을 구성한다.

이 장에서는 사회과학적 지식 중 유아에게 익숙하고 친숙한 소재인 '우리 동네'를 중심으로 한 교육내용 선정과정을 예시로 제시하고자 한다.

표 8-1 주제 '우리 동네'의 교육내용 구성의 예

소주제	우리 동네 모습	우리 동네 생활	우리 동네 사람들	우리 동네 전통과 문화
교육내용	• 우리 동네에 관심 가지기 • 우리 동네 둘러보기 • 우리 동네 알아보기	• 우리 동네 자연 공간에 관심 가지기 • 우리 동네 공공기관 알아보기 • 우리 동네 생활 공간 활용하기	• 우리 동네 사람들에게 관심 가지기 • 우리 동네 사람들이 하는 일 알아보기 • 배려가 필요한 이웃에 관심 가지기	• 우리 동네 전통과 문화에 관심 가지기 • 우리 동네의 전통과 문화 알아보기 • 우리 동네를 아끼고 사랑하기

출처: 보건복지부, 교육과학기술부(2013c), p. 16.

교사는 앞의 〈표 8-1〉과 같이 교육내용을 구성하고 이후 유아의 놀이 진행 상황을 관찰하여 유아의 아이디어에 따라 놀이를 변형해 가면서 교육내용을 수정하거나 추가할 수 있다. 〈표 8-2〉는 만 4세반 유아들이 '우리 동네'를 산책하면서 알게 된 개념과 그림그리기 혹은 블록으로 쌓기놀이를 하면서 더 관심을 보이는 교육내

표 8-2 주제 '우리 동네'의 교육내용 재구성의 예

소주제	우리 동네 모습	우리 동네 생활	우리 동네 사람들	우리 동네 전통과 문화
교육내용	• 우리 동네에 관심 가지기 • 우리 동네의 위치와 공간 둘러보기 • 우리 동네의 다양한 건물과 모습 알아보기	• 우리 동네 자연 공간 찾아보기 • 우리 동네 공공기관 알아보기 • 우리 동네 공동의 활용 공간 알아보기	• 우리 동네 사람들이 하는 일에 관심 가지기 • 우리 동네에 도움을 주시는 분 알아보기 • 서로 돕고 사는 우리 동네 사람들 알아보기	• 우리 동네 전통과 문화에 관심 가지기 • 우리 동네의 자랑거리 알아보기 • 우리 동네를 아끼고 사랑하기

• 하늘색 글씨는 학급 유아의 관심사에 따라 재구성한 내용임.

용을 추가 및 수정한 예이다.

〈표 8-2〉에서 교사는 우리 동네에 대한 지리 개념을 보다 구체적인 용어로 표현하여 '우리 동네의 위치와 공간 둘러보기' '우리 동네의 다양한 건물과 모습 알아보기'로 교육내용을 수정하였다. 우리 동네 생활에 대한 교육내용은 자연 공간에 관심을 가지는 것에서 나아가 '우리 동네 자연 공간 찾아보기'로 수정하고, 우리 동네의 공공기관뿐만 아니라 공원 등 함께 활용하는 공동 공간을 알아보는 것으로 수정하였다. 우리 동네 사람들에 대한 교육내용은 우리 동네 이웃들은 개인적 상황이 달라도 서로 도움을 주고받는 협력 관계라는 것을 인식하도록 하기 위해 '서로 돕고 사는 우리 동네 사람들 알아보기'로 수정하였다. 그리고 우리 동네의 전통과 문화에 대해 주도적으로 찾아보고 자긍심을 갖도록 '우리 동네의 자랑거리 알아보기'라는 교육내용을 추가하였다.

2) 교육내용별 활동 선정하기

유아 사회교육 개념을 다루는 교육내용이 구성된 후, 교사는 담당 학급 유아들의 흥미와 관심, 발달 수준 등에 알맞은 활동을 조사해야 한다.

적용 가능한 활동을 조사한 후에는 학급 유아의 흥미에 따라 활동을 추가하거나 변형하여 목록을 재구성해 본다. 일반적으로 유아가 주제에 대해 인식하고 궁금한 점을 탐색하는 활동으로 시작하여 궁금한 점을 알아보기 위한 실험 및 조사 활동을 중심으로 탐구하는 활동, 알아낸 개념과 내용을 여러 가지로 놀이로 적용해 보는 과정으로 활동목록표를 재구성한다면 사회교육 개념 습득과 관련한 유아의 사고의 흐름을 고려할 수 있다.

〈표 8-3〉은 사회교육 활동을 중심으로 재구성한 활동목록표의 예시이다.

표 8-3 주제 '우리 동네'에 대한 재구성 활동의 예

교육내용	교사가 구성한 활동	유아의 아이디어에 따라 변형된 놀이	재구성 내용
• 우리 동네에 관심 가지기 • 우리 동네의 건물과 모습 알아보기	• 유치원 주변 돌아보기 • 우리 동네에 있는 건물과 조형물을 알아보아요	☞ 유치원 주변 돌아본 길을 회상하여 만들기	–동네 공간을 직접 돌아다니며 탐색 –탐색 내용을 회상하며 입체물, 그림 등으로 표상
• 우리 동네의 위치와 공간 둘러보기 • 우리 동네 자연 공간 찾아보기 • 우리 동네 공동의 활용 공간 알아보기	• 하늘에서 본 우리 동네 • 우리 동네 수수께끼 • 산책공간을 만들어요 • 우리 동네를 함께 꾸며요	☞ 우리 동네에는 여러 장소가 있어요 ☞ 우리 동네를 함께 꾸며요(공공디자인 미술활동으로 변형)	–우리 동네 지도를 소개하는 이야기나누기로 수정하여 실시 –우리 동네 벽화를 실제 공간에서 그려 보는 활동으로 수정
• 우리 동네 공동의 활용 공간 알아보기 • 우리 동네 사람들이 하는 일에 관심 가지기 • 우리 동네에 도움을 주시는 분 알아보기 • 서로 돕고 사는 우리 동네 사람들 알아보기	• 무엇을 하는 곳일까요? • 생각이 쑥쑥, 즐거운 도서관 • 우리 동네 생활정보책 만들기 • 우리 마을! 우리 시장!	• 우리 동네 사람들 이야기나누기 ☞ 우리 동네에서 가장 좋아하는 장소 조사하기 ☞ 숲속 도서관 이용하기 ☞ 도움을 주시는 분 인터뷰하기 ☞ 생각이 쑥쑥, 즐거운 도서관 구성하여 놀이하기 ☞ 유치원 도서관 의자 디자인하기 ☞ 가구의 생산과 판매에 대해 알아봐요	–동네를 직접 돌아다니며 모습과 생활상을 사진으로 조사 –유아들에게 의미 있는 장소 조사 –우리 동네 사람들의 편리한 생활을 위해 일하시는 분 조사 –유아들이 직접 우리 동네 공간에 필요한 것들을 생각하여 생산해 보는 경험 제공
• 우리 동네의 자랑거리 알아보기 • 우리 동네를 아끼고 사랑하기	• 살기 좋은 우리 동네를 만들어요	☞ 중고책 시장 놀이하기	–살기 좋은 동네를 만드는 방법에 대해 유아들이 직접 아이디어를 내고 실천하는 과정으로 수정

• 5세 누리과정 지도서의 활동목록표를 참고하여 계획한 활동목록임.

3) 주간교육계획안 작성 및 수정

교사는 학급 유아들이 흥미를 보이는 주제가 있을 경우, 각 영역에서의 놀이와 활동을 고려하여 놀이 중심의 통합적 교육계획안을 수립할 수 있다. 이러한 유아의 놀이와 연계한 활동들을 주간교육계획안에 기입하여 작성할 수 있다.

교사가 먼저 조사한 주요 활동 위주로 교육계획안을 작성하는 경우 1주차 주간교육계획안은 '주제 인식–탐색 및 탐구–적용'으로 이어지는 학습주기에 맞추어 주제 관련 내용을 인식할 수 있는 활동과 탐색 단계의 활동으로 구성하고, 이를 위한 주간목표를 수립하게 된다. 또한 유아가 흥미 있어 하는 일일 소주제와 연계하여 적절한 대·소집단 활동을 구성하게 된다. 이야기나누기는 일일 소주제를 고려하여 주제를 정할 수 있으나 놀이과정 동안 유아의 아이디어에 따라 놀이 계획 및 평가의 순환과정을 반영하게 되므로 1차로 작성한 주간교육계획안의 초안은 계속 수정 및 보완하는 과정을 거치게 된다.

일일 소주제와 연계한 대·소집단 활동을 고려하여 자유선택활동을 구성하게 되는데, 이 과정에서도 유아의 놀이 아이디어에 따라 활동의 내용이나 방법이 계속 수정 및 보완하는 과정을 거치게 된다.

〈표 8–4〉는 주제 '우리 동네'에 대한 1주차 주간교육계획안의 예시이다. 이 표에서 교사는 유아들이 우리 동네에 관심을 가지고 바깥놀이 시간에 산책을 하면서 동네의 모습을 다각도로 알아보도록 계획하고 있다. 특히 지리 개념에 기초하여 다각적인 공간 탐색 경험을 하면서 우리 동네 지도 읽기 및 그리기로 연계하도록 구성하고 있다. 유아의 지도 읽기 및 그리기가 추상적인 표상과정임을 고려하여 산책 시 찍은 사진 자료를 쌓기놀이 영역 벽면에 게시하고, 쌓기놀이 영역의 블록과 같은 입체물로 위치와 방향을 구성하도록 활동방법을 수정하는 과정을 보여 주는 예시이다.

나아가 우리 동네 사람들이 함께 살아가는 공동 공간으로서 동네 공원에 마련된 작은 도서관을 탐구하는 활동을 추가함으로써 다음 주 주제인 '우리 동네의 생활'과 '우리 동네 사람들'에 관심을 갖도록 연결하였다.

표 8-4 주제 '우리 동네' 1주차 주간교육계획안의 예

반 이름		○○반		시기	20○○년 ○월 ○주	
주제		우리 동네				
기대목표		-우리 동네 모습에 관심을 가진다. -우리 동네 사람들이 생활하는 여러 공간을 둘러본다. -우리 동네의 생활공간을 바르게 사용하는 태도를 기른다.				
교육내용		1(월)	2(화)	3(수)	4(목)	5(금)
		우리 동네에 관심 가지기	우리 동네 자연 공간 알아보기	우리 동네의 위치와 공간 둘러보기	우리 동네의 활용 공간 알아보기	
	쌓기놀이 영역	우리 동네 사진 게시하여 보기		☞유치원 주변 돌아본 길을 회상하여 만들기		
	역할놀이 영역	역할놀이 소품을 이용하여 동네 사람들의 생활 역할놀이하기 (장바구니, 음식 모형, 꽃 모형 등)				
	언어영역	우리 동네 수수께끼 놀이		☞숨은 글자카드 추가하여 놀이하기		
	수·조작 놀이 영역	동네지도 퍼즐 맞추기			☞ 우리 동네에서 가장 좋아하는 장소 조사하기(그래프 만들기)	
	과학영역	하늘에서 본 우리 동네(컴퓨터 활용하여 찾기)			☞보물찾기 놀이 준비하기	
	미술영역	동네 산책하며 찾은 재료로 만들기			☞ 우리 동네를 함께 꾸며요	
	음률영역	우리 동네에서 나는 소리 듣기		☞동네를 산책하며 찾은 소리를 녹음하여 맞추기		
대소집단활동	이야기 나누기	우리 동네를 둘러보았어요	우리 동네에는 여러 장소가 있어요	우리 동네에서 찾은 보물을 소개합니다	우리 동네 사람을 도와주는 장소 ☞우리 동네에서 가장 좋아하는 장소는?	도서관을 다녀와요 ☞숲속도서관을 잘 이용하는 약속을 정해요
	동화·동시·동극	동화: 동물 친구들의 동네 산책			동시: 우리 동네 보물	동화: 로지의 산책
	음악		내가 살고 있는 동네에서 나는 소리			
	신체		우리 동네 장소 마임			
	게임			장바구니를 채워라		
	요리			삼색주먹밥		
	미술			모래로 만든 우리 동네		
바깥놀이활동						

* 검은색 글씨는 교사가 먼저 구성한 활동임.
☞하늘색 글씨는 유아의 놀이 상황과 아이디어에 따라 추가 혹은 수정한 활동임.

2. 놀이 중심의 유아 사회교육 운영: 주제 '우리 동네'의 예

'우리 동네'라는 주제에 대한 주간교육계획안에 제시한 여러 활동 중 '지리' 및 '경제' 개념과 관련한 주요 활동의 예는 덕성여자대학교부속유치원(2014)의 활동을 재구성하여 다음과 같이 제시하고자 한다.

활동명	유치원 주변 돌아본 길 회상하기		
소주제	우리 동네 모습	사회과학적 지식	지리
목표	• 유치원 주변 동네의 모습에 관심을 갖는다. • 유치원 주변 모습을 위치에 따라 구성한다. • 유치원 주변 건물과 자연 공간의 위치와 방향을 탐구하는 태도를 기른다.		
누리과정 관련 요소	• 사회관계 > 사회에 관심 가지기 > 내가 살고 있는 곳에 대해 궁금한 것을 알아본다. • 자연탐구 > 생활 속에서 탐구하기 > 물체의 위치와 방향, 모양을 알고 구별한다.		
대상 연령	만 5세	활동유형	쌓기놀이, 미술
활동자료	우리 동네를 산책하며 찍은 사진, 쌓기놀이 영역의 여러 블록류, 색테이프, 여러 크기의 종이류(예: 전지 크기의 큰 종이, 색상지), 여러 가지 필기도구		
놀이경험	• 유아들이 유치원에 오는 길에서 본 것들을 이야기 나눈다. • 실제로 유치원 주변 동네 돌아보기를 하기로 의논한다.		
활동방법	1. 유치원 주변 동네 돌아보기를 하고 동네의 모습을 사진으로 찍은 후 교실로 돌아와 함께 보며 회상한다. –우리 유치원을 나가면 바로 옆에 어떤 건물들이 보였니? –그 다음으로 지나간 곳은 어디였지? 사진을 볼까? 2. 유치원 주변 동네에서 본 건물과 자연 공간 등을 나타내기 위해 필요한 것은 무엇인지 의논한다. –너희가 돌아본 우리 동네를 어디에 구성하면 좋을까?		

활동방법

–건물은 무엇으로 표시하면 좋을까?
–길은 어떻게 표시하고 싶니?

3. 유아들과 함께 사전 활동에서 찍은 사진 자료를 가지고 유치원 주변 길과 환경을 교실 바닥에 색테이프로 붙여 보거나 쌓기놀이 영역의 블록 등으로 위치와 방향을 가늠해 본다.
–우리 유치원을 어디라고 정할까?
–유치원에서 길을 따라 처음 무엇을 보았니?
–그다음에는 공원을 가기 위해 우리가 오른쪽 길로 갔을까? 왼쪽 길로 갔을까?
–바닥에 도로를 어떻게 표시하고 싶니?

4. 유치원 주변 동네의 모습을 다양한 재료를 활용하여 구성해 본다.
–우리 동네 가게 건물의 간판과 모습을 어떻게 표현하고 싶니?
–도로의 자동차는 무엇으로 만들어 보고 싶니?
–공원의 나무 숲은 어떻게 꾸밀까?

5. 유아들이 구성한 '유치원 주변 동네'를 돌아보며 이야기 나눈다.
–너희가 만든 '유치원 주변 동네'를 돌아보니 어떻니?
–무엇이 더 필요한 것 같니?
–동네 사람들은 무슨 일을 하며 있었지?
–너희가 만든 '유치원 주변 동네'로 무슨 놀이를 하고 싶니?

6. 유아들과 의논한 방법대로 이야기 구성하기 등의 놀이를 하며 활용한다.

놀이지원

- 동네 산책 후 교사는 유아들이 유치원 주변 동네의 모습을 회상하기 쉽도록 사진 자료와 구체물을 활용하여 상호작용한다.
- 우리 동네 구성 시 교사는 위치와 방향에 대한 어휘를 구체적으로 사용하여 상호작용함으로써 유아들이 도형과 기하, 공간에 대한 수학적 기초 개념을 습득하도록 돕는다.

활동명	생각이 쑥쑥, 즐거운 도서관 구성하여 놀이하기		
소주제	우리 동네의 생활	사회과학적 지식	지리/경제
목표	• 도서관의 기능과 역할에 관심을 갖는다. • 도서관의 기능과 역할을 조사하고 역할놀이로 표현해 본다. • 함께 살아가기 좋은 동네를 유지하려는 태도를 기른다.		
누리과정 관련 요소	• 사회관계 > 사회에 관심 가지기 > 내가 살고 있는 곳에 대해 궁금한 것을 알아본다. • 자연탐구 > 생활 속에서 탐구하기 > 물체의 위치와 방향, 모양을 알고 구별한다.		
대상 연령	만 5세	활동유형	쌓기놀이, 미술
활동자료	도서관 견학 사진, 쌓기놀이 영역의 여러 블록류, 색테이프, 여러 크기의 종이류(예: 전지 크기의 큰 종이, 색상지), 여러 가지 필기도구		
놀이경험	• 유치원 주변 돌아보기를 하며 유아들이 친구들과 가장 가고 싶은 장소를 의논한 결과, 부모님과 자주 가 보았던 도서관이 선택되었다. • 바깥놀이 시간에 반 유아들과 함께 정기적으로 도서관에 가서 책 읽기 활동을 한다.		
활동방법	1. 동네 산책을 하며 이용했던 도서관의 기능과 역할에 대해 이야기 나눈다. –우리가 이용했던 ○○ 도서관에서는 어떤 일을 했었지? –그러면 도서관 놀이를 더 하고 싶으면 어떤 역할이 필요할까? –책을 빌리려면 우리 유치원 책에 무엇을 더해야 할까? –누가, 어떻게 준비하면 좋을까?		

2. 도서관 놀이를 위해 각자 하고 싶은 역할을 정하고 준비한다.
   - 도서관 의자는 어떤 모양으로 구성해야 책 읽기에 편할까?
   - 무슨 블록으로 만들고 싶니?
   - 간판은 어느 영역에서 만들까?
   - 도서관 사서는 누가 하고 싶니?

활동방법

3. 각자 의논한 역할에 따라 도서관 놀이를 하고 더 필요한 점 등에 대해 이야기 나눈다.
   - 도서관 놀이를 실제 해 보니 어땠니?
   - 책이 낡아져서 불편했구나.
   - 더 필요한 책은 어디서 마련할까?
   - 각자 집에서 함께 나누고 싶은 책을 가져와도 좋겠구나.
   - 책 시장을 여는 방법도 좋은 생각이다.

놀이지원

- 도서관 놀이를 시작하며 유아들과 함께 협의하여 역할을 정하고, 놀이 방법을 함께 정하도록 지원함으로써 협의와 공유의 사회교육을 경험하도록 허용적이고 민주적인 분위기를 조성한다.
- 여러 날에 걸쳐서 유아들의 놀이 아이디어가 확장될 수 있도록 충분한 시간과 공간을 지원한다.

활동명	중고책 시장 놀이하기

소주제 우리 동네의 생활 **사회과학적 지식** 경제

목표

- 시장의 기능과 역할에 관심을 갖는다.
- 재화를 재활용하고 나누는 경험을 한다.
- 지구상의 한정된 재화(중고책)를 아끼는 태도를 기른다.

누리과정 관련 요소

- 사회관계 > 사회에 관심 가지기 > 내가 살고 있는 곳에 대해 궁금한 것을 알아본다.
- 자연탐구 > 생활 속에서 탐구하기 > 일상에서 모은 자료를 기준에 따라 분류한다.

대상 연령 만 5세 **활동유형** 쌓기놀이, 미술, 극화놀이

활동자료 중고서점 견학 사진, 쌓기놀이 영역의 여러 블록류, 색테이프, 여러 크기의 종이류(예: 전지 크기의 큰 종이, 색상지), 여러 가지 필기도구

놀이경험

- 도서관 놀이를 하며 책이 더 필요함에 대해 이야기를 나눈 유아들은 책을 구입하는 방법을 조사하게 된다.
- 중고서점을 가 본 유아의 제안에 따라 유치원 주변의 중고서점에 가서 궁금한 점을 인터뷰하여 오게 된다.

활동방법

1. 중고서점에 가서 알아낸 점과 '아나바다 바자회'에 대한 동영상을 보며 재활용과 나눔에 대한 이야기를 나눈다.
   -'아나바다'는 어떤 뜻일까?
   -바자회에서 물건을 교환해 본 적이 있니?

2. 유아들과 낡은 책을 어떻게 재활용하고 나눌 수 있는지 칠판에 적어 가며 의논한다.
   -우리 유치원이나 집에 있는 낡은 책을 어떻게 하면 좋을까?
   -우리 집의 낡은 책을 수선하고 난 다음에는 어떻게 할까?
   -책 시장을 열려면 무엇이 필요할까?

3. 유아들이 의논한 날짜에 각자 집에서 헌 책을 가져와 분류하고 가격을 의논하여 정한다.
   -비교적 깨끗한 책은 500원이면 좋겠니?
   -더 낡은 책은 얼마라고 하면 좋을까?

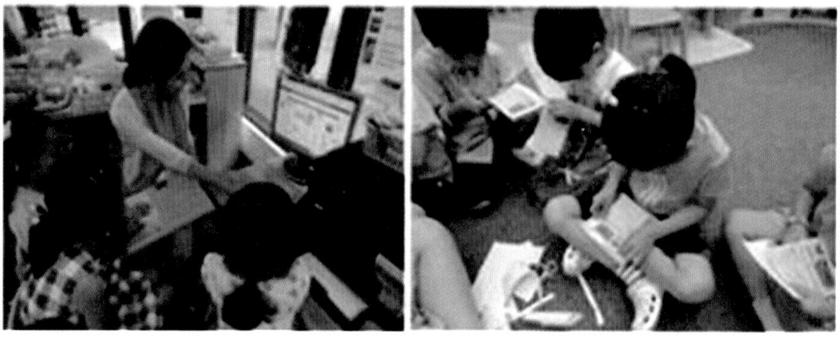

활동방법

4. 중고책 시장이 열림을 홍보하고 책 시장을 개최한다.
   –안내문에 무엇을 알려야 할까?
   –우리 동네 사람들이 유치원 책 시장에 많이 오게 하려면 어떻게 쓰면 좋겠니?

5. 유아들과 함께 중고책 시장 공간을 꾸미고 책 시장을 개최한다.

6. 책 시장에서 벌어들인 수익금을 함께 세어 보고 어떻게 할지 의논한다.
   –우리가 책 시장에서 번 돈이 모두 얼마인지 세어 볼까?
   –○○○원으로 무엇을 할 수 있을까?
   –보고 싶은 책의 가격은 얼마일까?
   –다른 중고책 시장에서 사면 얼마에 살 수 있을까?

놀이지원

- 교사는 가격을 정하는 기준을 유아들이 충분히 토론하고, 합리적인 소비와 구매를 할 수 있도록 상호작용한다.
- 중고책 시장을 준비하는 과정에서 필요한 물품을 유아들 수준에서 구할 수 있도록 하고, 필요한 경우 가정에 보내는 안내문 등도 유아들과 함께 준비하도록 지원한다.

제9장

유아 사회정서교육의 실제

1. 애착	1–1 몸 터널 지나가기 1–2 친구에게 로션 발라 주기
2. 자아개념	2–1 자화상 그리기 2–2 나의 성장일기 책 만들기
3. 성 역할	3–1 설거지하기 3–2 남자 색? 여자 색?
4. 정서	4–1 화가 났을 때 말로 표현할 수 있어요 4–2 여러 가지 마음
5. 친사회적 행동	5–1 배려란 무엇일까요 5–2 친구 마음을 이해하는 말을 해요
6. 도덕성	6–1 문제가 생겼어요 6–2 나무꾼은 여전히 착한 나무꾼일까

1. 애착

애착 1-1 몸 터널 지나가기

주제	유치원과 친구	소주제	선생님

목표
- 선생님과 신체 놀이를 즐겁게 경험한다.
- 영아 스스로 신체 조절력을 기른다.

누리과정 관련 요소
- 사회관계 > 나를 알고 존중하기 > 나의 감정을 표현한다.
- 신체운동 > 신체활동 즐기기 > 대소근육을 조절한다.

대상 연령	만 3세	활동유형	신체표현

활동자료 없음

놀이경험
- 영아와 교사가 쎄쎄쎄, 곤지곤지, 눈은 어디 있나 등의 놀이를 함께 한다.

활동방법

1. 선생님이 몸으로 터널을 만들고, 영아는 그 터널을 통과하는 놀이를 한다.
   - ○○야, 선생님이 터널을 만들었어.
   - 이 밑으로 지나가 볼까?
2. 선생님이 다양한 터널을 만들어 영아와 함께 놀이한다.
   - 선생님이랑 터널 지나가기 놀이를 해 볼까?
   - 이번엔 여기에 터널을 만들었어. 이리 와서 터널을 지나가 볼까?
   - 아주 낮은 터널을 만들었는데, 이 밑으로도 지나가 보자.

   (교사는 위치를 바꿔 가며 다양한 높낮이, 다양한 모양의 터널을 만든다.)

놀이지원
- 영아가 터널을 통과하면 교사는 언어적, 신체적으로 칭찬과 격려를 해 준다.
- 영아가 터널을 만들고, 교사가 여러 가지 사물을 통과시키는 놀이를 한다.

애착 1-2 친구에게 로션 발라 주기

주제 유치원과 친구 **소주제** 친구

목표
- 친구를 위해 로션을 발라 주는 경험을 한다.
- 친구와 서로 로션을 발라 주면서 느낀 마음을 말로 표현한다.

누리과정 관련 요소
- 사회관계 > 더불어 생활하기 > 친구와 서로 도우며 사이좋게 지낸다.
- 신체운동 · 건강 > 신체활동 즐기기 > 신체를 인식하고 움직인다.

대상 연령 만 3세 **활동유형** 신체표현

활동자료 베이비 로션

놀이경험
- 손을 씻거나 세수를 한 후에 스스로 로션을 바르는 경험을 한다.
- 친구나 동생을 도와준 경험에 대해 이야기 나눈다.

활동방법

1. 세면대에 가서 손을 씻고 와서 이야기 나눈다.
   -손 씻고 왔니?
   -손을 씻은 후에 손을 부드럽게 하기 위해 무엇을 바르니?
   -로션을 바를 때 어떻게 하니?

2. 친구의 손에 서로 로션을 발라 줄 것을 제안한다.
   -오늘 친구 손에 로션을 발라 주면 어떨까?
   -어디부터 발라 줄까?
   -친구가 내 손에 로션을 발라 주면 어떤 느낌일까?

3. 둘씩 짝을 지어 로션 발라 주기 놀이를 한다.
   -누가 먼저 로션을 발라 줄 거니?
   -친구의 손 중 어디부터 로션을 발라 주면 좋을까?
   -친구가 내 손에 로션을 발라 주니 어떤 기분이 드니?
   -친구의 손에 로션을 골고루 발라 주자.
   -이번에는 서로 순서를 바꿔서 발라 주자.
   -로션 바른 손으로 친구 손을 잡아 볼까?

–어떤 느낌이니?
–친구와 서로 로션을 발라 주면서 어떤 놀이를 할 수 있을까?
–너희가 생각하는 대로 마음껏 놀아 보자.

4. 친구와 로션 바르기 놀이를 한 느낌에 대해 이야기 나눈다.
   –로션을 발라 주는 데 왜 이렇게 웃음이 났을까?
   –친구에게 로션을 발라 주면서 어떤 마음이었니?
   –친구가 내 손에 로션을 발라 줄 때 어떤 마음이었니?
   –오늘은 로션을 서로 발라준 친구와 함께 놀이를 해 보면 어떨까?

놀이지원

- 유아들이 서로 로션을 발라주며 즐거워하는 모습을 사진으로 찍어 보여 주면서 서로의 생각, 느낌을 회상하고, 그 내용을 기록하여 전시한다.
- 유아가 혼자 하던 일 중 서로에게 해 줄 수 있는 일들을 찾아보고 실천한다. (예: 비누칠 해 주기, 수건으로 닦아 주기 등)
- 교사는 준비한 로션에 유아가 알레르기 반응을 보이는지 여부를 미리 확인한다.

2. 자아개념

자아개념 2-1 자화상 그리기

주제 나와 가족 **소주제** 나

목표

- 자신의 모습을 다양한 방법으로 관찰하고 표현한다.
- 자신에 대해 긍정적인 태도를 갖는다.

누리과정 관련 요소

- 사회관계 > 나를 알고 존중하기 > 나를 알고 소중히 여긴다.
- 예술경험 > 창의적으로 표현하기 > 다양한 미술 재료와 도구로 자신의 생각과 느낌을 표현한다.

대상 연령 만 5세 **활동유형** 미술

활동자료 반 유아들의 사진, 거울, 연필 또는 가는 펜, A4 용지

놀이경험

- 주변 사물, 곤충, 동물, 식물 등을 관찰하는 경험을 한다.
- 관찰을 돕는 도구를 사용하는 경험을 한다.

활동방법

1. 사진을 보며 이야기 나눈다.
   - 우리 반 친구들이 가지고 온 사진 중에서 나의 사진을 찾아볼까?
   - 사진 속의 내 얼굴을 살펴보자.
   (예: 눈, 눈썹, 눈동자, 입, 이, 혀, 코, 콧구멍, 점)
   - 어떤 점을 발견했니?

2. 자화상 그리기 활동을 소개한다.
   - 미술 영역에 거울과 종이, 가는 펜이 준비되어 있어.
   - 거울을 보며 자기 얼굴을 잘 관찰하고, 그림으로 표현해 보자.

활동방법	3. 자유선택활동이 끝나면 자화상을 소개한다. –자기 얼굴을 자세히 관찰하고 그림으로 그려 본 느낌이 어떻니? –거울로 본 내 얼굴, 사진으로 본 내 얼굴, 그림으로 그린 내 얼굴을 보니 어떤 느낌이 드니? –자화상을 어떻게 전시하면 좋을까? 4. 자화상 전시를 통해 친구의 자화상을 감상한다. –친구의 얼굴과 친구가 그린 자화상을 비교해 보자. –어떤 점이 가장 닮았니? –너희가 친구의 얼굴을 그려 같이 전시하면 어떨까?
놀이지원	• 자화상을 그리기 전에 유아들이 자신의 얼굴을 관찰하는 시간을 충분히 갖도록 한다. • 유아들이 자신의 얼굴을 더 잘 관찰할 수 있도록 돋보기를 제공할 수 있다. • 친구와 짝이 되어 서로의 얼굴을 관찰하고, 관찰한 내용을 이야기 나누는 시간을 갖도록 한다. • 유아의 사진과 유아가 그린 자화상 또는 친구가 그려준 자화상을 함께 전시한다.

자아개념 2-2 나의 성장일기 책 만들기

주제 나와 가족 **소주제** 나

목표
- 사진으로 자신의 성장 과정을 표현해 본다.
- 자신의 성장 과정을 책으로 만들어 본다.

누리과정 관련 요소
- 사회관계 > 나를 알고 존중하기 > 나를 알고 소중히 여긴다.
- 예술경험 > 창의적으로 표현하기 > 다양한 미술 재료와 도구로 자신의 생각과 느낌을 표현한다.

대상 연령 만 5세 **활동유형** 미술

활동자료 유아의 성장 사진 10장(탄생부터 현재까지의 사진), A4 용지, 스테이플러, 풀, 사인펜, 색연필

놀이경험
- 동물의 성장 관련 자료를 살펴보는 경험을 한다.
- 식물의 씨앗이나 모종을 심고 키우는 경험을 한다.

활동방법

1. 자신의 성장 사진을 보며 이야기 나눈다.
   - 이 사진 속의 너는 몇 살이니?
   - 이 사진 속의 너는 무엇을 하고 있니?
   - 이때 어떤 일이 있었는지 부모님께 여쭈어 보았니?
   - 어릴 적 사진을 보니 어떤 생각이 드니?
2. '나의 성장일기 책'을 만들 준비를 한다.
   - 이 사진들을 모아 너희의 성장일기 책을 만들면 어떨까?
   - 책을 만들려면 무엇이 필요하니?
   - 사진에 대해 어떤 이야기를 하고 싶니?
   - 책 제목은 무엇으로 할 거니?

(자유선택활동 시간에 미술 영역에서 책을 만든다.)

3. '나의 성장일기 책'을 만들고, 소개한다.
   – 성장일기 책을 어떻게 만들었는지 소개해 보자.

놀이지원

- 이 활동을 하기 전에 가정의 협조를 받아 유아의 탄생부터 현재까지의 사진 10장을 미리 준비한다.
- 글씨를 못 쓰는 유아에게 쓰도록 강요하지 말고, 유아가 하는 이야기를 교사가 적어 준다.

3. 성 역할

성 역할 3-1 설거지하기

주제 나와 가족 **소주제** 가족

목표
- 가족구성원 각자에게는 역할과 책임이 있음을 안다.
- 가족구성원의 역할은 상황에 따라 변화할 수 있음을 이해한다.
- 놀잇감을 스스로 깨끗이 닦는 일을 통해 성취감을 느낀다.

누리과정 관련 요소
- 사회관계>나를 알고 존중하기>나를 알고 소중히 여긴다.
- 사회관계>더불어 생활하기>가족의 의미를 알고 화목하게 지낸다.
- 의사소통>듣기와 말하기>자신의 경험, 느낌, 생각을 말한다.

대상 연령 만 4세 **활동유형** 물놀이

활동자료 물, 더러워진 그릇들, 설거지 통, 건조 바구니, 스펀지, 앞치마

놀이경험
- 역할놀이 영역에서 설거지 놀이를 경험한다.
- 물놀이를 하면서 인형 목욕시키기, 인형 옷 빨기 등을 경험한다.

활동방법

1. 더러워진 그릇들을 보여 주며 이야기 나눈다.
   - 이렇게 더러워진 그릇을 어떻게 해야 할지 모르겠어.
   - 너희는 그릇들이 더러워지면 어떻게 하니?
2. 설거지에 대해 이야기 나눈다.
   - 설거지가 무엇이니?
   - 설거지는 어떻게 하는 거니?
   - 설거지는 누가 하는 거니?
   - 설거지는 엄마만 해야 하는 거니?
   - 왜 그렇게 생각하니?
   - 다른 사람이 하는 걸 봤니?

-그렇다면 엄마만 하는 일은 아니네?
-설거지는 누가 하는 일일까?

3. 설거지하는 방법을 알아보고 함께 설거지를 해 본다.
-그렇다면 우리도 할 수 있을까?
-설거지를 하려면 무엇이 필요하니?
-설거지를 깨끗하게 잘하려면 어떻게 해야 할까?
-우리가 알아본 방법대로 다 같이 힘을 모아 설거지를 해 볼까?

4. 설거지한 경험에 대해 이야기 나눈다.
-우리 모두 설거지를 하면서 어떤 기분이었니?
-설거지를 거의 매일 혼자 하는 엄마는 어떠셨을까?
-설거지 말고도 함께해야 하는 집안일에는 어떤 것이 있을까?

놀이지원

- 세제는 사용하지 않고 물로만 설거지를 한다.
- 유아의 대화 중 성 역할에 대한 고정관념이 반영된 어휘가 오고가면 교사가 적절히 반응한다.

성 역할 3-2 남자 색? 여자 색?

주제 나와 가족 **소주제** 가족

목표
- 색은 남녀 구분이 없다는 것을 안다.
- 사람마다 좋아하는 색이 다를 수 있음을 알고 존중한다.

누리과정 관련 요소
- 사회관계 > 나를 알고 존중하기 > 나를 알고 소중히 여긴다.
- 사회관계 > 더불어 생활하기 > 서로 다른 감정, 생각, 행동을 존중한다.
- 의사소통 > 듣기와 말하기 > 자신의 경험, 느낌, 생각을 말한다.

대상 연령 만 5세 **활동유형** 이야기나누기

활동자료

동화책『피터의 의자』, 활동지

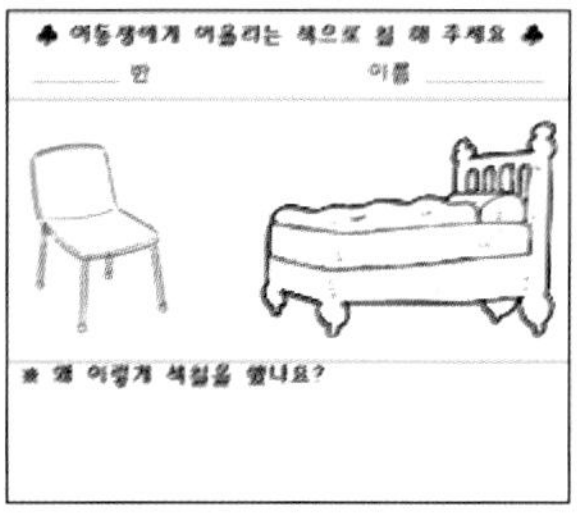

출처: 시공사(에즈라 잭 키츠 저, 이진영 역, 1996)

놀이경험
- 유치원 생활 중 불필요하게 남자와 여자를 구분 짓는 사례를 찾아 개선하는 경험을 한다.
- 성 고정관념, 성 차별적 상황에 대한 생각 나누기를 경험한다.

활동방법

1. 『피터의 의자』 동화를 들려 주고 이야기 나눈다.
   - 피터의 의자는 무슨 색이었니?
   - 왜 피터의 의자는 파란색이었을까?
   - 아빠는 피터의 침대와 의자를 피터의 여동생에게 주기 위해 어떤 생각을 하셨니?
   - 왜 아빠는 분홍색으로 페인트칠을 했을까?

2. 남자 색, 여자 색에 대해 이야기 나눈다.
   - 정말 파란색은 남자 색이고, 분홍색은 여자 색일까?
   - 너희가 지금 입은 옷을 보자.
     남자는 모두 파란색 옷을 입고, 여자는 모두 분홍색 옷을 입었니?
   - 그런데 왜 많은 사람이 파란색은 남자 색이고, 분홍색은 여자 색이라고 생각할까?
   - 남자는 분홍색을 좋아하거나 사용하면 안 되는 걸까?
     여자는 파란색을 좋아하거나 사용하면 안 되는 걸까?
   - 혹시 남자 친구 중에 분홍색을 좋아한다고 했다가, 여자 친구 중에 파란색을 좋아한다고 했다가 친구들이 놀려서 기분 나쁜 적이 있었니?
   - 그게 놀릴 만한 일일까?

3. 좋아하는 색에 대해 이야기 나눈다.
   - 너희는 어떤 색을 좋아하니?
   - 너희의 이야기를 들어 보니 남자라고 다 파란색을 좋아하지도, 여자라고 다 분홍색을 좋아하는 것이 아니구나.

4. 여동생의 입장에서 생각해 본다.
   - 너희가 동화 속의 피터라면 여동생을 위해 의자와 침대를 어떤 색으로 칠하고 싶니?
   - 여동생의 마음을 이해하는 좀 더 좋은 방법은 무엇일까?
   - 너희가 동화 속의 여동생이라면 의자와 침대를 어떤 색으로 칠하고 싶니?
   - 여기 색이 없는 의자와 침대 그림을 준비해 왔어.
   - 너희가 동화 속의 여동생이라면 어떤 색의 의자와 침대였으면 좋겠는지 색을 칠해 보자.

5. 동화 속의 여동생을 위해 색칠한 의자와 침대 그림을 소개한다.
   - 너희가 동화 속의 여동생이라고 생각하고 칠한 의자와 침대는 어떤 색이니?
   - 왜 이 색으로 의자와 침대를 칠했니?
   - 모두 여동생을 생각하며 열심히 해 주었구나.

놀이지원	• 이 활동을 하는 날 유아들의 이해를 돕기 위해 교사가 여자라면 파란색이 들어간 옷을, 남자라면 분홍색이 들어간 옷을 입는 것도 도움이 된다. • 유치원 생활 중에 서로의 생각이 다를 때 놀리기보다는 존중하는 경험을 하고, 존중하는 태도를 익히도록 돕는다. • 유치원 생활 중에 남자와 여자를 구분 짓는 태도, 남자나 여자를 놀리는 모습을 보일 때, 교사는 유아들이 서로를 인정하고 존중하는 태도를 익힐 수 있도록 적절히 돕는다.

4. 정서

정서 4-1 화가 났을 때 말로 표현할 수 있어요

주제	유치원과 친구	주제	친구

목표
- 자신의 감정을 말로 표현한다.
- 친구와 함께 문제를 해결하는 경험을 한다.

누리과정 관련 요소
- 사회관계 > 나를 알고 존중하기 > 나를 알고 소중히 여긴다.
- 사회관계 > 더불어 생활하기 > 친구와의 갈등을 긍정적인 방법으로 해결한다.
- 의사소통 > 듣기와 말하기 > 자신의 경험, 느낌, 생각을 말한다.

대상 연령	만 5세	활동유형	토의

활동자료

그림 자료 4장(B4 크기)
–놀이를 하는데 친구가 방해하는 장면, 친구가 때리는 장면, 친구가 놀리는 장면, 미운 말을 하는 장면

놀이경험
- 유아들이 자신의 생각이나 감정을 말로 표현하는 경험을 한다.
- 동극 활동을 통해 자신의 마음을 표현하는 경험을 한다.

활동방법

1. 그림을 보며 이야기 나눈다.
   –그림 속에 어떤 이야기가 있니?
   –친구가 재미있게 놀고 있는데 다른 친구가 와서 이 친구의 놀이를 방해하고 있네.
   –너희도 이런 경험이 있니?
   –이렇게 방해를 받을 때 마음이 어땠니?

2. 해결 방안을 생각해 본다.
   - 누가 나와서 이 두 친구가 하는 것을 표현해 보겠니?
   - 자, 두 친구가 나와서 이 그림처럼 해 보자.
   - 이때 서로 어떤 말을 할까?
   - 방해하는 친구에게 너희는 어떻게 하고 싶니?
   - 이렇게 방해하는 친구 때문에 화가 나면 어떻게 표현하니?
   - 화가 나면 친구를 때리거나 밀고 싶기도 할 거야.
     그런데 때리거나 밀면 그다음에 어떤 일이 생길까?
   - 화가 났을 때 때리거나 밀지 않고 말로도 해결할 수 있을까?
   - 어떤 말을 하면 이 친구가 지금 화가 났다는 것을 알리고, 친구가 더 이상 이 친구를 방해하지 않도록 할 수 있을까?
     (예: "친구야, 네가 방해해서 내가 기분이 안 좋아. 네가 나를 방해하지 않으면 좋겠어".)
   - 너희도 친구 때문에 화가 났을 때 이런 말을 해 보았니?
   - 그랬더니 친구가 어떻게 달라졌니?
   - 자, 우리가 생각한 말로 이 문제를 해결해 볼까?

   (역할을 맡은 친구들이 말로 해결하는 모습을 보인다.)

   - (방해받은 역할을 맡은 친구에게)
     때리거나 밀지 않고 네 마음을 표현해 보니 어땠니?
   - (방해하는 역할을 맡은 친구에게)
     친구의 마음이 안 좋다는 것을 말로 들으니 어땠니?

3. 함께 생각한 해결 방안을 일상생활에서 활용한다.
   - 활동을 하다가 친구와 이런 문제가 생기면 자기 마음을 말로 표현하면서 해결하면 어떨까?
   - 이렇게 말로 친구와 문제를 해결하면 선생님과 친구들에게 소개하는 시간을 가져 보자.

놀이지원

- 유아가 상황에 어울리는 말을 생각하지 못하면 교사가 시범을 보여 주도록 한다.

정서 4-2 여러 가지 마음

주제	유치원과 친구	소주제	친구

목표
- 다양한 표정을 보고 감정을 안다.
- 표정 카드를 보고 자신의 감정과 경험에 대해 이야기한다.
- 동시를 감상하고 재구성하는 즐거움을 느낀다.

누리과정 관련 요소
- 사회관계 > 더불어 생활하기 > 서로 다른 감정, 생각, 행동을 존중한다.
- 의사소통 > 듣기와 말하기 > 자신의 경험, 느낌, 생각을 말한다.

대상 연령	만 5세	활동유형	동시 감상

활동자료

〈여러 가지 마음〉 동시판, 표정 카드

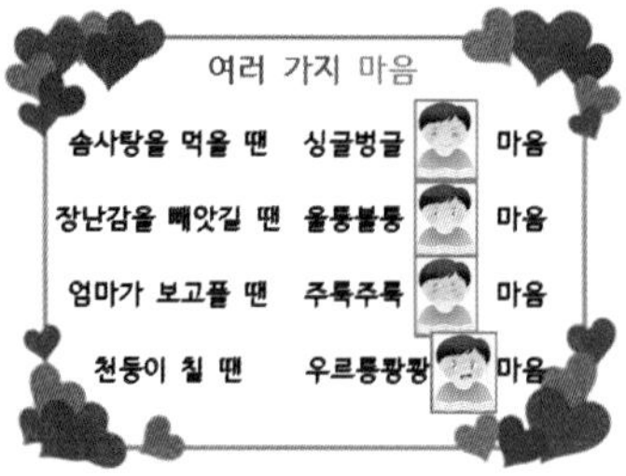

놀이경험
- 유아들이 느끼는 다양한 마음에 대해 이야기 나누는 경험을 한다.
- 어떤 상황에서 어떤 마음이 드는지 이야기 나누는 경험을 한다.

활동방법

1. 〈여러 가지 마음〉 동시 제목을 들려 주고 이야기 나눈다.
   - 제목을 들어 보니 어떤 동시일 것 같니?
   - 우리 마음도 이 동시 제목처럼 여러 가지일까?
   - 어떤 마음들이 있을까?
   - (표정 카드 중 하나를 보여 주며) 표정을 보니 이 아이의 마음이 어떨 것 같니?
   - 너희도 이런 마음인 적이 있었니?

   (다른 표정 카드를 보여 주며 같은 방법으로 이야기 나눈다.)

   - 〈여러 가지 마음〉이라는 제목의 동시는 어떤 내용일까?

2. 동시를 들려 주고 느낌을 나눈다.

–빈 부분엔 어떤 마음일지 생각하면서 들어 보자.
(처음에는 빈 부분은 빼고 들려 준다.)

> 여러 가지 마음
>
> 솜사탕을 먹을 땐 싱글벙글 ( ) 마음
> 장난감을 빼앗길 땐 울퉁불퉁 ( ) 마음
> 엄마가 보고플 땐 주룩주룩 ( ) 마음
> 천둥이 칠 땐 우르르쾅쾅 놀란 ( ) 마음

–(표정 카드를 제시하며) 빈 부분에 어울리는 표정 카드를 찾아 붙여 주겠니?
–이제 다시 들려 줄게.
–(동시를 들려 준 후) 동시를 들어 보니 어떤 느낌이 드니?

3. 표정 카드와 같은 감정을 느꼈던 여러 경험으로 동시를 재구성한다.

–우리가 동시에 나온 일말고도 기쁘고, 화나고, 슬프고, 놀란 마음을 느꼈던 경험으로 동시를 바꿔 보면 어떨까?
–너희는 언제 기쁜 마음이 들었니?
–기쁜 마음을 싱글벙글 대신 어떤 말로 다르게 표현하고 싶니?
(같은 방법으로 다른 마음 표현도 바꿔 본다.)
–우리의 경험으로 바꾼 동시를 들려 줄게.
–우리가 만든 동시를 들어 보니 느낌이 어떻니?
–함께 읊어 볼까?
–또 다르게 바꿔 보고 싶으면 언어 영역에서 동시 짓기 활동을 해 보자.

놀이지원

• 표정 카드에 제시된 네 가지 마음 외에 다른 감정들을 표현하는 기회를 준다.

5. 친사회적 행동

친사회적 행동 5-1 배려란 무엇일까요

주제 유치원과 친구 **소주제** 배려

목표
- 배려가 필요한 이유를 알아본다.
- 배려하는 방법을 알고 실천한다.

누리과정 관련 요소
- 사회관계 > 나를 알고 존중하기 > 나를 알고 소중히 여긴다.
- 사회관계 > 더불어 생활하기 > 친구와 서로 도우며 사이좋게 지낸다.
- 의사소통 > 듣기와 말하기 > 자신의 경험, 느낌, 생각을 말한다.

대상 연령 만 5세 **활동유형** 이야기나누기

활동자료

동영상 〈작은 배려〉

출처: KBS 한국방송공사, TV 행복한 세상.

놀이경험
- 배려의 의미를 알아본다.
- 배려를 받았을 때 고마움을 표현하는 경험을 한다.

활동방법

1. 배려에 대해 생각해 본다.
   - 배려란 무엇일까?
   - 동영상을 보면서 배려가 무엇인지, 누가 누구에게 어떤 배려를 했는지 알아보자.

2. 〈작은 배려〉 동영상을 감상하고 이야기 나눈다.
   - 재키 로빈슨은 어떤 사람이니?
   - 그에게 어떤 일이 일어났니?
   - 왜 사람들은 재키 로빈슨을 싫어했을까?
   - 사람들이 자신을 싫어했을 때 그는 어땠을까?
   - 재키 로빈슨에게 작은 배려를 한 사람은 누구였니?
   - 그때 재키 로빈슨의 마음은 어땠을까?
   - 작은 배려를 받은 재키 로빈슨에게 어떤 일이 일어났니?

3. 배려에 대한 경험을 이야기 나눈다.
   - 다른 사람에게서 배려를 받아 본 적이 있었니?
   - 다른 사람이 나를 배려해 주었을 때 기분이 어땠니?
   - 다른 사람을 배려했던 적이 있었니?
   - 내가 다른 사람을 배려해 줄 때의 기분은 어땠니?

4. 유치원에서 배려를 나눌 수 있는 방법에 대해 이야기 나눈다.
   - 유치원에서도 선생님, 친구들과 배려를 나눌 수 있을까?
   - 서로를 배려해 줄 수 있는 방법은 무엇이 있을까?

5. 일상생활 중에서 배려를 실천해 본다.
   - 우리가 서로를 배려해 줄 수 있는 방법들이 이렇게나 많구나!
   - 오늘은 특히 서로를 배려해 주는 하루를 보내면 어떨까?
   - 활동 시간이 끝나고 나서 내가 친구에게 어떤 배려를 했는지, 친구가 나를 어떻게 배려했는지, 그때 기분이 어땠는지 소개하는 시간을 가져 보면 어떨까?

놀이지원

- 배려에 대한 경험에 대해 이야기할 때 일상생활 중에 실제 있었던 상황을 기억하여 이야기하면 더욱 좋다.

친사회적 행동 5-2 친구 마음을 이해하는 말을 해요

주제 유치원과 친구

소주제 유치원에서 만난 친구

목표
- 다양한 감정이 있음을 이해한다.
- 다른 사람의 감정에 공감하는 태도를 기른다.
- 친구 마음을 이해한다는 것을 말로 표현한다.

누리과정 관련 요소
- 사회관계 > 더불어 생활하기 > 친구와 서로 도우며 사이좋게 지낸다.
- 사회관계 > 더불어 생활하기 > 서로 다른 감정, 생각, 행동을 존중한다.
- 의사소통 > 듣기와 말하기 > 자신의 경험, 느낌, 생각을 말한다.

대상 연령 만 5세

활동유형 언어

활동자료

마음 카드 8장(슬픔, 기쁨, 화남, 놀람 각 2장씩), 카드 뽑기 상자, 하트목걸이 4개

놀이경험
- 자신의 마음을 친구나 교사, 부모님에게 표현하는 경험을 한다.
- 얼굴 표정, 말투, 태도 등을 통해 친구의 마음을 유추해 보는 경험을 한다.
- 친구의 마음을 이해하고 공감하는 경험을 한다.

활동방법

1. 마음을 이해하는 말을 들었거나 해 주었던 경험에 대해 이야기 나눈다.
   - 누군가가 너희에게 어떤 말을 해 주었는데, '아, 이 사람은 내 마음을 알아 주는구나, 이해하는구나……'라고 느낀 적이 있었니?
   - 누가 어떤 말을 해 주었을 때 그렇게 느꼈니?
   - 그때 네 마음을 이해해 주는 말을 한 사람에 대해 어떤 생각이 들었니?
   - 반대로 너희가 다른 사람의 마음을 이해하는 말을 해 준 적이 있었니?
   - 누구에게 어떤 말을 해 주었니?
   - 그때 그 사람은 너희에게 어떤 마음을 가졌을까?

2. '친구 마음을 이해하는 말을 해요' 놀이를 소개한다.
   - (활동자료를 보여 주며) 여기 하트목걸이와 카드가 담긴 상자가 있고, 상자 안에는 여러 가지 마음 카드가 있어.
   - 누군가가 마음 카드 중에서 하나를 뽑았을 때, 그 마음을 이해하는 말을 해 주는 놀이야.
   - 만약에 친구가 화난 마음 카드를 뽑았으면, 그 친구는 화났던 때를 기억하여 왜 화가 났었는지 이야기를 하는 거야.
     그러면 너희는 친구에게 화난 마음을 이해하는 말을 해 줄 수 있겠니?
   - 친구의 화난 마음을 이해하는 말에는 어떤 것이 있을까?
   - 친구의 말을 듣고 '친구가 내 마음을 이해했구나.'라고 생각되면 친구에게 하트목걸이를 선물해 주는 놀이야.

〈놀이 방법〉

1. 순서를 정한다.
2. 첫 번째 순서인 유아가 마음 카드 하나를 뽑고, 마음 카드와 같은 마음이었던 경험을 이야기한다.
3. 이야기를 들은 유아가 그 마음을 이해하는 말을 해 준다.
4. 카드를 뽑은 유아가 그 말을 듣고 '친구가 내 마음을 이해해 주었구나.'라고 생각하면, 그 친구에게 "내 마음을 이해해 줘서 고마워."라고 말하며 하트목걸이를 선물한다.

3. 놀이를 한 느낌을 이야기 나눈다.
 - 친구가 자기 마음을 이야기할 때와 하지 않을 때, 언제 친구의 마음을 더 잘 이해할 수 있었니?
 - 친구가 내 마음을 이해해 줄 때 기분이 어땠니?
 - 우리는 내 마음을 다른 사람에게 얼마나 잘 표현하고 있을까?

놀이지원

- 다른 사람의 마음에 공감하는 말을 어떻게 해야 할지 모르는 유아를 위해 교사는 놀이 전에 다양한 상황을 제시하여 유아가 적절한 말과 표현을 할 수 있도록 돕는다.

6. 도덕성

도덕성 6-1 문제가 생겼어요

주제 나와 가족 **소주제** 소중한 가족

목표
- 실수를 인정하고 용서를 청하는 것이 바른 행동임을 안다.
- 실수를 해결할 수 있는 방법을 다양하게 탐색한다.

누리과정 관련 요소
- 사회관계 > 나를 알고 존중하기 > 나를 알고 소중히 여긴다.
- 사회관계 > 더불어 생활하기 > 가족의 의미를 알고 화목하게 지낸다.
- 의사소통 > 듣기와 말하기 > 상대방이 하는 이야기를 듣고 관련해서 말한다.

대상 연령 만 5세 **활동유형** 토의

활동자료

동화책『문제가 생겼어요』

출처: 논장(이보나 흐미엘레프스카 저, 이지원 역, 2010)

놀이경험
- 실수의 의미를 알아본다.
- 실수를 했을 때의 바른 태도에 대해 이야기 나누는 경험을 한다.
- 실수를 했을 때 적절하게 해결하는 경험을 한다.

활동방법	1. 동화책의 표지를 보며 책 내용을 예상해 본다. –책 제목을 함께 읽어 보자. –책 표지에 그려져 있는 이 그림은 무엇일 것 같니? –어떤 문제가 생겼을까? 2. 동화책을 읽고 책에 대해 이야기 나눈다. –어떤 문제가 일어났니? –실수를 알아차렸을 때 주인공은 어떤 마음이었을까? 3. 실수를 해 본 경험에 대해 이야기 나눈다. –너희도 실수를 해 본 적이 있니? –실수를 했을 때 어떤 기분이었니? 4. 실수를 했을 때 바르게 해결하는 방법에 대해 토의한다. –○○는 실수를 했을 때 어떻게 해결했니? –만약 네가 주인공이었다면 어떻게 했을 것 같니? –실수를 했을 때 어떻게 하는 것이 올바른 방법일까? 5. 상대방의 입장에서도 생각해 본다. –너희가 만약 동화책 속의 엄마라면 어떤 기분일까? –너희가 만약 동화책 속의 엄마라면 아이가 어떻게 해 주기를 원했을까? 6. 실수를 만회할 수 있는 방법을 생각해 본다. –어떻게 하면 다리미 자국이 남은 테이블보를 버리지 않고 잘 활용할 수 있을까?
놀이지원	• 누구나 실수를 할 수 있으며, 실수를 감추고 싶은 마음 자체는 자연스러운 것이라는 것을 알려 준다. • 실수를 인정하고, 바르게 해결하기 위해 노력하는 것이 중요하다는 것을 알려 준다. • 실수와 의도적인 잘못을 구분할 수 있도록 한다.

도덕성 6-2 나무꾼은 여전히 착한 나무꾼일까

주제	우리나라	소주제	전래 이야기

목표
- '착하다'는 말의 의미를 바르게 이해한다.
- 주어진 상황에서 가장 도덕적인 행동을 판단한다.
- 도덕적 행동의 중요성을 인식한다.

누리과정 관련 요소
- 사회관계 > 더불어 생활하기 > 약속과 규칙의 필요성을 알고 지킨다.
- 의사소통 > 듣기와 말하기 > 상대방이 하는 이야기를 듣고 관련해서 말한다.

대상 연령	만 5세	활동유형	토의

활동자료

동화책『도깨비와 개암』

출처: 푸른숲글방(2017).

놀이경험
- 다양한 도덕적 딜레마 상황에 대해 생각을 나누는 경험을 한다.
- 익숙한 상황에 대해 '정말 그런가?' '항상 그런가?' 와 같이 다시 한 번 생각하는 경험을 한다.

활동방법

1. 동화를 듣고 회상한다.

> 착한 나무꾼이 나무를 하러 산에 갔다가 밤이 너무 늦어 길을 잃었다.
> 산 속의 집을 발견하여 들어갔는데 도깨비 집이었고, 도깨비들이 오는 소리에 놀라 다락방에 숨었다. 다락방에서 도깨비들이 방망이로 보물을 만드는 것을 보았다. 그때 너무 배가 고픈 나무꾼이 개암 나무 열매를 먹으려고 한 입 씹었는데 '딱' 소리가 너무 커 도깨비들이 놀라 도망가 버렸다. 착한 나무꾼은 도깨비 집에 남아 있던 보물과 도깨비 방망이를 들고 집으로 돌아와 부모님과 함께 부자로 살게 되었다.

–동화책에 누가 나오니?
–착한 나무꾼에게 어떤 일이 일어났니?
–도깨비들은 어떻게 보물을 많이 가질 수 있었을까?
–도깨비들이 도망간 이유는 무엇일까?
–도깨비가 도망가자 착한 나무꾼은 어떻게 했니?

2. 착한 나무꾼에 대해 이야기 나눈다.
–나무꾼은 어떤 사람이니?
–착하다는 것은 무엇일까?
–나무꾼이 착하다는 것을 어떻게 알 수 있니?
–보물과 도깨비 방망이는 누구의 물건이니?
–나무꾼은 왜 도깨비의 보물과 방망이를 가지고 집으로 갔을까?
–그렇다면 도깨비의 허락 없이 보물과 방망이를 가지고 온 나무꾼은 여전히 착한 나무꾼일까?

3. 토의를 한다.
–나무꾼이 여전히 착한 나무꾼이라면 왜 그렇게 생각하니?
–나무꾼이 더 이상 착한 나무꾼이 아니라면 그 이유는 무엇이니?
–만약 너희가 착한 나무꾼이라면 어떻게 했을 것 같니?
–왜 그렇게 행동했을까?
–나무꾼이 계속 착한 나무꾼이려면 어떻게 행동해야 할까?

놀이지원

• 이 활동은 하나의 답을 찾는 활동이 아니라, 주어진 상황에 대해 유아의 다양한 생각을 나누는 활동으로 접근하는 것이 바람직하다.

제10장

유아 사회과학적 지식교육의 실제

1. 지리	1–1 우리동네를 소개해요 1–2 편지가 왔어요 1–3 곰 사냥을 떠나자
2. 역사	2–1 우리나라의 과거와 현재 모습 2–2 옛날 물건과 오늘날의 물건 2–3 고구려 벽화 그리기 2–4 아름다운 한글
3. 환경	3–1 물의 오염 3–2 물을 아껴요 3–3 EM 주방 세제 만들기 3–4 사라지는 동물을 지켜요
4. 경제	4–1 50원 쇼핑 4–2 과대 포장된 물건을 찾아보아요 4–3 시장 놀이에는 간판이 필요해요
5. 다문화	5–1 예슬이 엄마 이름은 구티엔 5–2 세계 여러 나라 친구들의 밥상 5–3 세계 여러 나라의 생일 축하 5–4 힘겹게 사는 친구들을 도와요
6. 통일	6–1 통일을 이루자 6–2 남한 말과 북한 말 짝짓기

1. 지리

지리 1-1 우리 동네를 소개해요

주제	우리 동네	소주제	우리 동네 모습

목표

- 우리 동네에서 볼 수 있는 장소에 대해 안다.
- 자신의 경험과 생각을 바른 태도로 말한다.
- 우리 동네의 지리에 관심을 갖는다.

누리과정 관련 요소

- 사회관계 > 사회에 관심 가지기 > 내가 살고 있는 곳에 대해 궁금한 것을 알아본다.
- 의사소통 > 듣기와 말하기 > 자신의 경험, 느낌, 생각을 말한다.

대상 연령	만 4세	활동유형	이야기나누기

활동자료

우리 동네 지도(전지 사이즈로 준비), 산책 시 찍은 유치원 주변 동네 사진(B4 사이즈로 컬러 출력하여 준비)

놀이경험

- 바깥놀이 시간에 유아들과 함께 유치원 주변 동네 산책을 하며 흥미를 보이는 동네 모습을 직접 사진으로 찍어보도록 한다.
- 산책 후 사진을 컬러로 출력해 보고 친구들에게 공유하는 경험을 한다.

활동방법

1. 동네 지도를 쌓기놀이 벽면 등에 크게 붙여 두고 유아들과 함께 모여 지난 시간 산책 시 본 유치원 주변 동네의 모습을 떠올리며 동네의 여러 장소에 대한 유아들의 경험을 이야기 나눈다.
   –동네에서 자주 가는 장소는 어디이니?
   –누구와 함께 갔니?
   –왜 그곳에 자주 가게 되니?

2. 동네 지도에 붙은 다양한 장소의 사진 자료를 보며 이야기 나눈다.
   –(학교 사진을 보며) 이곳은 어디일까?

3. 원하는 유아들에게 자신이 찍은 동네 사진을 지도 옆에 붙이고 친구들에게 소개하도록 한다.
   –나와서 우리 동네를 소개해 줄 친구가 있을까?
   –(학교 사진을 보며) 사진 속의 장소는 어디이니?
   –왜 이곳을 소개하고 싶었니?
   –○○이는 이곳에서 무엇을 했니?
   –(주민센터 사진을 보며) 그 옆의 이곳은 어디일까?
   –여기는 주민센터라고 하는데 혹시 주민센터에 가 본 사람이 있니?
   –가서 무엇을 했니?

4. 동네 사진을 보고 이야기 나눈 것을 회상하며 다음 놀이를 계획해 본다.
   –우리 동네의 여러 장소 사진을 보면서 어떤 느낌이 들었니?
   –사진 속의 여러 장소 중에서 가 보고 싶은 곳이 있었니?
   –너희가 가지고 온 사진들을 이용해서 어떤 것을 해 보는 게 좋을까?

놀이지원

- 사전에 유치원 주변을 한두 차례 산책하고 동네 지도를 준비하여 벽면에 게시하여 둔다.
- 유아들이 친숙한 장소에 대하여 이야기 나누도록 하기 위하여 사전에 자신의 동네 사진을 준비할 수 있도록 가정통신문을 보낸다.
- 유아들이 제시한 놀이 아이디어와 연계하여 쌓기놀이 영역에 동네 사진을 붙여 두고 동네 모습을 블록으로 구성한 후 우리 동네에 대한 이야기 짓기 등으로 진행할 수 있다.

지리 1-2 편지가 왔어요

주제	세계 여러 나라	소주제	세계 여러 나라의 모습

목표
- 세계 여러 나라의 다양한 기후에 대해 안다.
- 지리적 특성에 따라 기후를 분류할 수 있다.
- 세계의 다양한 지역에 관심을 갖는다.

누리과정 관련 요소
- 사회관계 > 사회에 관심 가지기 > 다양한 문화에 관심을 가진다.
- 의사소통 > 말하기 > 자신의 경험, 느낌, 생각을 말한다.

대상 연령	만 5세	활동유형	이야기나누기 후 조작놀이

활동자료

편지(아마존, 북극, 사막에 사는 유아가 보낸 편지), 퍼즐판(아마존, 북극, 사막), 퍼즐 조각(아마존, 북극, 사막 –대표 동물, 생활 모습, 주변 환경, 주거지)

놀이경험
- 몇몇 유아들이 가정에서 TV를 통해 본 다른 나라의 풍경을 신기해하며 교사에게 이야기한다.
- 교사는 유아들이 이야기한 장소의 사진을 컴퓨터로 먼저 조사해 보고 소개하는 이야기나누기를 편지 형태의 자료로 만들어 계획한다.

활동방법

1. 이야기나누기 시간에 다른 지역에 사는 유아가 쓴 편지를 소개한다.
   –얘들아, 우리 반에 편지가 왔어. 이 편지들이 어디에서 왔을까?
   –아마존 정글이 어디에 있는 곳인지 들어 봤니?
   –사막에서 온 편지를 읽어 줄까?

2. 아마존, 사막, 북극 그림 자료로 만든 퍼즐판을 소개하며 이야기 나눈다.
 –아까 편지를 보내 준 친구들이 살고 있는 곳의 그림을 퍼즐로 만들었단다. 어떤 곳에 사는지 볼 수 있도록 그림을 맞춰 볼까? (사막 그림을 보여 주며) 앞의 그림은 어디일까?
 –사막에는 무엇이 보이니?
 –그래. 모래로 만들어진 모래 언덕이 많이 보이네.
 –퍼즐을 어느 영역에 두고 맞춰 볼까?

3. 조작놀이 영역에서 유아들과 완성된 퍼즐 그림을 맞추어 본다.
 –(아마존 그림 퍼즐을 보며) 이곳은 어디일까?
 –아마존 그림 퍼즐에 무엇이 보이니?
 –이곳의 날씨는 어떨까?
 –(사막 그림 퍼즐을 보며) 사막에 사는 사람들은 왜 천막에서 사는 걸까?

4. 활동에 대한 소감을 이야기 나누고, 다음 놀이를 계획해 본다.
 –아마존, 북극, 사막에 사는 친구들이 보낸 편지와 그림을 보았는데 어땠니?
 –어떤 점이 재미있었니?
 –다음에는 어떤 놀이가 하고 싶어졌니?

놀이지원

- 교사는 유아들이 조사한 나라의 모습을 퍼즐로 제작 시 그림에 기후별 지리적 특성이 잘 나타나도록 한다.
- 대집단 활동으로 퍼즐의 그림을 소개하고, 이후 자유선택활동 시 조작놀이 영역에서 유아들이 자유롭게 활동을 하도록 한다.
- 유아들이 퍼즐을 맞추며 다른 나라의 풍경이나 기후에 따른 모습을 탐구하여 습득한 개념을 조형물이나 블록으로 구성하는 놀이로 확장하고 싶어 하는 경우, 필요한 재료를 함께 준비하여 다음 놀이로 지원한다.

지리 1-3 곰 사냥을 떠나자

주제 봄, 여름, 가을, 겨울 **소주제** 여름의 날씨

목표
- 다양한 기후가 있음을 안다.
- 날씨와 기후 변화의 특성을 이야기할 수 있다.
- 기후 변화에 관심을 갖는다.

누리과정 관련 요소
- 자연탐구 > 자연과 더불어 살기 > 날씨와 계절의 변화를 생물과 관련짓는다.
- 의사소통 > 듣기와 말하기 > 자신의 경험, 느낌, 생각을 말한다.

대상 연령 만 4세 **활동유형** 과학

활동자료

『곰 사냥을 떠나자』(마이클 로젠 저, 공경희 역, 1994) 동화책, 여러 가지 기후를 나타내는 녹음 자료(천둥소리 등), 여러 가지 기후에 대한 사진 자료

놀이경험
- 유아들이 언어 영역에 비치된『곰 사냥을 떠나자』책을 함께 본다.
- 동화에 나오는 날씨에 대한 어휘를 궁금해하며 물어볼 때 어휘에 대해 이야기 나눈다.

활동방법

1. 원하는 유아들과 모여『곰 사냥을 떠나자』동화를 들려 준다.

2. 『곰 사냥을 떠나자』의 내용에 대해 이야기 나눈다.
   - 책 내용을 듣고 어떤 생각이 들었니?
   - (책장을 넘기며) 강물에 들어가면 어떤 느낌일 것 같니?
   - 장대비는 어떻게 내리는 비일까?

3. 동화 속 기후 변화와 지구촌에서 일어나는 여러 날씨 사진을 대응시키며 이야기 나눈다.
   - 장대비는 장대처럼 굵고 세게 내리는 비야. 그럼 장대비말고 다르게 내리는 비는 뭐가 있을까?
   - 그럼 겨울에는 뭐가 많이 내릴까?
   - (번개 사진을 보며) 이건 번개라고 하는 거야. 그런데 번개가 치고 나서 소리를 내는 것은 무엇이라고 부를까?

활동방법

4. 지구에 다양한 날씨가 나타나는 이유에 대해 이야기 나눈다.
   - 왜 우리가 사는 지구에서는 이렇게 날씨가 다양할까?
   - 폭우는 왜 내리는 걸까?
   - 어떻게 알아보는 것이 좋을까?

5. 관심 있는 유아들이 과학 영역의 책 혹은 컴퓨터 등을 활용하거나 바깥놀이터에서 실험하기 등 지구의 여러 가지 기후에 대해 궁금한 점을 조사해 보도록 연계한다.

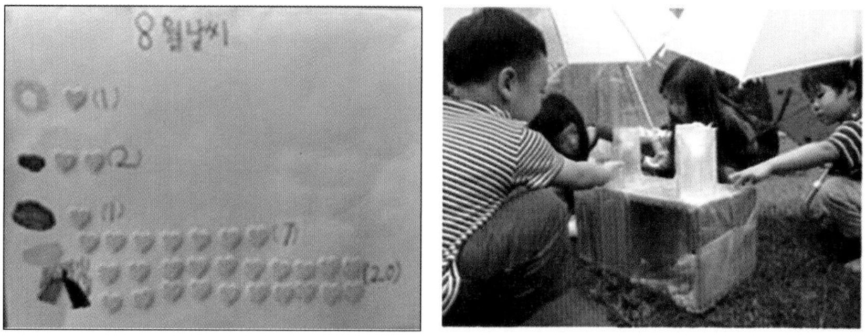

〈비의 양을 측정하고 비가 오는 원리 실험하기〉

놀이지원

- 교사는 유아들이 날씨의 특성에 대해 호기심을 보일 때 날씨와 기후 변화 특성이 잘 나타나는 자료를 준비하여 유아들이 특성을 알아볼 수 있도록 한다.
- 지구의 다양한 날씨가 나타나는 이유를 알고 싶어 하는 유아들에게 과학 영역 혹은 바깥놀이와 연계하여 과학 영역을 확장해 주고 여러 가지 이상 기후에 대한 원인과 결과를 조사해 보도록 한다.

2. 역사

역사 2-1 우리나라의 과거와 현재 모습

주제 우리나라 **소주제** 우리나라의 역사

목표
- 우리나라의 과거 모습과 현재 모습의 비슷한 점과 다른 점을 안다.
- 우리나라의 과거 모습과 현재 모습을 비교한다.
- 우리나라의 변화에 관심을 갖는다.

누리과정 관련 요소
- 사회관계 > 사회에 관심 가지기 > 우리나라에 관심 갖고 이해하기
- 의사소통 > 듣기와 말하기 > 자신의 경험, 느낌, 생각을 말한다.

대상 연령 만 5세 **활동유형** 이야기나누기

활동자료

현재 우리나라의 모습과 과거 우리나라의 모습 사진 자료
(예: 경찰서, 시장, 유아교육기관)

놀이경험
- 유아들과 함께 바깥놀이 시간에 유치원 주변 동네 산책을 하며 보게 되는 여러 공공기관의 종류에 대해 이야기 나눈다.
- 현재의 경찰서를 보며 예전에는 관아였다는 사실을 아는 유아의 이야기를 듣고 다른 시설의 예전 모습을 더 알아본다.

활동방법

1. 전날 유치원 주변 동네를 탐방한 것에 대해 이야기 나눈다.
   - 어제 동네 산책을 했는데 무엇을 보았니?
   - 어제 본 시장은 옛날에는 어떤 모습이었을까?
   - 어제 본 곳들이 어떻게 변화되었는지 알아볼까?

2. 현재 우리 동네의 여러 장소가 담긴 사진을 보며 이야기 나눈다.
   - (현재 유치원 사진을 보며) 이곳은 어디일까?
   - 지금 우리가 다니는 유치원은 어떤 모습이니?
   - (시장 사진을 보여 주며) 우리가 직접 가 본 시장의 모습은 어땠니?

3. 우리나라의 옛날 모습 사진과 현재 모습 사진을 보며 비교한다.
   - (옛날 경찰서 사진을 보여 주며) 이곳은 어디일 것 같니?
   - 이곳은 경찰서인데, 옛날에는 '관아'라고 불렀대.
   - (현재와 과거의 경찰서 사진을 보여 주며) 옛날 경찰서와 지금 경찰서 모습을 보면 무엇이 다르니?
   - (현재 시장과 과거 시장 사진을 보여 주며) 우리가 직접 가 본 시장과 무엇이 다를까?

4. 과거의 모습 중 현재 더 편리해진 모습을 생각해 본다.
   - 어떤 모습이 더 편리해 보이니?
   - 왜 그렇게 변했을까?
   - 우리 주변에 더욱 편리하게 변화된 물건은 또 무엇이 있을까?

5. 활동에 대한 소감을 이야기 나누고, 다음 놀이를 계획해 본다.
   - 옛날과 현재의 다른 모습을 알아보았는데 어땠니?
   - 어떤 점이 다르게 느껴졌니?

놀이지원

- 유아들과 함께 옛날 모습과 현재 모습의 특성이 잘 담긴 사진을 찾아보며 이야기 나눈다.
- 우리 동네 여러 시설의 모습을 미술 활동이나 블록으로 구성하거나 이를 활용하여 역할놀이를 해 보며 변화의 이유에 대해 생각해 보도록 한다.

역사 2-2 옛날 물건과 오늘날의 물건

주제 우리나라 **소주제** 우리나라 사람들의 생활

목표

- 과거 모습과 현재 모습의 비슷한 점과 다른 점을 안다.
- 우리나라의 과거 모습과 현재 모습을 비교한다.
- 우리나라 역사의 변화에 관심을 갖는다.

누리과정 관련 요소

- 사회관계 > 사회에 관심 가지기 > 우리나라에 관심 갖고 이해하기
- 의사소통 > 듣기와 말하기 > 자신의 경험, 느낌, 생각을 말한다.

대상 연령 만 4세 **활동유형** 수학

활동자료

옛날 집과 오늘날의 집 모양판, 옛날 물건 그림 카드, 오늘날의 물건 그림 카드, 게임상자

놀이경험

- 과거 우리나라 사람들의 생활에 관심을 보이는 유아들을 위해 옛날 집 모양판을 이용하여 동화를 들려준다.
- 옛날 물건 중 사용 방법 등이 더 궁금한 물건이 있는지 이야기 나눈다.

활동방법

1. 동화에 나오는 옛날 물건에 대해 이야기 나눈다.

〈동화 내용〉

동수가 일어났어요. 오늘은 친구와 만나기로 약속한 날이에요.
동수는 나갈 준비를 하기 위해서 방안을 둘러보기 시작했어요.
아니! 그런데 이럴 수가? 처음 보는 방인 거예요.
"아니? 여긴 어디지?" 동수가 말했어요.
동수가 있는 방안에는 처음 보는 물건들이 가득했어요.
"이 벽에 걸려 있는 건 뭐지? 모자는 아닌 것 같은데……."(갓)
동수는 방을 나왔어요.
"여긴 어디지? 이건 할머니 댁에서 보던 건데?(부엌) 이건 밥을 지을 때 사용하는 건가?(가마솥)
할아버지가 여기에다가 불을 피우시던 걸 본 적이 있어."(아궁이)
동수는 집에서 나왔어요.
"아얏, 차가워! 비가 오잖아. 사람들이 입고 있는 것은 뭐지? 왜 나뭇가지를 입고 있을까?"(도롱이)
동수는 길을 걷기 시작했어요. 저기 앞에 가게가 보여요.
동수는 비를 피해서 가게로 들어갔어요.
"저기 동그란 건 뭐지? 내가 아는 동전이랑은 다르게 생겼어……."(엽전)
동수는 오늘 하루 동안 새로운 물건들을 잔뜩 보아 신기했어요.
동수가 말했어요. "다시 우리 집으로 돌아가고 싶어."
동수는 그렇게 잠에서 깨어났어요.

–동수는 꿈속에서 어디를 갔던 걸까?
–동수가 이야기했던 물건들은 어떤 것이었을까?

2. 동화 속의 옛날 물건과 오늘날 물건 그림 카드를 짝지어 본다.
–동화 자료의 옛날 물건을 살펴보자.
–이건 어디에 쓰는 물건일 것 같니?
–오늘날 같은 일을 하는 물건은 무엇일지 찾아보자.

활동방법

3. 게임상자를 사용해 동화 속의 옛날 물건을 오늘날 물건으로 바꿔 붙인다.
 - 이번에는 게임상자를 사용해서 옛날 물건 옆에 오늘날 물건을 붙여 보자.

〈게임 방법〉

1. 게임상자에서 오늘날의 물건 그림을 꺼낸다.
2. 꺼낸 물건의 이름을 말한다.
3. 오늘날의 물건을 옛날 물건과 짝지어 붙인다.

4. 활동에 대한 소감을 이야기 나누고, 다음 놀이를 계획해 본다.
 - 옛날 물건과 오늘날의 물건을 잘 바꾸어 보았니?
 - 옛날 물건에 대한 이야기를 들으니 어떤 놀이가 하고 싶어졌니?

놀이지원

- 유아들이 홍미를 보이는 옛날 물건을 가정에서 가져오거나 교사가 준비하여 과학 영역 혹은 역할놀이 영역에 두고 오늘날 물건과 비교하여 탐색해 보는 경험을 충분히 할 수 있도록 한다.
- 옛날 물건을 사용하고 탐색해 보며 좋은 점과 불편한 점 등을 생각해 보고 더욱 편리하게 생활하려면 어떻게 바꾸면 좋을지 발명하는 구성놀이를 해 보도록 격려한다.

역사 2-3 고구려 벽화 그리기

주제 우리나라 **소주제** 우리나라의 놀이와 예술

목표
- 고구려 벽화를 통해 우리 조상의 생활 모습을 안다.
- 고구려 벽화를 자기만의 벽화로 재구성한다.
- 고구려 벽화와 조상들의 생활 모습에 관심을 갖는다.

누리과정 관련 요소
- 사회관계 > 사회에 관심 가지기 > 우리나라에 대해 자부심을 가진다.
- 예술경험 > 예술 감상하기 > 우리나라 전통예술에 관심을 갖고 친숙해진다.

대상 연령 만 5세 **활동유형** 조형

활동자료

고구려 벽화 사진 자료(무용총-수렵도, 가무도), 벽화 속 부분 사진, 사람 · 동물 그림, 한지, 파스텔, 크레파스 등

놀이경험
- TV에서 본 사극에 나오는 옛날 사람들의 생활에 대해 이야기 나눈다.
- 전통 춤에 관심을 보이던 유아들과 함께 전통 춤이 그려진 그림을 검색해 본다. 필요 시 교사는 전통 춤을 그림으로 그린 벽화가 있음을 소개할 수 있다.

활동방법

1. 벽화 속 사람과 동물들의 모습을 보며 이야기 나눈다.
   - 여기 있는 색깔 종이 속에 다양한 모습의 그림이 있는데, 누가 나와서 종이를 한 장 뽑은 후 그림 속의 모습을 흉내 내어 볼까?
   - ○○(이)가 흉내 낸 모습은 어떤 모습인 것 같니?
   - ○○(이)가 어떤 모습을 표현한 건지 같이 볼까?

–다양한 모습의 사람과 동물을 살펴봤는데, 이런 사람들과 동물들을 그린 그림이 있대. 어떤 그림인지 우리 같이 볼까?

2. 고구려 벽화(무용총)를 보며 이야기 나눈다.
–(무용총 그림을 보며) 이 그림을 보니까 어때?
–이 그림은 옛날 어른들이 벽에 그린 '벽화'라고 해. 옛날에는 지금처럼 종이가 없어서 벽에 그림을 그렸대. 그림 속에 어떤 것들이 보이니?
–벽화 속 사람들은 왜 춤을 추고 있을까?
–우리도 기쁘거나 신날 때 노래를 부르고, 춤을 추기도 하지? 옛날에도 중요한 분이 오시면 환영한다는 뜻에서 노래를 하고, 춤을 추는 거래.

3. 그림을 그리고 싶은 유아들과 관련 영역에 모여 고구려 벽화를 자신만의 벽화로 재구성해 본다.
–벽에 그린 벽화를 보았는데 너희가 벽화를 그린다면 어떤 그림을 그리고 싶니?
–우리가 본 고구려 벽화 속의 그림을 가지고 우리만의 벽화로 바꿔 볼 거야.
–벽화 속의 다양한 모습을 스티커로 만들어 왔는데, 이 스티커를 한지에 붙인 다음 그림을 그려서 우리만의 벽화를 만들어 보자.
–크레파스나 파스텔로 더 꾸미고 싶은 것이 있니?

4. 재구성한 고구려 벽화를 친구들에게 소개해 본다.
–'내가 만든 벽화를 친구들에게 소개해 주고 싶어요' 하는 사람이 있니?
–○○(이)는 사람들이 무엇을 하는 모습을 그렸니?

5. 활동에 대한 소감을 이야기 나누고, 다음 놀이를 계획해 본다.
–오늘 고구려 벽화를 감상해 보고 친구와 벽화를 만들기도 해 봤는데 어땠니?
–어떤 점이 좋았니?
–무엇을 더 해 보고 싶니?

놀이지원	• 벽화 감상 시 그림은 모든 유아가 잘 볼 수 있는 크기로 준비하고, 옛날 그림의 색감, 재료 등을 유추해 보고 탐색하도록 한다. • 함께 살펴 본 고구려 벽화와 유아들이 만든 벽화를 교실 벽 혹은 미술 영역에 전시해 두고 충분히 감상하도록 한다. • 유아들의 아이디어에 따라 유치원 혹은 주변의 벽을 벽화로 그려 보는 공공디자인 프로젝트로 확장할 수 있다.

역사 2-4 아름다운 한글

주제 우리나라 **소주제** 우리나라의 자랑거리

목표
- 한글날의 의미와 유래를 안다.
- 일상생활에서 한글을 활용한 것을 찾아본다.
- 한글을 사랑하는 마음을 갖는다.

누리과정 관련 요소
- 사회관계 > 사회에 관심 가지기 > 우리나라에 관심 갖고 이해하기
- 의사소통 > 듣기와 말하기 > 자신의 경험, 느낌, 생각을 말한다.

대상 연령 만 5세 **활동유형** 조형, 쌓기놀이

활동자료

한글로 된 디자인 감상 자료, 각종 조형 재료(재활용품, 테이프, 색종이, 물감 등), 한글 모양을 구성할 수 있는 블록류

놀이경험
- 한글날을 맞이하여 교사는 유아들과 한글날의 유래에 대해 이야기 나눈다.
- 한글은 자랑스러운 우리 글자라는 것을 이야기하던 유아들이 주변에서 한글 모양 찾기 놀이를 제안하여 놀이하는 경험을 한다.

1. 10월 9일 한글날을 맞아 한글에 대해 이야기 나눈다.
   - 10월 9일은 어떤 날인지 달력에서 찾아볼까?
   - 한글날에 대해 들어 본 적이 있니?
   - 한글날은 어떤 날일까?

2. 한글의 유래에 대해 알아본다.
   - 한글을 만든 사람은 누구일까?
   - 왜 세종대왕님은 한글을 만들었을까?
   - 왜 한글이 자랑스러운 우리 글자라고 생각하니?

3. 일상생활에서 접하는 한글과 한글을 사용한 디자인 제품을 감상한다.
   - 우리는 한글을 어디에서 볼 수 있을까?
   - 사진 속 의자는 한글박물관의 의자야. 어떤 글자 모양과 닮았니?
   - 너희가 좋아하는 글자 모양을 사용해서 또 어떤 물건을 만들어 볼 수 있을까?

활동방법

4. 유아들이 선호하는 글자 모양대로 자기 이름판과 다른 생활용품을 디자인해 보도록 한다. 원하는 경우, 블록 등을 활용하여 글자 모양 작품을 구성하도록 격려한다.
   - ○○(이)는 이름 글자 모양과 비슷한 어떤 재료를 찾았니?
   - 어떻게 꾸미면 좋을까?
   - 친구들과 함께 블록으로 어떤 모양을 만들어 보고 싶니?

5. 친구들의 작품을 감상하며 한글을 아끼고 소중하게 생각해야 하는 이유에 대해 이야기 나눈다.
   - 만약 한글이 없다면 어떨까?
   - 한글이 있어서 좋은 점은 무엇이니?

–한글을 아끼고 소중하게 여기는 습관을 갖기 위해 생활 속에서 실천할 수 있는 방법으로는 무엇이 있을까?

6. 활동에 대한 소감을 이야기 나누고, 다음 놀이를 계획해 본다.
   –한글날과 한글에 대해 알아보았는데 어땠니?
   –어떤 점이 기억에 남니?

놀이지원

- 생활 속에서 유용한 한글의 쓰임새와 함께 한글을 활용한 디자인 제품의 아름다움을 일상에서 찾아 보는 놀이를 충분한 시간을 두고 지속하도록 격려한다.
- 유아들이 원하는 경우, 한글박물관으로의 현장학습을 계획하여 실행해 본다.
- 유아들이 한글 디자인 놀이를 하며 한글을 자랑스럽게 여기는 태도를 기를 수 있도록 이야기 나눈다.

3. 환경

환경 3-1 물의 오염

주제	환경과 생활
소주제	물과 우리 생활
목표	• 물이 오염되는 원인을 안다. • 생활 속에서 물을 보호할 수 있는 방법을 실천한다. • 물을 보호하는 방법에 관심을 갖는다.
누리과정 관련 요소	• 자연탐구 > 자연과 더불어 살기 > 생명과 자연환경을 소중히 여긴다. • 의사소통 > 읽기와 쓰기에 관심 가지기 > 자신의 생각을 글자와 비슷한 형태로 표현한다.
대상 연령	만 4세
활동유형	이야기나누기
활동자료	오염된 강과 물고기 사진 자료, 물을 오염시키는 원인에 대한 그림 자료(합성 세제를 사용하는 그림, 주방 세제를 사용하는 그림, 샴푸와 린스를 사용하는 그림, 음식 찌꺼기를 하수도에 버리는 그림, 오염된 물이 하천으로 흘러가는 그림 등), 종이, 펜 
놀이경험	• 바깥 놀이터에서 물놀이를 하며 물이 오염된 것을 본 유아들이 물을 깨끗하게 거르는 놀이를 한다. • 물 놀이터에서의 규칙을 만들고 실천하는 경험을 한다. • 유아들이 물이 오염된 곳이 많다는 이야기를 하고 더 관심을 가질 경우 유치원과 동네 주변을 산책하며 물이 오염된 곳을 조사하고 사진으로 찍어 소개하도록 한다.

활동방법

1. 유아들과 조사한 더러운 동네 하천의 모습과 컴퓨터에서 검색하여 찾은 오염된 강 사진 자료를 보며 이야기 나눈다.
   - 맑고 깨끗한 강물이 점점 어떻게 변했니?
   - 강물이 왜 더러워졌을까?
   - 더러운 강에 사는 물고기는 어떻게 될 것 같니?

2. 물이 오염되는 원인에 대한 그림 자료를 보며 이야기 나눈다.
   - 물을 오염시키는 것에는 어떤 것들이 있을까?
   - (샴푸와 린스를 사용하는 그림을 보여 주며) 이건 어떤 그림인 것 같니?
   - 왜 샴푸와 린스를 많이 사용하면 물이 오염될까?
   - 그럼 머리를 감을 때 어떻게 하면 좋을까?
   - 또 어떤 것이 물을 오염시킬까?

3. 물을 오염시키지 않기 위해 우리가 할 수 있는 것을 이야기 나눈다.
   - 물을 오염시키지 않기 위해 우리가 할 수 있는 것은 무엇이 있을까?
   - '저는 이런 약속을 지킬 수 있어요.' 하는 것을 앞에 나와서 이야기해 줄 사람이 있니?

4. 유아들이 물을 깨끗하게 하는 방법을 이야기한 것을 큰 종이에 교사가 받아 적는다.

5. 활동에 대한 소감을 이야기 나누고, 다음 놀이를 계획해 본다.
   - 우리가 집에서 사용하는 것 중에 물을 오염시키는 것을 알아보았는데 어땠니?
   - 어떤 것이 기억에 남니?
   - 그래. 우리 모두 물을 깨끗하게 보호하기 위해서 오늘 우리가 이야기한 것을 실천해 보자.

놀이지원

- 일상생활에서 유아가 실천할 수 있는 방법이 담긴 활동자료를 준비하고 실행해 본다. 예를 들어, 거름망으로 물놀이대 거르기, 유치원에서의 손비누 사용 줄이기, 음식물 쓰레기가 강으로 흘러가지 않도록 음식 남기지 않기 등을 실천해 본다.
- 유아들이 행동의 원인과 그 결과에 대해 연결하여 생각할 수 있도록 실천표 등의 체크리스트를 만들어 실천해 보도록 격려한다.

환경 3-2 물을 아껴요

주제 환경과 생활 **소주제** 물과 우리 생활

목표
- 물을 절약하는 방법에 대해 안다.
- 물을 절약하는 방법을 실천해 본다.
- 물을 절약하는 태도를 갖는다.

누리과정 관련 요소
- 자연탐구 > 자연과 더불어 살기 > 생명과 자연환경을 소중히 여긴다.
- 자연탐구 > 생활 속에서 탐구하기 > 일상에서 길이, 무게 등의 속성을 비교한다.

대상 연령 만 4세 **활동유형** 과학

활동자료
- 이야기나누기 활동자료
(화장실에서 물을 낭비하는 친구의 사진, 아프리카의 물 부족 현황 사진)

- 게임 자료
물을 아껴 쓰는 방법에 대한 그림 카드 8장, 물을 낭비하는 모습에 대한 그림 카드 8장, 점점 살아나는 식물 그림이 그려진 원통 2개, 원통 그림에 끼우도록 제작된 EVA 링

놀이 경험
- 화장실에서 손을 씻던 유아가 다른 유아가 물을 아껴 쓰지 않는다고 이야기하여 갈등 상황이 생기게 되면 왜 물을 아껴써야 하는지에 대해 이야기 나누는 경험을 한다.

1. 유아들이 세면대를 사용하는 모습을 사진으로 찍어 두고 이야기 나눈다.
   –우리 반 친구들이 사용하는 화장실의 모습이 담긴 사진을 가져왔어. 같이 볼까?
   –사진에서 친구는 무엇을 하고 있니?
   –물을 사용하지 않을 때 어떻게 하고 있니?
   –물을 사용하지 않는데도 계속 틀어놓게 되면 이 물은 어떻게 될까?
2. 물 부족 국가의 사진을 보며 물을 절약하지 않으면 어떻게 되는지 이야기 나눈다.
   –여기는 비가 와서 물이 부족한 나라야. 물이 부족하면 어떤 일이 생기게 될까?
   –우리도 물을 아껴 쓰지 않으면 어떻게 될까?
3. 우리가 실천할 수 있는 물 절약 방법에 대해 이야기 나눈다.
   –물을 아껴 쓸 수 있는 방법에 대해 알아보고, 약속 판을 만들어 보자.
   –물을 아껴 쓰는 방법 중에서 우리가 할 수 있는 방법으로는 어떤 것들이 있을까?
   –세수하거나 손을 씻을 때 어떻게 하면 좋을까?

활동방법

4. 물 절약 방법과 물을 낭비하는 모습이 그려진 그림 자료를 활용한 게임 자료를 소개한다.
   –물을 절약하는 모습이 그려진 그림은 어떤 것일까?
   –물을 절약해서 물이 다시 풍족해지면 그림 속의 말라가는 식물이 어떻게 될까?
   –그러면 이 파란색 원통을 끼워 물처럼 채워 꽃을 살려 보는 게임을 해 볼까?
5. 순서를 정한 후 그림 카드를 고르고, 물을 절약하는 방법이 그려진 카드가 나오면 파란색 링을 원통에 끼워 가며 게임을 한다.
   –어떤 그림이 나왔니?
   –양치할 때 컵을 사용하는 그림이네. 그냥 양치할 때보다 물이 더 절약될까?
   –파란색 링을 끼우니 원통 속의 식물이 점점 어떻게 변해 가고 있니?
6. 활동에 대한 소감을 이야기 나누고, 다음 놀이를 계획해 본다.
   –오늘 물을 아껴 쓰는 방법에 대해 게임을 해 보았는데 어땠니?
   –오늘 이야기 나눈 대로 물을 절약할 수 있는 방법들을 실천해 보자.

놀이지원

- 유아가 일상생활에서 흔하게 하는 행동이 물을 많이 낭비하고 있음을 구체적으로 볼 수 있는 실험(예: 양치 컵을 쓰는 경우와 쓰지 않는 경우 등)을 구성하여 직접 실험 결과를 비교하도록 확장할 수 있다.
- 물 낭비로 인한 부정적 결과를 인식하고 고안해 낸 절약 방법을 충분한 시간을 두고 탐구하도록 한다. 본 게임은 탐구해 본 내용을 그림 카드의 내용으로 제작하여 물의 절약과 자원의 순환에 대한 이해를 돕도록 지원해 볼 수 있다.

환경 3-3 EM 주방 세제 만들기

주제 환경과 생활 **소주제** 물과 우리 생활

목표
- 물을 깨끗이 보존하는 방법에 대해 안다.
- EM을 사용해 친환경 세제를 만들 수 있다.
- 친환경 세제를 사용함으로써 물을 소중히 여기는 마음을 갖는다.

누리과정 관련 요소
- 자연탐구 > 자연과 더불어 살기 > 생명과 자연환경을 소중히 여긴다.
- 자연탐구 > 탐구과정 즐기기 > 궁금한 것을 탐구하는 과정에 즐겁게 참여한다.

대상 연령 만 5세 **활동유형** 과학

활동자료

일반 세제, EM 용액, 밀가루, 식초, 숟가락, EM을 이용해서 만든 주방 세제를 넣을 통, EM을 만들 때 재료들을 한군데에 모아 놓을 통, 설거지를 할 대야, 수세미, 고무장갑, 세제 만드는 방법 안내문, 마스킹테이프, 펠트지, 찍찍이, 가위, 간식 그릇, 주방 세제

놀이경험
- 더러운 동네 하천을 보며 물이 오염되는 원인에 대해 토론하고 인터넷 등을 이용하여 조사해 본다.
- 유아들은 오염의 원인 중 하나가 세제라는 것을 알고 과학 영역에서 교사와 함께 천연 세제에 대해 조사해 본다.

활동방법

1. 마트에서 산 주방 세제의 성분에 대해 알아본다.
   - 주방 세제에는 무엇이 들어 있다고 적혀 있니?
   - ○○이랑 ○○이가 알아본 것처럼 거품을 많이 나게 하는 물질인 계면활성제를 많이 넣는대. 그런데 그것들이 물로 흘러가면 강물에 사는 물고기나 식물이 어떻게 될까?

2. 세제를 대체할 수 있는 미생물을 활용한 EM에 대해 이야기 나눈다.
   - 그럼 독한 약품 대신 세제를 무엇으로 만들면 좋을까?
   - EM에 대해 들어 본 적이 있니?
   - EM 용액 속의 미생물들이 더러운 물을 깨끗하게 해 준대.

3. 유아들과 조사한 방법대로 재료를 준비한 후 EM 세제를 만들어 본다.
   - EM 세제를 만들어 볼까?
   - 무엇이 필요할까?
   - 다음에는 무엇을 넣어야 하니?
   - 밀가루의 하얀색과 식초의 투명한 색과 EM의 고동색이 섞여서 무슨 색으로 변했니?

〈EM 주방 세제 만들기〉

1. 밀가루, 식초, EM 용액을 준비한다.
2. EM 주방 세제 만드는 법을 하드보드지에 붙여 만든 후 투명 시트지를 씌우고 마스킹테이프를 붙인다.
3. EM 주방 세제를 만드는 재료 사진을 프린트하여 검은색 펠트지와 찍찍이를 이용해 붙인다.

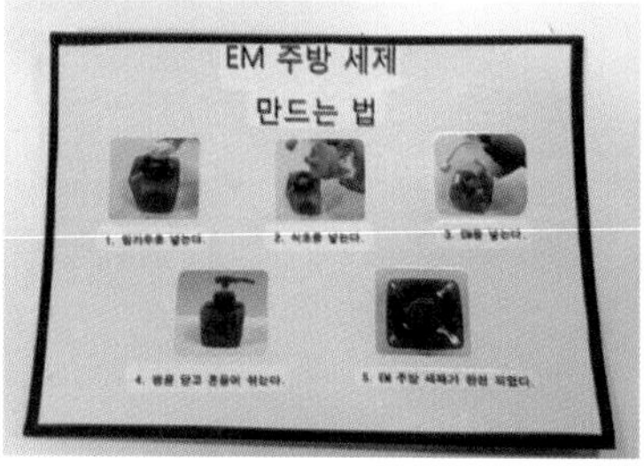

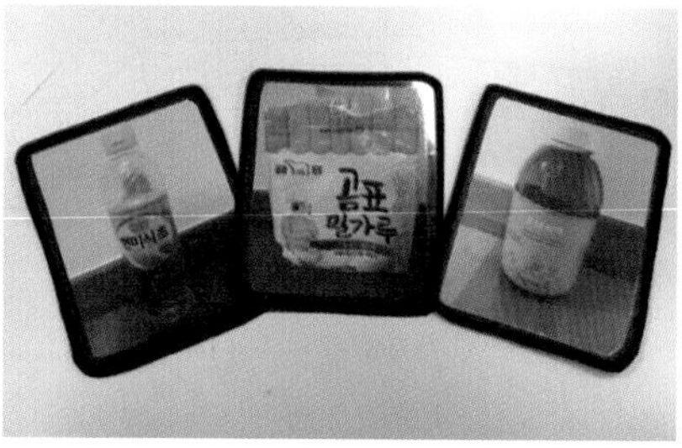

4. 천연 세제로 각자 간식 그릇을 설거지해 본다.
 – 우리가 만든 세제로 그릇을 닦으니까 그릇이 어떻게 되고 있니?
 – 거품이 많이 안 나는구나. 그래도 간식 접시의 음식 찌꺼기는 어떻게 되고 있니?
 – 이번에는 마트에서 산 세제로 설거지를 해 보자. 우리가 만든 세제랑 다른 점이 있니?

5. 활동에 대한 소감을 이야기 나누고, 다음 놀이를 계획해 본다.
 – 오늘 물을 보호할 수 있는 천연 미생물 세제를 직접 만들어 보는 활동을 했는데 어땠니?
 – 어떤 점이 재미있었니?
 – 집에 알려 주고 싶은 친구들은 어떻게 알리면 될까?

놀이지원

- 유아들과 함께 마트의 주방 세제 성분을 조사할 때 컴퓨터 또는 사전을 이용하여 유아가 스스로 찾아보도록 격려하고 이를 이야기나누기 시간에 소개하도록 한다.
- EM 세제를 사용해 보고 유아들이 가정으로 가져가 공유할 수 있도록 격려한다.

환경 3-4 사라지는 동물을 지켜요

주제	동식물과 자연	소주제	동물 보호

목표
- 동물들이 사라지는 다양한 이유에 대해 안다.
- 멸종 위기 동물에 대한 자신의 느낌, 생각, 경험을 말한다.
- 멸종 위기에 처한 동물에게 관심을 갖는다.

누리과정 관련 요소
- 자연탐구 > 자연과 더불어 살기 > 생명과 자연환경을 소중히 여긴다.
- 의사소통 > 듣기와 말하기 > 상대방이 하는 이야기를 듣고 관련해서 말한다.

대상 연령	만 5세	활동유형	이야기나누기

활동자료

신문기사(멸종 위기 동물에 관한 기사), 멸종되어 가는 동물 사진이나 그림 자료(수달, 코뿔소, 북극곰, 레서판다), 동물이 멸종되는 원인에 대한 사진이나 그림 자료, 동물 머리띠(수달, 코뿔소, 북극곰, 레서판다), '멸종 위기 동물을 지켜요' 판, 종이 스티커, 펜

놀이경험
- 유아들이 동물원 견학 학습 후 동물원 구성하기 놀이를 시작해 본다.
- 점점 멸종되어 가는 동물들이 있어 동물원 구성 시 이 동물들을 넣을 수 없다는 이야기를 나누며 멸종 위기 동물에 대해 더 알아보기로 한다.

활동방법	1. 멸종 위기 동물에 대한 기사를 찾아 이야기 나눈다. –너희가 찾아본 기사에 어떤 내용이 나왔니? –멸종이라는 말은 어떤 뜻일까? –기사를 보고 나니까 어떤 마음이 드니? 2. 사진 혹은 그림 자료를 보며 동물이 사라지는 이유에 대해 이야기 나눈다. –이 동물이 무엇인지 아니? –수달은 어디에서 사는 동물일까? –수달이 사는 강과 바다는 왜 오염이 됐을까? –레서판다가 사는 곳의 나무들은 왜 다 잘렸을까? 3. 만약 자신이 사라지는 동물이라면 어떤 이야기를 하고 싶은지 말해 본다. –정말 다양하고 많은 이유로 동물들이 아파하는 것 같은데, 이런 상황들에 처해 있는 동물들은 어떤 기분일까? –이 동물들은 무슨 말을 하고 싶을까? –내가 만약 이런 상황에 처한 동물이라면 어떤 말을 하고 싶은지 이야기해 줄 친구가 있니? 4. 동물을 보호할 수 있는 방법이나 동물에게 해 주고 싶은 말을 '동물을 지켜요' 판을 마련하여 적어 본다. –동물을 보호할 수 있는 방법이나 동물에게 해 주고 싶은 말을 여기에 적어 보자. –앞에 있는 동물들 중 한 마리를 선택해서 나눠 주는 종이 스티커에 적어 보자. –내가 적은 것을 이야기해 주고 싶은 친구가 있니? 5. 활동에서 느낀 점을 이야기하며 연계 놀이를 계획한다. –오늘 멸종 위기에 있는 동물들을 알아보았는데 어땠니? –많은 사람이 멸종 위기 동물들에 대해 알 수 있도록 하려면 어떤 방법이 있을까? –어떤 점이 더 궁금하니? 무엇에 대해 더 알아보고 싶니? –어떤 놀이를 하고 싶어졌니?
놀이지원	• 동물원 놀이를 시작할 때 동물의 입장에서 살기 좋은 환경이 무엇인지, 동물원보다 더 좋은 환경은 무엇인지 생각해 보며 재구성해 보도록 상호작용한다. • 멸종과 멸종 위기 동물에 대해 이야기를 나눌 때 유아가 쉽게 이해할 수 있도록 상호작용한다. • 유아 수준에서 실천할 수 있는 동물 보호의 방법을 생각해 보도록 격려하고 구체적인 조사 활동과 연계한다.

4. 경제

경제 4-1 50원 쇼핑

주제 우리 동네 **소주제** 우리 동네 사람들

목표

- 돈의 물물교환 기능에 대해 안다.
- 동전을 사용하여 수의 모으기와 가르기를 경험한다.
- 돈의 사용에 대해 관심을 갖는다.

누리과정 관련 요소

- 사회관계 > 사회에 관심 가지기 > 내가 살고 있는 곳에 대해 궁금한 것을 알아본다.
- 자연탐구 > 생활 속에서 탐구하기 > 물체를 세어 수량을 알아본다.

대상 연령 만 5세 **활동유형** 수학

활동자료

- 이야기나누기 활동자료
  과거 물물교환에 사용된 여러 가지 자료의 실물 혹은 사진(엽전, 동전, 지폐, 조개 등) 자료
- 수학 활동자료
  10원짜리 동전 1~5개, 50원짜리 동전이 그려진 그림 카드 5장, 가게 놀이에 필요한 소품 등

놀이경험	• 유치원 주변 동네 산책을 하며 보게 되는 여러 가지 가게의 종류에 대해 이야기 나눈다. • 유아들이 역할놀이 영역에서 가게 놀이를 시작해 본다. 이때 교사는 유아들이 색종이로 돈을 만들고 서로 주고받으며 놀이를 하고 있지만 돈의 개념은 명확하지 않다는 것을 관찰하게 된다.
활동방법	1. 가게 놀이를 원하는 유아들과 모여 물물교환에 대해 이야기 나눈다. –아주 옛날, 돈이 없었을 때에는 사람들이 필요한 물건을 어떻게 얻을 수 있었을까? –물물교환을 하면 어떤 점이 좋을까? –물물교환을 하면 어떤 점이 불편할까? –물건을 서로 바꾸는 방법 말고 또 어떤 방법이 있을까? 2. 물건을 사 본 경험에 대해 이야기 나눈다. –너희는 물건을 살 때 어떻게 했니? –천 백 원은 어떤 돈을 냈니? –(종이 화폐를 보여 주며) 앞에 무엇이 있니? –이렇게 종이 화폐와 동전을 사용하니까 어떤 점이 좋니? 3. 수학 활동자료를 소개하며 돈을 세는 경험을 해 본다. –여기 어떤 것들이 보이니? –이 동전 카드에 있는 동전이 혹시 얼마짜리 동전인지 아는 친구가 있니? –10원짜리 동전의 개수가 몇 개씩 있는지 세어 볼까? –앞에 인형들의 가격이 얼마라고 적혀 있니? –(10원 카드와 40원 카드를 보여 주며) 이 두 개의 카드를 합치면 총 얼마가 되니? –또 어떤 방법으로 50원을 만들 수 있을까? –이 놀이는 너희가 해 본 대로 50원짜리 동전 카드로 인형 가게에서 너희가 원하는 인형을 사는 놀이야. 가게 주인과 손님 역할을 정하여 해 볼 수 있단다.

4. 50원을 모아 물건을 사는 가게 놀이를 해 본다.

〈활동방법〉

1. 한 명의 유아가 카드 2장을 뒤집는다. 이때 카드의 합이 50원이 되면 카드를 가져간다. 카드의 합이 50원이 되지 않을 경우에는 다시 카드를 뒤집는다.
2. 다른 한 명의 유아도 같은 방식으로 게임을 진행한다.
3. 50원 동전 카드로 물건을 산다. 유아들이 인형을 사려고 할 때 교사는 50원 동전이 그려져 있는 카드 1장으로 교환해 줄 수 있다.

－동전 카드를 뒤집는 순서는 어떻게 정할까?
－10원이 나왔네. 50원이 되려면 얼마나 더 필요할까?
－50원이 나온 손님은 물건을 살 때 어떻게 말하면 좋을까?
－가게 주인은 어떻게 하면 좋을까?

5. 활동에 대한 소감을 이야기 나누고, 다음 놀이를 계획해 본다.
－오늘 돈에 대해 이야기 나누어 보았는데 어땠니?
－새로 알게 된 점은 무엇이니?

놀이지원

- 유아들이 가게 놀이를 하는 과정에서 교사는 수의 모으기와 가르기를 할 수 있는 실물 자료를 준비하여 게임 활동을 지원한다.
- 교실에서 시장 놀이로 확장되는 경우, 유아들의 발달 수준에서 가능한 금액을 셀 수 있도록 1~10원 정도의 작은 단위의 돈을 직접 만들어 보는 활동으로 연계하도록 지원한다.

경제 4-2 과대 포장된 물건을 찾아보아요

주제 우리 동네 **소주제** 우리 동네 사람들의 생활

목표
- 환경을 지킬 수 있는 포장 방법에 대해 안다.
- 환경을 지킬 수 있는 포장 방법에 대한 생각과 느낌을 말한다.
- 최소한의 포장을 하는 태도를 갖는다.

누리과정 관련 요소
- 사회관계 > 사회에 관심 가지기 > 내가 살고 있는 곳에 대해 궁금한 것을 알아본다.
- 자연탐구 > 생활 속에서 탐구하기 > 일상에서 길이, 무게 등의 속성을 비교한다.

대상 연령 만 5세 **활동유형** 수학

활동자료
포장된 선물 상자 2개, 과대 포장된 물건(예: 과자, 과일 상자, 장난감 상자, 택배 상자), 물건의 크기나 부피, 무게를 잴 수 있는 측정 도구(예: 자, 저울)

놀이경험
- 유아들이 가게 놀이를 하며 간식용 과자를 직접 구입하고 판매하는 놀이를 하는 경험을 한다.
- 과자 상자를 열어보며 포장 박스 크기에 비해 안에 들어 있는 과자의 양이 적다고 느끼게 된 유아들은 다른 물품의 포장 상자와 포장지를 열어보고 비교해 보자는 제안을 하게 된다.

활동방법

1. 포장된 2개의 선물 상자를 열어 보고 이야기 나눈다.
   - 앞에 큰 선물 상자가 있는데, 이 상자 안에 무엇이 있을까?
   - 물건이 무엇으로 포장되어 있니?
   - 포장이 어떻게 되어 있니?
   - 이 선물 상자를 받았을 때와 상자를 열고 난 후의 기분은 어떨까?
2. 여러 가지 과대 포장된 상자에서 실제 물건을 꺼내 보고 양과 부피 등을 비교해 본다.
   - 물건의 포장된 비닐을 뜯어 보자. 안의 물건은 이 정도밖에 안 되는데 왜 이렇게 포장을 크게 했을까?
   - 포장이 너무 크거나 여러 개로 되어 있으면 어떨까?
   - 포장이 크다고 다 좋은 걸까?

−선물을 뜯은 포장지는 어떻게 해야될까?
−이렇게 버려진 쓰레기가 계속해서 쌓이면 어떻게 될까?

활동방법

3. 불필요한 포장을 줄일 수 있는 방법에 대해 이야기 나눈다.
   −물건을 어떻게 포장하는 것이 좋을까?
   −낭비하지 않고 물건을 포장하는 방법은 무엇이 있을까?

4. 활동에서 느낀 점과 가게 놀이에 적용할 점에 대해 이야기 나눈다.
   −물건의 포장을 줄이는 방법에 대해 이야기 나누어 보았는데, 어땠니?
   −이제 물건을 구입할 때 어떤 점을 더 보아야 할까?
   −가게 놀이 하는 친구들은 어떤 점을 강조해서 광고를 해야 할까?

놀이지원

- 포장지를 비교할 때 유아들이 실제 포장을 벗기고 안의 내용물을 살펴보며 개수, 크기, 부피 등을 비교해 보는 측정 활동으로 진행하면 과대 포장의 불필요성을 더욱 쉽게 이해하게 할 수 있다.
- 물건을 구입할 때의 고려할 점을 이야기 나누고 이를 가게 놀이 시 연계하여 가게 광고 만들기 등으로 놀이를 확장하도록 상호작용한다.

경제 4-3 시장 놀이에는 간판이 필요해요

주제	우리 동네	소주제	우리 동네의 생활

목표
- 간판의 의미와 기능에 대해 안다.
- 가게 주인과 손님의 역할놀이를 해 보며 필요한 표지를 만들어 본다.
- 다양한 방법으로 의사소통하는 즐거움을 느낀다.

누리과정 관련 요소
- 사회관계 > 사회에 관심 가지기 > 내가 살고 있는 곳에 대해 궁금한 것을 알아본다.
- 의사소통 > 읽기와 쓰기에 관심 가지기 > 자신의 생각을 글자와 비슷한 형태로 표현한다.

대상 연령	만 5세	활동유형	역할놀이

활동자료 글자와 그림이 있는 간판 사진, 다양한 크기의 색상지, 사인펜, 색연필 등

놀이경험
- 유치원 주변의 시장 탐방 후 유아들이 역할놀이 영역에서 음식 모형 등을 사용하여 시장 놀이를 시작한다.
- 유아들과 함께 시장 놀이를 더 재미있게 하기 위하여 필요한 것들에 대한 협의한다.
- 유아들이 시장 놀이에 더 많은 물건이 필요하다고 제안하게 되면 가정에 놀이 진행과 협조 내용을 담은 편지를 보내 필요한 물건을 수집해 본다.

활동방법

1. 시장 놀이를 하기 위해 가지고 온 물건을 소개하며 이야기 나눈다.
   - 오늘은 어떤 놀이를 하기로 했지?
   - 모두 팔고 싶은 물건을 하나씩 가져왔니?
   - 어떤 물건을 가지고 왔는지 친구들에게 소개해 줄 사람이 있니?
2. 시장에 가 본 경험과 시장에 갔을 때 본 간판에 대해 이야기 나눈다.
   - 너희는 시장에 가 본 적이 있니?
   - 시장에는 어떤 가게가 있었니?
   - 무엇을 파는 가게였니?
   - 그 가게의 이름을 어떻게 알 수 있었니?
   - 가게를 나타내기 위한 가게 이름이 쓰여 있는 것을 무엇이라고 할까?

3. 실제 시장에 있는 간판 사진을 탐색하며 이야기 나눈다.
   -(간판 사진을 보여 주며) 간판에 무엇이 보이니?
   -이 가게는 무엇을 파는 가게일까?
   -왜 그렇게 생각했니?
   -무엇을 보고 알 수 있었니?

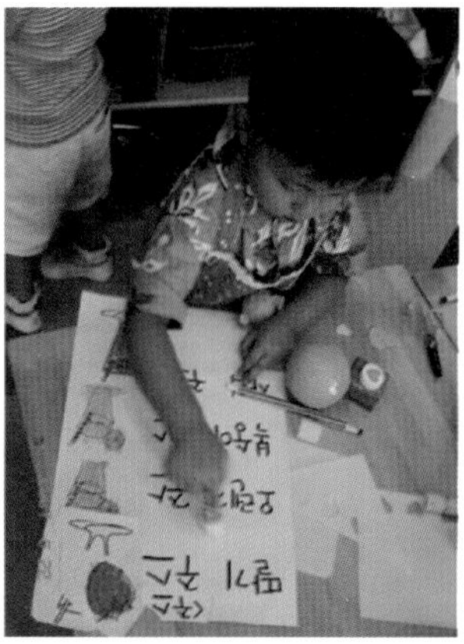

4. 자신이 구성할 가게의 간판과 각종 안내문을 만든다.
   -시장 놀이를 하기 전에 직접 가게 간판을 만들어 볼 텐데 어떤 가게의 간판을 만들고 싶니?
   -가게 이름은 무엇으로 하면 좋을까?
   -가게 간판을 특별하게 꾸밀 수 있는 방법이 있을까?

활동방법

5. 자신의 간판을 소개한다.
   -○○이네 가게는 무엇을 파는 가게일까?
   -○○이네 간판은 어떻게 생겼니?
6. 자신이 만든 간판을 걸어 놓고 주인과 손님 역할놀이를 해 본다.
   -주인은 어떤 일을 할까?
   -주인은 뭐라고 이야기해야 할까?
   -가게에 물건이 많게 하려면 어떻게 준비해야 할까?
   -손님이 많이 오게 하려면 어떤 방법으로 할 수 있을까?
7. 활동에 대한 소감을 이야기 나누고, 놀이 계획을 수정해 본다.
   -간판을 직접 만들어 보았는데 어땠니?
   -어떤 점이 재미있었니?
   -시장 놀이에 또 무엇이 필요할까?
   -무엇으로 만들 수 있을까?

놀이지원

- 교사는 유아들이 다양하고 매력적인 간판을 탐색하여 자신의 간판을 만들어 볼 수 있도록 간판 사진 자료를 함께 준비해 줄 수 있다.
- 시장 놀이는 '유아 간 놀이 계획 → 원하는 유아의 소품 협의 → 제작(미술 및 언어 놀이) → 놀이 실행(역할 및 쌓기 놀이) → 함께 평가 후 놀이 확장'의 과정이 순환적으로 이루어지도록 충분한 시간을 두고 함께 협의하여 진행한다.

5. 다문화

다문화 5-1 예슬이 엄마 이름은 구티엔

주제	세계 여러 나라
소주제	세계 여러 나라 사람들의 생활
목표	• 베트남의 음식, 전통의상, 인사말에 대해 안다. • 베트남 문화에 대한 자신의 경험, 생각, 느낌을 말한다. • 겉모습은 다르지만 서로 이해하고 존중하는 마음을 갖는다.
누리과정 관련 요소	• 사회관계 > 사회에 관심 가지기 > 다양한 문화에 관심을 가진다. • 의사소통 > 듣기와 말하기 > 자신의 경험, 느낌, 생각을 말한다.
대상 연령	만 5세
활동유형	이야기나누기
활동자료	막대인형, 『예슬이 엄마 이름은 구티엔』(임희옥 저, 2008) 동화책, 어린이 세계지도, 베트남에 대한 사진 자료(예: 쌀국수, 베트남 전통의상)

놀이경험	• 방학 중 다른 나라로 여행을 다녀온 유아들이 비행기를 블록으로 구성하여 다른 나라 여행하기 역할 놀이를 하는 경험을 한다. • 교사는 유아들의 놀이를 관찰하며 다문화교육과 관련한 놀이지원을 시작할 수 있다.

활동방법

1. 『예슬이 엄마 이름은 구티엔』 동화를 읽어 준다.
   - 오늘 너희에게 자신의 가족 이야기를 들려 주고 싶은 손님이 찾아왔어. 같이 들어 볼까?

2. 동화를 듣고 국제결혼에 대해 이야기 나눈다.
   - 예슬이의 엄마는 왜 우리나라에서 살고 있니?
   - 이렇게 서로 다른 나라의 사람들이 결혼하는 것을 뭐라고 할까?
   - 주변에서 국제결혼을 한 가족을 본 적이 있니?

3. 베트남에 관한 사진을 보며 베트남의 자랑거리에 대해 이야기 나눈다.
   - 예슬이 엄마가 원래 살던 나라는 어디였지?
   - 베트남에서는 '안녕하세요'를 뭐라고 할까?
   - 베트남에서는 어떤 옷을 입을까?
   - 베트남에서는 쌀국수를 먹는데 너희도 쌀국수를 먹어 본 적이 있니?

4. 외국인이 한국에 와서 적응하기 위해 어떤 노력을 하는지 이야기 나눈다.
   - 베트남이나 다른 나라에서 온 사람들은 계속 다른 나라 말을 쓰고 그 나라 옷을 입고 다닐까?
   - (외국인이 한국어를 배우는 사진을 보여 주며) 이 사람들은 지금 무엇을 하고 있는 걸까?
   - 만약 너희가 다른 나라에서 살게 된다면 어떨 것 같니?

5. 활동에 대해 소감을 이야기 나누고, 다음 놀이를 계획해 본다.
   - 오늘 『예슬이 엄마 이름은 구티엔』 동화를 듣고 베트남에 대해 알아보았는데 어땠니?
   - 예슬이 엄마와 같이 우리나라에서 사는 외국인들에게 어떤 말을 해주고 싶니?

놀이지원

- 다문화교육 관련한 자료 지원이나 역할 놀이 시 유아들이 다문화 가족에 대한 잘못된 편견이 생기지 않도록 세심하게 상호작용한다.
- 세계의 각 나라는 고유한 문화를 가진 독특함을 가지고 있으며 각 나라의 문화는 모두 소중하다는 점을 인식하도록 상호작용한다.

다문화 5-2 세계 여러 나라 친구들의 밥상

주제	세계 여러 나라	주제	세계 여러 나라 사람들의 생활

목표

- 세계 여러 나라의 음식에 따른 식사 도구와 방법에 대해 안다.
- 세계 여러 나라의 음식에 알맞은 식사 도구와 방법을 관련짓는다.
- 다른 나라의 음식을 먹는 문화에 대해 존중하는 마음을 갖는다.

누리과정 관련 요소

- 사회관계 > 사회에 관심 가지기 > 다양한 문화에 관심을 가진다.
- 의사소통 > 듣기와 말하기 > 자신의 경험, 느낌, 생각을 말한다.

대상 연령	만 5세	활동유형	수학

활동자료

- 도입 활동자료
  비밀 상자, 숟가락, 젓가락, 여러 나라 음식, 국기, 도구와 방법 사진 자료
- 게임 자료
  세계 지도판, 세계 여러 나라 가족의 모습이 그려진 밥상 그림판, 세계 여러 나라 음식 그림 자료, 색깔 주사위

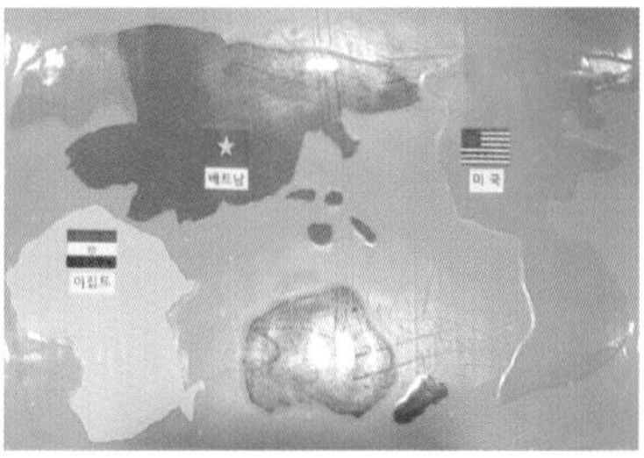

놀이경험

- 다른 나라 여행하기 역할 놀이를 시작하게 된 유아들이 음식점 놀이를 병행하여 놀이하는 경험을 한다.
- 교사는 유아들의 놀이를 관찰하며 다문화교육과 관련하여 각 문화가 독특하고 소중함을 인식할 수 있도록 수학교육 게임 자료를 마련하여 놀이지원을 한다.

1. 활동자료를 소개하며 음식 사진에 알맞은 도구와 사용 방법에 대해 이야기 나눈다.
   –(미국 음식 사진을 보여 주며) 이 음식은 어느 나라 음식일까?
   –이 음식은 어떻게 먹을 수 있을까?
   –누가 나와서 음식 사진에 알맞은 식사 도구를 붙여 볼까?
   –왜 미국 사람들은 포크와 나이프를 사용해서 음식을 먹을까?
   –(인도 음식을 보여 주며) 이 음식은 어느 나라 음식일까?
   –인도 사람들은 왜 손으로 음식을 먹을까?
   –왜 음식을 먹을 때 사용하는 도구와 방법이 다를까?

활동방법

2. 게임 자료를 보며 활동방법에 대해 이야기 나누고, 세계 여러 나라 가족들의 밥상을 차리는 게임을 해 본다.
   –게임 자료에 무엇이 보이니?
   –빨간색 카드의 베트남 음식에는 무엇이 있니?
   –주사위의 노란색이 나오면 어떤 음식을 주문할 수 있을까?
   –그럼 미국의 가족도 한국 음식을 먹을 수 있겠구나.

3. 게임 활동을 한 느낌에 대해 이야기 나누고 다음 놀이를 계획해 본다.
   –여러 나라의 식사 도구와 방법에 대해 알아보았는데 어땠니?
   –다른 점은 무엇이었니?
   –같은 점은 무엇이었니?
   –어떤 점을 알게 되어 좋았니?
   –어떤 놀이를 더 하고 싶어졌니?

놀이지원

- 게임 자료 소개 시 각 나라의 문화는 음식을 먹을 때 다양한 방법이 있음을 알려주고 유아들이 부정적 편견을 갖지 않도록 활동을 진행한다.
- 역할 놀이로 확장하는 과정에서 유아들이 글로벌 사회로의 흐름을 인식하고 각자 고유의 음식 문화를 공유하고 존중하는 태도를 지녀야 함에 대해 이야기 나눈다.

다문화 5-3 세계 여러 나라의 생일 축하

주제 세계 여러 나라 **소주제** 세계 여러 나라 사람들의 생활

목표
- 나라마다 생일을 축하하는 말을 안다.
- 세계 여러 나라의 생일 축하 말로 노래를 부른다.
- 다양한 나라의 생일 축하 말에 대해 관심을 갖는다.

누리과정 관련요소
- 사회관계 > 사회에 관심 가지기 > 다양한 문화에 관심을 가진다.
- 예술통합 > 창의적으로 표현하기 > 노래를 즐겨 부른다.

대상 연령 만 5세 **활동유형** 음률, 역할놀이

활동자료
- 도입 활동자료

  '세계 여러 나라(한국, 미국, 일본, 중국, 프랑스, 독일 등)의 생일 축하' 그림 카드, 고깔, 케이크 모형, 보드마카, 손 인형(일본 여아)

생일 축하 노래

외국 곡

- 게임 자료

  선물상자 1개, 낚싯대 1개, 신호 악기(트라이앵글), 선물 그림 자료(인형, 초콜릿, 사탕, 젤리), 생일 축하 그림 자료, 안대, 절연 테이프 등

놀이경험

• 만 5세반 유아들이 세계 여러 나라에 관심을 가지고 여러 가지 놀이를 하는 과정에서 학급 유아의 생일 축하가 있게 될 때 영어로 생일 축하 노래를 부른다.
• 유아들의 생일 축하 모습을 관찰하고 교사는 이와 관련한 놀이지원을 한다.

활동방법

1. 손 인형을 보며 이야기 나눈다.
   - 우리는 어제 생일 파티를 했는데, 오늘 생일인 친구가 찾아왔대. 함께 만나볼까?
   - 나미꼬네 나라에서는 생일 축하 노래를 어떻게 부르는지 들어 볼까?
   - 일본 말고 다른 나라의 생일 축하 노래를 들어 본 적이 있니?

2. '세계 여러 나라의 생일 축하' 그림 카드를 보며 이야기 나눈다.
   - 그림 카드를 보며 다른 나라에서는 '생일 축하해'라는 말을 어떻게 표현하는지 알아보자. 미국에서는 '생일 축하해'를 어떻게 말할까?
   - 옆에 있는 친구에게 해 볼까?
   - 우리가 부르는 '생일 축하 노래'에 미국의 생일 축하 말을 넣어서 불러 볼까?
   - 일본은 '생일 축하해'를 뭐라고 했지? 일본말로 생일 축하 노래를 불러 볼까?
   - 다른 나라는 생일 축하를 어떻게 할까?

3. 독일의 생일 축하 놀이에 필요한 자료(선물상자, 낚싯대, 선물 그림 자료)를 하나씩 제시하며 놀이 방법에 대해 이야기 나눈다.
   - 세계 여러 나라의 축하 문화에 대해 알아보았는데, 오늘은 독일에서 생일 때 하는 놀이를 해 볼 거야. 독일에서는 생일날에 어떤 놀이를 했지?
   - 너희가 말한 대로 친구들이 숟가락을 한 개씩 나눠 갖고 손수건으로 눈을 가린 다음 항아리를 찾는 놀이였어.
   - 선생님이 준비한 자료로 한 번 해 볼까?

4. 독일의 생일 축하 놀이를 해 본다.
   - 이 상자 안에는 너희가 좋아하는 인형, 초콜릿, 사탕, 젤리 선물이 들어 있단다. 이제부터 너희가 이 안대를 눈에 가리고, 출발선에서 상자가 있는 곳까지 걸어 와서 낚싯대로 선물을 건져 올릴 거야.
   - 우리가 지켜야 할 규칙을 정해 보자. 어떤 것이 있을까?

활동방법	〈활동 방법〉 1. 유아가 출발선에 선다. 2. 안대를 쓰고 낚싯대를 잡는다. 3. 선생님의 신호에 맞춰 출발한다. 4. 친구들의 박수 소리에 따라 상자를 찾는다. 5. 상자 안에 있는 선물을 낚싯대를 이용해 낚는다. 6. 안대를 벗고 선물을 확인한다. 7. 자리에 들어가 다른 친구와 교체한다.
	5. 활동에 대한 소감을 이야기 나누고, 다음 놀이를 계획해 본다. –미국, 일본, 중국 말로 '생일 축하해'를 뭐라고 하는지 알아보고 노래를 불러 보았는데 어땠니? –독일의 생일 축하 놀이를 해 보았는데 어떤 점이 재미있었니?
놀이지원	• 생일 축하 놀이와 관련한 놀이지원 시 유아들이 쉽게 따라 할 수 있거나 익숙한 나라의 '생일 축하해' 언어로 준비한다. • 역할 놀이 시 혹은 관련 활동 운영 시 각 나라의 언어나 축하 방식이 달라도 생일 축하의 의미는 유사함을 알도록 상호작용한다.

다문화 5-4 힘겹게 사는 친구들을 도와요

주제 세계 여러 나라 **소주제** 세계 여러 나라의 교류

목표
- 자신과 친구들 모두가 소중하고 특별하고 보호받아야 할 인권이 있음을 안다.
- 동화를 듣고, 느끼고 생각한 것을 자유롭게 말할 수 있다.
- 인권을 보호받지 못하고 힘겨운 삶을 살고 있는 사람들에게 관심을 갖는다.

누리과정 관련 요소
- 사회관계 > 사회에 관심 가지기 > 다양한 문화에 관심을 가진다.
- 의사소통 > 듣기와 말하기 > 자신의 경험, 느낌, 생각을 말한다.

대상 연령 만 5세 **활동유형** 이야기나누기

활동자료 세계 여러 나라 아동들의 삶에 대한 그림이나 사진 자료, 접착 메모지, 쓰기 도구

놀이경험
- 다른 나라 여행하기 역할 놀이를 시작하게 된 유아들이 다른 나라 사람들의 생활과 모습에 관심을 가지며 이야기 나눈다.
- 특정한 나라의 어린이들이 힘겹게 생활하고 있다는 대화 상황을 교사가 관찰하게 될 때 모든 사람이 평등하게 지내야 함을 인식하도록 자료를 구성하여 놀이 지원을 한다.

활동방법

1. 유아들과 함께 행복감을 느꼈을 때의 경험에 대해 이야기 나눈다.
   - 너희는 무엇을 할 때 가장 행복했니?
   - 누가 우리를 놀 수 없게 하고, 잠도 못 자게 하고, 음식도 못 먹게 한다면 어떨까?
   - 힘들게 살고 있는 다른 나라 친구들이 너희에게 들려 줄 이야기가 있대.

2. 다른 나라 친구들의 힘겨운 삶에 관한 이야기를 들려 준다.
   - 안녕? 내 이름은 르네야. 나는 네팔에 살고 있어. 여기에 큰 지진이 일어나 건물이 무너지고 많은 사람이 다치거나 죽었어. 나는 가족을 잃어서 오늘도 무너진 건물 위에서 엄마와 아빠를 기다리고 있어.

활동방법

3. 각 친구에게 필요한 권리에 대해 이야기 나눈다.
   - 지진이 난 네팔에서 엄마와 아빠를 기다리는 르네에게 어떤 것이 필요할까?
   - 매일 지하 갱도에서 석탄을 나르는 친구에게 무엇이 필요할까?
   - 카페트 공장에서 하루 14시간씩 일하는 친구에게 찾아 주어야 할 것은 무엇일까?

4. 힘겨워하는 친구들을 위로하는 방법에 대해 이야기 나눈다.
   - 우리는 이 친구들에게 어떤 도움을 줄 수 있을까?
   - 이 친구들을 직접 만난다면 어떤 말을 해 주고 싶니?

5. 유아들이 이야기한 내용을 접착메모지에 받아 적고 실천하는 방안에 대해 의논한다.
   - 다른 나라 친구들의 힘겨운 삶에 대한 이야기를 듣고, 그 친구들에게 무엇이 필요한지 알아보았는데, 이 중 우리가 할 수 있는 일은 무엇일까?
   - 우리 대신 먼 나라에 편지를 전해 주는 일을 하는 사람들이 있을까?
   - 일회성으로 돈을 보내는 방법 말고 어려운 삶을 사는 친구들이 계속 돈을 벌 수 있도록 돕는 방법은 무엇이 있을까?

- 교사는 유아들의 놀이와 관련한 자료 지원 시 다른 나라 아이들의 다양한 삶이 잘 나타난 활동자료를 준비한다.
- 이야기나누기 시 특정 나라에 대해 편견을 갖지 않도록 유의하고 나와 다른 처지의 사람들에 대해 공감하도록 상호작용한다.
- 유아들과 이야기나누기 후 나온 아이디어에 따라 기부 캠페인을 준비하는 경우, 유아들과 함께 여러 가지 기부 단체를 알아보고 지속가능한 발전을 위해 단순 기부가 아닌 지속가능한 경제 자립 운동(예: 염소 한 마리 보내기 등)을 알아보고 동참하는 실천 방안을 논의한다.

놀이지원

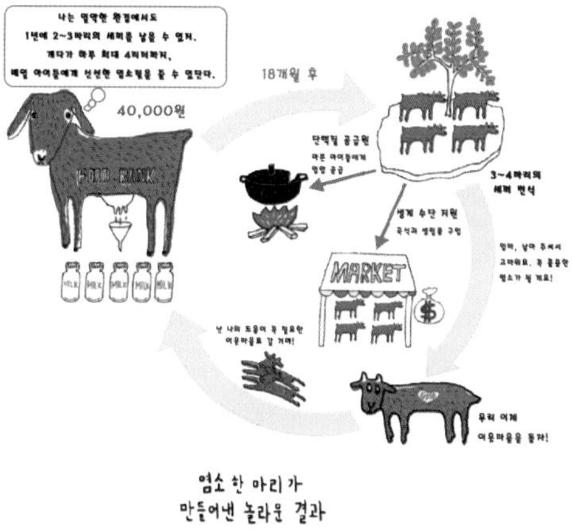

6. 통일

통일 6-1 통일을 이루자

주제 우리나라 **소주제** 통일

목표
- 우리나라의 6 · 25 전쟁과 휴전선의 의미를 안다.
- 통일을 위해 휴전선을 없애는 게임을 한다.
- 통일에 관심을 갖는다.

누리과정 관련 요소
- 사회관계 > 더불어 생활하기 > 친구와의 갈등을 긍정적으로 해결한다.
- 의사소통 > 듣기와 말하기 > 자신의 경험, 느낌, 생각을 말한다.

대상 연령 만 5세 **활동유형** 수학

활동자료

휴전선이 그려진 우리나라 지도 1장, 철조망 그림 카드 20장, 사람 그림 카드 20장, 철조망 그림 카드를 담을 바구니 2개, 주사위

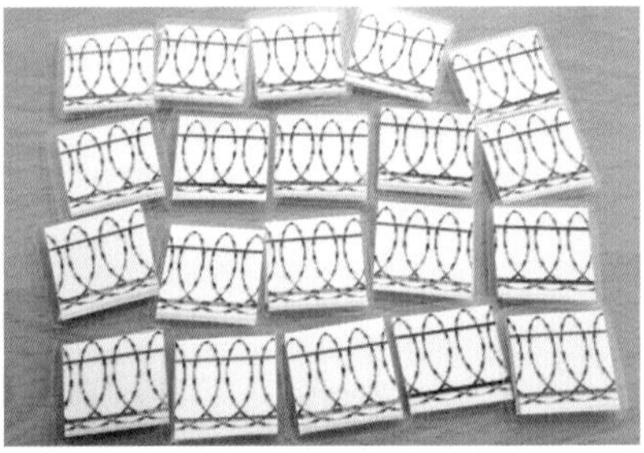

놀이경험

- 유아들이 TV 뉴스를 보고 북한과 남한이 왜 분단 국가가 되었는지 질문을 하며 이야기 나누는 경험을 한다
- 교사는 이야기나누기 지원뿐만 아니라 분단 상황과 통일 문제를 보다 쉽게 이해할 수 있는 놀이 자료를 제작하여 지원한다.

활동방법

1. 우리나라 지도와 6·25 전쟁 당시의 사진을 보며 이야기 나눈다.
   –우리나라 지도 가운데에 그어져 있는 선은 무엇일까?
   –왜 우리나라 지도에 휴전선이 생겼을까?
   –6·25 전쟁은 언제, 왜 일어났는지 알고 있니?

2. 활동자료를 보며 게임 방법에 대해 이야기 나눈다.
   –오늘은 우리가 지도 위 휴전선의 철조망을 없애는 게임을 하려고 해.
   –게임을 하기 위해 어떤 자료들이 준비되어 있니?
   –이 자료들을 가지고 어떤 게임을 할 수 있을까?

3. 지도 위 휴전선의 철조망 그림을 없애는 게임을 한다.
   –주사위는 어떤 순서로 굴릴까?
   –주사위를 굴려 나온 숫자만큼 철조망을 없애고 자기 팀의 사람 그림을 붙이자.
   –휴전선의 철조망 그림을 다 없앤 팀은 '통일'이라고 외치는 것으로 하자.

4. 활동에 대한 소감을 이야기 나누고, 다음 놀이를 계획해 본다.
   –휴전선의 철조망을 하나씩 없앨 때 어떤 느낌이었니?
   –게임을 끝내고 나니 어떤 기분이 드니?
   –통일에 대해 어떤 생각이 드니?
   –통일을 이루기 위해 우리가 할 수 있는 일은 무엇이 있을까?

놀이지원

- 게임 놀이를 하기 전 교사는 유아들에게 전쟁, 휴전, 통일 등이 다소 어려운 개념일 수 있으므로 관련 동화나 동영상 등을 준비하여 사전 활동을 할 수 있다.
- 게임 놀이 전후 유아들이 통일에 관심을 가지도록 상호작용하고, 북한, 통일과 관련하여 무엇을 더 알아보고 노력할 수 있는지 아이디어를 모아 다음 놀이활동과 연계하도록 격려한다.

통일 6-2 남한 말과 북한 말 짝짓기

주제 우리나라　　**소주제** 우리나라의 역사

목표
- 남한 말과 북한 말의 같은 점과 다른 점을 안다.
- 의미가 같은 남한 말과 북한 말을 짝지어 본다.
- 남한 말과 북한 말에 관심을 갖는다.

누리과정 관련 요소
- 사회관계 > 더불어 생활하기 > 서로 다른 감정, 생각, 행동을 존중한다.
- 의사소통 > 읽기와 쓰기에 관심 가지기 > 말과 글의 관계에 관심을 가진다.

대상 연령 만 5세　　**활동유형** 언어

활동자료

남한 말과 북한 말 모으기 판, 남한 말과 북한 말 단어 카드와 그림 자료(글자–그림 카드)(예: 글자–쇄지, 그림–송아지), 사인펜, 풀

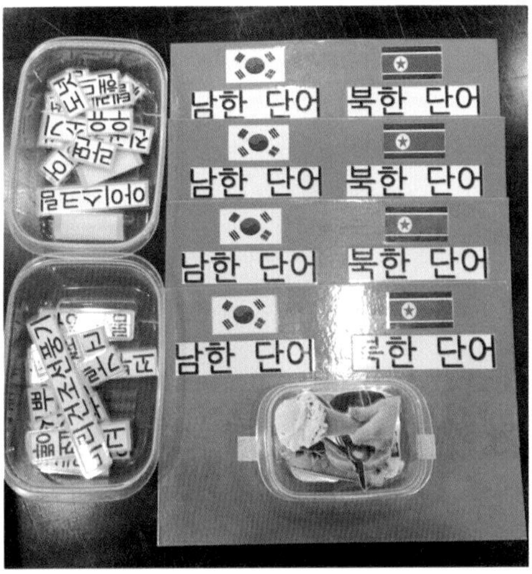

놀이경험
- 유아들과 북한 탈북민의 생활과 관련한 영상을 보는 경험을 한다.
- 교사는 현재 남한과 북한의 어휘가 조금 다르게 사용되고 있음에 흥미를 보이는 유아들을 관찰하고 유아들의 질문을 반영한 게임 놀이 자료를 지원할 수 있다.

활동방법

1. 북한 말 글자 카드로 유아들에게 수수께끼를 낸다.
   –북한 말 중에 '쇄지'는 무엇일까?
   –이것은 동물이야.
   –이것은 어떤 동물의 새끼야.
   –이 동물의 엄마는 소야.
   –우리는 송아지라고 하는데, 북한에서는 '쇄지'라고 한대.

2. 남한 말과 북한 말이 다른 이유에 대해 이야기 나눈다.
   –북한에서는 아이스크림을 뭐라고 할까?
   –남한과 북한은 왜 말이 서로 다를까?
   –남한 말과 북한 말을 잘 알 수 있는 방법은 무엇일까?

3. 남한 말과 북한 말 짝짓기 활동자료를 소개한다.
   –여기 어떤 단어 카드가 보이니?
   –같은 뜻을 지닌 북한 말은 무엇일까? 찾아서 짝을 지어 보자.

4. 활동에 대한 소감을 이야기 나누고, 다음 놀이를 계획해 본다.
   –뜻이 같은 남한 말과 북한 말을 짝지어 보니 어떻니?
   –나중에 통일이 되면 우리가 어떤 노력을 더 하는 것이 좋을까?
   –이 단어 말고 다른 단어를 더 찾아보고 싶은 친구는 게임 자료를 언어 영역에 둘 테니까 더 만들어 보도록 하자.

놀이지원

- 교사는 후속 놀이 지원 시 유아들에게 친숙한 단어로 사전 만들기를 할 수 있도록 격려한다.
- 유아들이 통일에 대비하여 북한 말에 지속적인 관심을 가지고 알아보도록 격려한다.

참고문헌

교육과학기술부(2011). **유치원 기본과정 내실화를 위한 경제 · 소비자교육 프로그램**. 서울: 교육과학기술부.

교육과학기술부(2012). **유치원 교육과정 운영 지원을 위한 유아 통일교육 프로그램**. 서울: 교육과학기술부.

교육과학기술부, 보건복지부(2013a). **3~5세 연령별 누리과정 교사용 해설서**. 서울: 교육과학기술부.

교육과학기술부, 보건복지부(2013b). **3~5세 연령별 누리과정 교사용 지침서**. 서울: 교육과학기술부.

교육부(1998). **제6차 유치원 교육과정**. 서울: 교육부.

교육부(2019). 유치원 교육과정 고시문: 2019 개정 누리과정(안). (교육부 고시 제2019-189호).

교육부, 보건복지부(2019). **2019 개정 누리과정 해설서**. 세종: 교육부, 보건복지부.

교육부, 보건복지부, 육아정책연구소, 육아종합지원센터(2019). 2019 개정 누리과정 교사 연수자료.

교육인적자원부(2004). **유아를 위한 양성평등 교육활동 지도자료**. 서울: 교육인적자원부.

교육인적자원부(2006). **유아를 위한 역사교육활동자료**. 서울: 교육인적자원부.

교육인적자원부(2007). **교사와 유아를 위한 유아사회교육 활동자료**. 서울: 교육과학기술부.

교육인적자원부(2008). **유아의 세계이해 및 다문화교육을 위한 지침서**. 서울: 교육인적자원부.

구광현, 가영희, 이경철(2012). **교육심리학**. 서울: 동문사.

구광현, 이희경, 김보현(2012). **유아사회교육**. 서울: 동문사.

김솜이(2017). 유아교사의 성인애착과 심리적 안녕감이 교사효능감에 미치는 영향. 한국외국어대학교 교육대학원 석사학위논문.

김수영, 정정희(2001). 유아의 또래수용도, 정서지능, 적응행동과의 관계. **한국영유아보육학, 26**, 239-257.

김영옥(2014). **유아사회교육**. 경기: 양서원.

김은심, 문용은, 유향선, 전선영(2009). **유아 교사를 위한 교수매체의 이론과 실제**. 서울: 창지사.

김정원, 최소린(2016). 지속가능발전수업에서 표출된 예비유아교사의 '지속가능발전교육'에 대한 인식연구. **유아교육학논집**, 20(5), 59-80.

김혜금(2002). **주제중심 창작공예**. 서울: 창지사.

김혜금, 송영주, 임양미(2013). **유아사회교육**. 서울: 학지사.

노서연(2003). 어머니 부모 역할 만족도 및 아동의 정서 조절 능력과 사회적 유능성의 관계. 연세대학교 대학원 석사학위논문.

덕성여자대학교 부속유치원(2014). **덕성여자대학교 부속유치원 어린이들의 봄 · 여름 · 가을 · 겨울 이야기: 상호작용 이론에 기초한 유아교육과정**. 서울: 형설출판사.

문연심(2004). 부모-자녀관계 유형이 유아의 공감과 조망수용 및 친사회적 행동에 미치는 영향. **유아교육연구**, 24(1), 115-143.

박선영(2001). 유아의 성(性) 인식과 성(性) 역할 고정관념에 관한 문화기술적 연구. 중앙대학교 대학원 석사학위논문.

박찬옥(2006). **유아놀이지도**. 서울: 학문사.

박찬옥, 서동미, 엄은나(2010). **유아사회교육**. 서울: 정민사.

박찬옥, 서동미, 엄은나(2016). **유아사회교육**. 서울: 양성원.

보건복지부(2013a). **제3차 어린이집 표준보육과정 해설서**. 세종: 보건복지부.

보건복지부(2013b). **제3차 어린이집 표준보육과정 지침서**. 세종: 보건복지부.

보건복지부 고시 제2020-75호(2020. 4. 9.). 제4차 어린이집표준보육과정.

서울특별시 유아교육진흥원(2013). **연령별 누리과정 평가도구**. 서울: 서울특별시 유아교육진흥원.

손석한(2014. 7. 20.). 도덕지능을 갖춘 사람으로 키우자. 천지일보.

신리행(2016). 공간탐색 중심 유아지리교육 프로그램 개발 및 효과. 전남대학교 대학원 박사학위논문.

안라리(2005). 만 5세 유아의 사회적 능력과 정서조절전략. **열린유아교육연구**, 10(2), 61-81.

양옥승, 이옥주, 이정란, 손복영(2017). **유아사회교육**. 서울: 신정.

우민정(2010). 유아 성교육 프로그램의 구성 및 적용효과. 중앙대학교 대학원 박사학위논문.

우혜진(2012). 유아의 사회적 합의 능력 증진 프로그램 구성 및 적용 효과. 중앙대학교 대학원 박사학위논문.

유희정(2000). 취학전 아동의 양성평등의식 교육 프로그램 개발. **한국여성개발원 연구보고서**, 220-10.

육아정책연구소(2014a). **3세 누리과정 유아관찰척도**. 서울: 육아정책연구소.

육아정책연구소(2014b). **4세 누리과정 유아관찰척도**. 서울: 육아정책연구소.

육아정책연구소(2014c). **5세 누리과정 유아관찰척도**. 서울: 육아정책연구소.

육아정책연구소(2019). 육아정책연구소 고시문(2019. 5. 19.). 누리과정 신구대조표.

이금구, 동풀잎(2011). 지구환경 살림이. 유아교사의 전문성 제고와 유아교육현안 제35회 유아교육학술대회 및 연수 자료집, 103-126.

이기숙(2000). 유아교육과정(개정2판). 경기: 교문사.

이봉자(2014). 역사적 사고력 증진을 위한 유아역사교육 프로그램 개발 및 적용효과. 원광대학교 대학원 박사학위논문.

이순화(2013). Caillois의 놀이 유형에 따른 놀이가 유아의 사회성 발달에 미치는 효과. 부산교육대학교 교육대학원 석사학위논문.

이영자, 유효순, 이정욱(2004). 주제중심의 통합적 접근방법에 의한 유아사회교육. 경기: 교문사.

이원영, 이해영, 이경민, 정혜원, 강희정(2004). 유아통일교육. 서울: 다음세대.

이은화, 김영옥(2011). 유아사회교육. 경기: 양서원.

이주옥, 장현주(2004). 영아의 사회적 상호작용 형태 연구. 유아교육연구, 24(5), 25-41.

이칭찬, 이의길(2008). 교육방법 및 교육공학. 서울: 태영출판사

이태영(2000). 유아를 위한 사회적 유능감 증진 프로그램의 구성 및 효과검증. 서울여자대학교 대학원 박사학위논문.

이태영, 이경희(1989). 유아사회교육의 이론과 실제. 경기: 양서원.

임희옥(2008). 예슬이 엄마 이름은 구티엔. 서울: 아이코리아.

장병림(1987). 아동심리학(증보판). 서울: 법문사.

전남련, 황연옥, 이혜배, 강은숙, 권경미(2009). 아동관찰 및 행동연구. 경기: 양서원.

전덕수(2007). 유아교사의 다문화교육에 관한 인식 및 실제. 연세대학교 교육대학원 석사학위청구논문.

정영주(2009). 초등학생의 성별에 따른 성역할 정체감, 양성평등의식 및 학교생활적응도 분석: 단성교육의 관점에서. 인하대학교 교육대학원 석사학위논문.

정옥분(2014). 발달심리학: 전 생애 인간발달. 서울: 학지사.

조순옥, 이경화, 배인자, 이정숙, 김정원, 민혜영(2013). 유아사회교육. 서울: 창지사.

조형(1996). 법적 양성평등과 성의 정치: 여성 관련법 제·개정을 중심으로. 한국여성학, 12(1), 7-44.

조형숙, 박은주, 강현경, 기태인, 배정호(2015). 유아발달. 서울: 학지사.

최혜순(2012). 유아사회교육. 서울: 동문사.

최현정(2011). 유아교사를 위한 다문화교육 연수프로그램 구성 및 적용 효과. 중앙대학교 대학원 박사학위논문.

통계청(2016). 인구총조사. 대전: 통계청.

통일교육원(2016). 2016 통일교육 지침서. 서울: 통일교육원.

통일교육지원법(2018). http//www.lawb.com/info/contentview?sid = L00000208.

한국교육심리학회(2000). **교육심리학 용어 사전**. 서울: 학지사.

한국여성정책연구원(2011). 한국형 남성 성역할 갈등 검사 개발. **2011 연구보고서, 11.**

한국유아교육협회(1995). **창립 30주년 기념 워크숍: 유아사회성 발달을 위한 효과적인 교육방안**. 서울: 한국유아교육협회.

홍순정, 김희태(2010). **유아사회교육**. 경기: 공동체.

환경부(2006). **유아환경교육활동**. 경기: 양서원.

황경옥(2001). 대학생의 애착유형과 자아정체감 및 대인관계 성향과의 관계. 원광대학교 대학원 석사학위논문.

Ainsworth, M. D. S., Blehar, M. C., Waters, E., & Wall, S. (1978). *Patterns of attachment: A psychological study of the strange situation*. Hillsdale, NJ: Erlbaum.

Anselmo, S., & Franz, L. (1995). *Early childhood development: Prenatal through age eight* (2nd ed). Englewood Cliffs, NJ: Prentice Hall.

Bandura, A. (1977). *Social learning*. New York: General Learning Press.

Bar-Tal, D. (1976). *Prosocial behavior*. New York: John Wiley & Sons.

Baumrind, D. (1973). The development of instrumental competence through socialization. In A. D. Pick (Ed.), *Minnesota symposium on child psychology* (Vol. 7, pp. 3-46). Minneapolis, MN: University of Minnesota Press.

Beaty, J. J. (2013). *Observing development of the young child* (8th ed.). NJ: Pearson.

Bem, S. L. (1975). Sex role adaptability: One consequence of psychological androgyny. *Journal of Personality and Social Psychology, 31*, 634-643.

Berk, L. E. (2003). *Child development*. Boston, MA: Allyn & Bacon.

Blurton-Jones, N. G. (1972). *Categories of child interaction*. Cambridge: Cambridge University Press.

Borba, M. (2002). *Building moral intelligence: The seven essential virtues that teach kids to do the right thing*. San Francisco, CA: Jossey Bass.

Bowlby, J. (1969). *Attachment and loss: Vol. 1. Attachment*. New York: Basic Books.

Bronfenbrenner, U. (1979). *The ecology of human development*. Cambridge, MA: Harvard University Press.

Bronfenbrenner, U. (1989). Ecological systems theory. In R. Vasta (Ed.), *Analysis of child development* (Vol. 6, pp. 187-249). Boston, MA: JAI Press.

Coles, R. (1997). *The moral intelligence of children*. New York: Random House.

D'zurilla, T. J., & Nezu, A. M. (1990). Development and preliminary evaluation of the Social

Problem Solving Inventory(SPSI): Psychological assessment. *A Journal of Consulting and Clinical Psychology, 2*(2), 156-163.

Denham, S. A., Blair, K. A., DeMulder, E., Levitas, J., Sawyer, K., Auerbach-Major, S., & Queena, P. (2003). Preschool emotional competence: Pathway to social competence?. *Child Development*, *74*(1), 238-256.

Dunn, A. W. (1916). *The social studies in secondary education: Report of the committee on social studies of the commission on the reorganization of secondary education*. Washington, DC: National Education Association.

Eckerman, C. O., & Didow, S. M. (2001). *Peer and infants social communicative development*. London: Blackwell Publishers.

Eckerman, C. O., & Stein, M. R. (1990). Nonverbal imitation begets imitation and toddlers generation of games. *Developmental Psychology*, *26*, 370-378.

Eckerman, C. O., Whatley, J. L., & Kutz, S. K. (1975). *Growth of social play with peers during the second year of life, developmental, psychology*, *11*, 42-49.

Edwards, C. P., & Lewis, M. (1979). Young children's concepts of social relations: Social functions and social objects. In M. Lewis & L. Rosenblum (Eds.), *The child and its family: The genesis of behavior* (Vol. 2). New York: Plenum Press.

Field, T. (2007). *The amazing infant*. Malden, MA: Blackwell Publishing.

Garcia, J., & Michaelis, J. U. (2000). *Social studies for children: A guide to basic instruction* (12th ed.). Englewood Cliffs, NJ: Prentice Hall.

Garvey, C. (1977). *Play*. Cambridge, MA: Harvard University Press.

Greenspan, S. (2004). *The greenspan social emotional growth chart: A screening questionnaire for infants and young children*. Bulverde, TX: Psychological Corp.

Hay, D. F. (1994). Prosocial development. *The Journal of Child Psychology and Psychiatry*, *35*(1), 29-71.

Hurlock, E. B. (1978). *Child development*. New York: McGraw-Hill.

Kohlberg, L. (1976). Moral stages and moralization: The cognitive-developmental. In T. Lickona (Ed.), *Moral development and behavior: Theory, research and social issues*. New York: Holt, Rinehart and Winston.

Kohlberg, L. (1981). The philosophy of moral development: Moral stages and the idea of justice, essays on moral development, Vol 1. San Francisco, CA: Harper & Row.

Kostelnik, M. J., Whiren, A. P., Soderman, A. K., & Gregory, K. M. (1993). *Guiding children's social development*. Boston, MA: Thomson Learning.

Kostelnik, M., Whiren, A, A., Soderman, A., & Gregory, K. (2009). *Guiding children's social development and learning*. Clifton Park, NY: Delmar Cengage Learning.

Lewis, M. (2003). The emergence of consciousness and its role in human development. In J. LeDoux, J. D. & Moss, H. (Eds.), *The self: From soul to brain* (Vol. 1001, 1-29). New York: Annals of the New York Academy of Sciences.

Maccoby, E. E., & Martin, J. A. (1983). Socialization in the context of the family: Parent-child interaction. In P. H. Mussen, & E. M. Hetherington (Eds.), *Handbook of child psychology: Vol. 4. Socialization, personality, and social development* (pp. 1-101). New York: Wiley.

Marsh, H. W. (1997). The measurement of physical self-concept: A construct validation approach. In K. Fox (Ed.), *The physical self-concept: From motivation to well-being* (pp. 27-58). Champaign, IL: Human Kinetics.

Melendez, W. R., & Beck, V. (2007). *Teaching young children in multicultural classrooms*. Albany, NY: Thomson Learning.

Melendez, W. R., Beck, V., & Fletcher, M. (2000). *Teaching social studies in early education*. New York: Delmar.

Michaelis, J. U. (1980). *Social studies for children: A guide to basic instruction* (8th ed.). Englewood Cliffs, NJ: Prentice Hall.

Mueller, E., & Brenner, J. (1977). The origins of social skills and interaction among playgroup toddlers. *Child Development*, *48*, 854-861.

Mueller, E., & Lucas, T. A. (1975). A development analysis of peer interraction among toddlers. In M. Lewis & L. A. Rosenblem (Eds.), *Friendship and peer relations* (pp. 223-257). New York: Wiley.

Mussen, P. H., & Eisenberg, N. (1977). *Caring, sharing and helping: The roots of prosocial behavior in children*. San Francisco, CA: Freeman.

National Council for the Social Studies (NCSS). (1993). A vision of powerful teaching and learning in the social studies: Building social understanding and civic efficacy. *Social Education, 57*, 213-223.

National Council for the Social Studies (NCSS). (1994). *Expectations of excellence: Curriculum standards for social studies*. Washington, DC: NCSS. (Available on-line: http://www.pipwline.com/~rgibson/repro-daily-life.html).

National Education Association (1916). *The social studies in secondary education. Report of the committee on social studies, bulletin, 28*. Washington, DC: Bureau of Education.

Nelson, J. L., & Michaelis, J. U. (1980). *Secondary social studies: Introduction, curriculum, evaluation*. Englewood Cliffs, NJ: Prentice Hall.

Piaget, J. (1932). *The moral judgment of the child*. New York: The Free Press.

Piaget, J. (1952). *The origins of intelligence*. New York: International University Press.

Rachel, S. B. (1977). The Gesell developmental schedules: Arnold Gesell (1880-1961). *Journal of Abnormal Child Psychology*, 5(3), 233-239.

Raikes, H. H., & Edwards, C. P. (2009). *Extending the dance in infant & toddler caregiving: Enhancing attachment & relationships*. Baltimore, ML: Paul H. Brookes Publishing.

Robertson, J. T. (1981). An investigation of prosocial modeling effects on the duration of prosocial and aggressive behavior in preschoolers. Unpublished Doctoral Dissertation. University of Chicago.

Rogoff, B., Sellers, M. J., Pirrotta, S., Fox, N., & White, S. H. (1975). Age of assignment of roles and responsibilities to children: A cross-cultural survey. *Human Development, 19*, 353-369.

Rosen, M. (1994). **곰 사냥을 떠나자**[*We're Going On a Bear Hunt*]. (공경희 역). 서울: 시공주니어. (원저는 1989년에 출판).

Rubenstien, J., & Howes, C. (1976). The effects of peers on toddler interaction with mother and toys. *Child Development, 47*(3), 597-605.

Salovey, P., & Mayer, J. D. (1990). Emotional intelligence. *Imagination, Cognition and Personality*, *9*, 185-211.

Seefeldt, C. (2005). *Social studies for the preschool primary child*. Englewood Cliffs, NJ: Prentice Hall.

Spodek, B. (Ed.). (1982). *Handbook of research in early childhood education*. New York: The Free Press.

Staub, E. (1971). A child in distress: The influence of nurturance and modeling on children's attempts to help. *Developmental Psychology*, *5*, 124-132.

UNESCO. (2012). *Shaping the education of tomorrow: 2012 Full-length report on the UN decade of education for sustainable development*. Paris, France: UNESCO.

Walsh, H. M. (1980). *Introducing the young child to the social world*. New York: Macmillan Publishing Co., Inc.

Zigler, E., & Child, I. L. (1973). *Socialization and personality development*. Reading, MA: Addison-Wesley Educational Publishers.

참고 사이트

위키백과 ko.wikipedia.org

위키독 www.wikidok.net

한국교육방송국공사 www.ebs.co.kr

한국방송공사 www.kbs.co.kr

한국아동발달심리센터 www.kidsbaldal.co.kr

찾아보기

저자 소개

최현정

중앙대학교 대학원 유아교육 전공(문학박사)

현 수원여자대학교 유아교육과 교수

이금구

덕성여자대학교 대학원 유아교육 전공(교육학박사)

현 경복대학교 유아교육과 교수

우혜진

중앙대학교 대학원 유아교육 전공(문학박사)

현 중부대학교 유아교육과 겸임교수

2019 개정 누리과정에 기초한
유아사회교육(2판)
Social Education for Young Children (2nd ed.)

2018년 8월 30일 1판 1쇄 발행
2020년 3월 10일 1판 2쇄 발행
2020년 7월 30일 2판 1쇄 발행

지은이 • 최현정 · 이금구 · 우혜진
펴낸이 • 김진환
펴낸곳 • ㈜ 학지사
04031 서울특별시 마포구 양화로 15길 20 마인드월드빌딩
대표전화 • 02-330-5114 팩스 • 02-324-2345
등록번호 • 제313-2006-000265호

홈페이지 • http://www.hakjisa.co.kr
페이스북 • https://www.facebook.com/hakjisa

ISBN 978-89-997-2138-0 93370

정가 20,000원

이 도서의 국립중앙도서관 출판시도서목록(CIP)은 서지정보유통지원시스템 홈페이지(http://seoji.nl.go.kr)와 국가자료공동목록시스템(http://www.nl.go.kr/kolisnet)에서 이용하실 수 있습니다.
(CIP 제어번호: CIP2020028988)